Marthy Jones:
In die Karten geschaut

Mit 60 Abbildungen

Deutsch von Hildegard Höhr und Theo Kierdorf

Knaur

Esoterik

Herausgegeben von Gerhard Riemann

Orakelmethoden zur Befragung des Schicksals bzw. der Zukunft sind so alt wie die Menschheit. Im Grunde ist hierfür jedes Medium recht und wurde auch schon genutzt, wie das Werfen von Münzen, Würfeln, Knochen, die Teilung von Stäbchen, die Betrachtung des Vogelflugs, des Kaffeesatzes oder der Wolken usw. Die Aussagekraft eines jeden Wahrsagungssystems steht und fällt mit der Komplexität seiner Anlage, vor allem aber mit der Fähigkeit des Deuters, die ihm gegebenen Zeichen zu interpretieren.
Für die Zigeuner war es aufgrund ihres Wanderdaseins und der damit verbundenen Gefahren von jeher überlebensnotwendig, sich besondere Wissensquellen zu erschließen. So besitzt das Kartenlegen bei ihnen uralte Tradition, die allerdings bislang nur spärlich schriftlich fixiert wurde. Marthy Jones hat sich des mündlich tradierten Zigeunerwissens um die Karten angenommen und es im vorliegenden Buch zusammengefaßt.
Verantwortungsvoll gebraucht, setzt das hier ausgebreitete Wissen den Leser in die Lage, den eigenen Lebensweg und den anderer Menschen klarer zu erkennen und hieraus Nutzen zu ziehen.

Marthy Jones wurde in Holland geboren und lebte in Südfrankreich. Dort hatte sie ihre eigene Praxis als Wahrsagerin. Marthy Jones ist vor einigen Jahren verstorben.

Deutsche Erstausgabe 1987

Titel der Originalausgabe »In de kaart gekeken . . .«

Aus dem Holländischen unter Berücksichtigung
der englischen Ausgabe »It's in the Cards«
Umschlaggestaltung Dieter Bonhorst
Kartenabbildungen im Innenteil mit freundlicher Genehmigung
der ASS Vereinigte Altenburger und Stralsunder Spielkarten-Fabriken, Leinfelden-Echterdingen
Gesamtherstellung Ebner Ulm
Printed in Germany 5 4 3 2 1
ISBN 3-426-04153-7

Inhalt

Ein Wort an den Leser

Dieses Buch kann Ihnen dazu verhelfen, die Vergangenheit und die Zukunft aus einem ganz gewöhnlichen Kartenspiel abzulesen. Sobald Ihre Freunde Ihr diesbezügliches Interesse erst einmal entdeckt haben, wird man Sie wahrscheinlich oft bitten, auf Partys und bei anderen geselligen Anlässen aus den Karten wahrzusagen. Die Karten können Ihnen so viel über die Menschen verraten, daß Ihr Klient wahrscheinlich länger und eingehender über seine Probleme mit Ihnen sprechen wird, als Sie es sich jetzt vorstellen können.
Dabei ist es immer ratsam, sich vor Augen zu führen, daß wir alle letztlich für uns selbst verantwortlich sind. Wir können nicht für jemand anderen eine wichtige Entscheidung treffen. Wir können ihm lediglich bei der Entscheidung helfen, indem wir ihm eine bestimmte Situation bewußt machen, die die Karten widerspiegeln. Sie sollten niemals versuchen, den anderen zu verändern, und auf jeden Fall vermeiden, endgültige Entscheidungen für ihn zu treffen. Es ist schon schwer genug für uns, unsere eigenen Motive zu erkennen, ganz zu schweigen von den Motiven anderer. Gehen Sie sorgsam mit Ihrem Wissen um! Dann wird sich Ihre Intuition auf eine Weise entwickeln, wie Sie es sich nie hätten träumen lassen.

Die Autorin

TEIL I

Das Deuten der Karten

Einleitung

Wahrscheinlich gibt es keine zwei Kartendeuter, die die Karten auf die gleiche Weise deuten. Trotzdem beruhen alle Aussagen auf denselben traditionellen Werten, die im Laufe der Zeit mit den Karten verbunden worden sind. Über den Ursprung dieser traditionellen Bedeutungen haben sich schon viele den Kopf zerbrochen und versucht, die Logik dieses Systems zu erfassen. Es ist deshalb äußerst interessant, sich einmal mit den gebräuchlichsten und beliebtesten dieser Hypothesen zu beschäftigen. Die erstaunlichste Theorie über den Ursprung der Karten ist die Annahme, daß eine Verwandtschaft zwischen dem Kartenspiel und dem Kalenderjahr bestehe. Dies wird folgendermaßen begründet:

Das Spiel enthält zwölf Hofkarten (drei für jede der vier Serien oder »Farben«), was den zwölf Monaten eines Jahres und den zwölf Tierkreiszeichen entspricht.

Das Spiel ist zweifarbig (nicht zu verwechseln mit den vier Symbolen Kreuz, Herz, Pik und Karo, die auch oft Farben genannt werden: Herz und Karo sind rot, Kreuz und Pik sind schwarz, so wie auch das Jahr durch die Sonnenwenden in zwei Hälften unterteilt wird. Zu jedem Symbol gehören 13 Karten, so wie jede Jahreszeit 13 Wochen hat. Außerdem läuft der Mond in einem Jahr dreizehnmal um die Erde. Das Spiel besteht aus 52 Karten, die den 52 Wochen des Jahres entsprechen. Manche sind auch der Ansicht, daß die vier Symbole des Kartenspiels mit den vier Jahreszeiten in Zusammenhang stehen.

Weitere Übereinstimmungen fand man bei der Anzahl der Tage eines Jahres: Wenn man die Zahlenwerte jeder Karte des Spiels zusammenzählt, wobei As als eins, König, Dame und Bube jeweils als 13, 12 und 11 gezählt werden, so erhält man die Summe 364 . . ., dazu der Joker = 365. Man könnte auch sagen, daß ein Jahr tatsächlich nur 364 Tage hat: 52 (Wochen) × 7 (Wochentage) = 364. Wenn wir die einzelnen Ziffern der Zahl 364 (3 + 6 + 4) zusammenzählen, erhalten wir wieder 13, was der Anzahl der Karten einer Farbe entspricht. Die Summe der 13 Karten einer Farbe ist 91 und entspricht damit der Anzahl der Tage einer Jahreszeit. Wenn wir 91 durch 7 (Wochentage) teilen, erhalten wir wieder die Zahl 13. Die Summe ihrer Ziffern (1 + 3) ist 4, eine Zahl, die sowohl die Jahreszeiten wie auch die Farben eines Kartenspiels repräsentiert.

Ebenso wie beim Tarotspiel scheinen auch bei unseren Spielkarten die Zahlen 13 und 7 bedeutsam zu sein.
Wenn man die Anzahl der Buchstaben der dreizehn verschiedenen Karten einer Farbe analysiert, kommt man zu einem erstaunlichen Ergebnis:

Im Deutschen (»ch« zählt als ein Buchstabe):

As, Zwei, Drei, Vier, Fünf, Sechs, Sieben, Acht, Neun, Zehn, Bube, Dame, König = 52!

Im Französischen:

As, deux, trois, quatre, cinq, six, sept, huit, neuf, dix, Valet, Reine, Roi = 52!

Im Englischen:

Ace, two, three, four, five, six, seven, eight, nine, ten, Jack, Queen, King = 52!

Im Holländischen:

Aas, twee, drie, vier, vijf, zes, zeven, acht, negen, tien, Boer, Vrouw, Heer = 52!

Wir könnten noch mehr dieser erstaunlichen Entsprechungen aufführen, die die obengenannte Theorie unterstützen, aber die bis jetzt aufgezählten Fakten dürften schon überzeugend genug sein.

Das Auslegen der Karten

Bevor man mit der Deutung der Karten beginnen kann, muß man zunächst einmal einige Vorbereitungen treffen: das Kartenspiel muß bereitliegen, Fragesteller und Kartenleser sollten es sich bequem machen, und es muß eine persönliche Karte bestimmt werden.

Die meisten Kartendeuter besitzen ein eigenes Kartenspiel, das sie immer benutzen. Da dieses Kartenspiel durch viele Hände geht, sollte es vor jeder neuen Sitzung von allen alten Schwingungen gereinigt werden, die ihm noch anhaften könnten. Der Deuter nimmt deshalb das Kartenspiel zuerst in die Hand und mischt es selbst. Dadurch wird das Spiel von störenden Schwingungen gereinigt, und gleichzeitig bereitet der Deuter sich selbst und das Kartenspiel auf die Schwingungen des nächsten Fragestellers vor. Mit einem fremden Kartenspiel verfährt man in gleicher Weise.

Bei der Deutung ist auch die Lage der einzelnen Karten zu berücksichtigen. An anderer Stelle in diesem Buch wird noch näher auf die Bedeutung jeder einzelnen Position in den verschiedenen Legeschemata eingegangen, da diese die Deutung der jeweiligen Karte wesentlich mitbestimmt.

Um einen besseren Überblick zu haben, sollten Sie vielleicht neben dem Ratsuchenden sitzen. Achten Sie aber darauf, den physischen Raum, den Sie (und auch ihr Klient) benötigen, zu wahren, da sonst ihre Konzentration beeinträchtigt werden könnte.

Das Bestimmen der persönlichen Karte

Bevor man mit dem Auslegen der Karten beginnen kann, muß die persönliche Karte bestimmt werden, die den Klienten symbolisieren soll. Dies kann nur der Kartendeuter selbst tun. Es gibt zwei verschiedene Methoden, die persönliche Karte zu bestimmen: Nach der traditionellen Methode können nur die acht wichtigsten Hofkarten die Funktion der persönlichen Karte übernehmen. Man nimmt dabei an, daß:

Kreuz König und Kreuz Dame Menschen mit braunem Haar und braunen Augen,

Herz König und Herz Dame Menschen mit dunkelblondem Haar und grauen oder blauen Augen,

Pik König und Pik Dame Menschen mit dunkler Hautfarbe,

Karo König und Karo Dame Menschen mit blondem oder rotem Haar repräsentieren.

Da diese Zuordnungsmethode für die persönliche Karte in der Praxis nicht immer so leicht und eindeutig zu handhaben ist, gibt es noch eine zweite Methode. Abbildung 1 zeigt eine Tabelle, mit deren Hilfe man anhand des Geburtsdatums des Fragestellers die persönliche Karte bestimmen kann. Wenn beispielsweise jemand am 15. März geboren ist, wird ihm die Kreuz Sieben zugeordnet. Die persönliche Karte für jemanden, der am 4. Februar geboren ist, ist die Herz Vier (siehe Abb. 1).
Wenn diese Karte ermittelt und dem Spiel entnommen ist, wird sie in die Mitte gelegt. Die übrigen Karten werden vom Fragesteller gemischt. Er sollte dies ruhig und aufmerksam tun und sich Zeit dafür nehmen. Jeder Mensch hat seine eigene Art zu mischen. Die einen mischen von sich aus eine ganze Weile, während andere erst dazu aufgefordert werden müssen. Die Karten

	Jan.	Febr.	März	April	Mai	Juni	Juli	Aug.	Sept.	Okt.	Nov.	Dez.
1	D ♦	4 ♠	6 ♥	Joker	A ♦	6 ♠	10 ♥	2 ♣	7 ♦	B ♠	3 ♥	7 ♣
2	K ♦	5 ♠	7 ♥	B ♣	2 ♦	7 ♠	B ♥	3 ♣	8 ♦	D ♠	4 ♥	8 ♣
3	A ♦	6 ♠	8 ♥	D ♣	3 ♦	8 ♠	D ♥	4 ♣	9 ♦	K ♠	5 ♥	9 ♣
4	2 ♦	7 ♠	9 ♥	K ♣	4 ♦	9 ♠	K ♥	5 ♣	10 ♦	A ♠	6 ♥	10 ♣
5	3 ♦	8 ♠	10 ♥	A ♣	5 ♦	10 ♠	A ♥	6 ♣	B ♦	2 ♠	7 ♥	B ♣
6	4 ♦	9 ♠	B ♥	2 ♣	6 ♦	B ♠	2 ♥	7 ♣	D ♦	3 ♠	8 ♥	D ♣
7	5 ♦	10 ♠	D ♥	3 ♣	7 ♦	D ♠	3 ♥	8 ♣	K ♦	4 ♠	9 ♥	K ♣
8	6 ♦	B ♠	K ♥	4 ♣	8 ♦	K ♠	4 ♥	9 ♣	A ♦	5 ♠	10 ♥	A ♣
9	7 ♦	D ♠	A ♥	5 ♣	9 ♦	A ♠	5 ♥	10 ♣	2 ♦	6 ♠	B ♥	2 ♣
10	8 ♦	K ♠	2 ♥	6 ♣	10 ♦	2 ♠	6 ♥	B ♣	3 ♦	7 ♠	D ♥	3 ♣
11	9 ♦	A ♠	3 ♥	7 ♣	B ♦	3 ♠	7 ♥	D ♣	4 ♦	8 ♠	K ♥	4 ♣
12	10 ♦	2 ♠	4 ♥	8 ♣	D ♦	4 ♠	8 ♥	K ♣	5 ♦	9 ♠	A ♥	5 ♣
13	B ♦	3 ♠	5 ♥	9 ♣	K ♦	5 ♠	9 ♥	A ♣	6 ♦	10 ♠	2 ♥	6 ♣
14	D ♦	4 ♠	6 ♥	10 ♣	A ♦	6 ♠	10 ♥	2 ♣	7 ♦	B ♠	3 ♥	7 ♣
15	K ♦	5 ♠	7 ♥	B ♣	2 ♦	7 ♠	B ♥	3 ♣	8 ♦	D ♠	4 ♥	8 ♣
16	A ♦	6 ♥	8 ♥	D ♣	3 ♦	8 ♠	D ♥	4 ♣	9 ♦	K ♠	5 ♥	9 ♣
17	2 ♦	7 ♠	9 ♥	K ♣	4 ♦	9 ♠	K ♥	5 ♣	10 ♦	A ♠	6 ♥	10 ♣
18	3 ♦	8 ♠	10 ♥	A ♣	5 ♦	10 ♠	A ♥	6 ♣	B ♦	2 ♠	7 ♥	B ♣
19	4 ♦	9 ♥	B ♥	2 ♣	6 ♦	B ♠	2 ♥	7 ♣	D ♦	3 ♠	8 ♥	D ♣
20	5 ♦	10 ♥	D ♥	3 ♣	7 ♦	D ♠	3 ♥	8 ♣	K ♦	4 ♠	9 ♥	K ♣
21	6 ♠	B ♥	K ♥	4 ♦	8 ♠	K ♠	4 ♥	9 ♣	A ♠	5 ♠	10 ♥	A ♦
22	7 ♠	D ♥	A ♣	5 ♦	9 ♠	A ♥	5 ♥	10 ♣	2 ♠	6 ♠	B ♥	2 ♦
23	8 ♠	K ♥	2 ♣	6 ♦	10 ♠	2 ♥	6 ♣	B ♣	3 ♠	7 ♠	D ♣	3 ♦
24	9 ♠	A ♥	3 ♣	7 ♦	B ♠	3 ♥	7 ♣	D ♦	4 ♠	8 ♥	K ♣	4 ♦
25	10 ♠	2 ♥	4 ♣	8 ♦	D ♠	4 ♥	8 ♣	K ♦	5 ♠	9 ♥	A ♣	5 ♦
26	B ♠	3 ♥	5 ♣	9 ♦	K ♠	5 ♥	9 ♣	A ♦	6 ♠	10 ♥	2 ♣	6 ♦
27	D ♠	4 ♥	6 ♣	10 ♦	A ♠	6 ♥	10 ♣	2 ♦	7 ♠	B ♥	3 ♣	7 ♦
28	K ♠	5 ♥	7 ♣	B ♦	2 ♠	7 ♥	B ♣	3 ♦	8 ♠	D ♥	4 ♣	8 ♦
29	A ♠	Joker	8 ♣	D ♦	3 ♠	8 ♥	D ♣	4 ♦	9 ♠	K ♥	5 ♣	9 ♦
30	2 ♠		9 ♣	K ♦	4 ♠	9 ♥	K ♣	5 ♦	10 ♠	A ♥	6 ♣	10 ♦
31	3 ♠		10 ♣		5 ♠		A ♣	6 ♦		2 ♥		B ♦

Abb. 1: Die Zuordnung der Karten zu den Tagen des Jahres.

dürfen nicht gemischt werden, indem sie in zwei Stapel geteilt werden und durch Aufblättern mit den Daumen ineinandergeschoben werden. Diese Mischtechnik bleibt den üblichen Kartenspielen vorbehalten, bei denen es nicht nötig ist, die Karten mit den Vibrationen des Fragestellers aufzuladen.

Die Grundlagen für das Deuten mit 52 Karten

Die Kartendeutung hat die Funktion, Fragen eines Ratsuchenden zu beantworten. Der Kartenleser ist nur der Übermittler der Antworten und benutzt dazu die Technik des Kartenlegens. Wenn man mit dem Kartendeuten anfängt, sollte man auf ein weites Spektrum möglicher Fragen vorbereitet sein. Manche Fragen werden wahrscheinlich sehr konkret sein (wie z. B.: »Werde ich nächsten Monat eine Gehaltserhöhung bekommen?«), andere wiederum sehr vage (wie die Frage: »Wie wird mein Leben weiterhin verlaufen?«). An anderer Stelle werden wir noch darauf eingehen, welche Legeschemata wir für bestimmte Fragetypen und bestimmte Situationen benutzen sollten. Dabei darf man jedoch nie vergessen, daß ein guter Kontakt zwischen dem Deutenden und dem Ratsuchenden immer wichtiger ist als die Technik des Kartenlegens.

Für ein Kartenspiel mit 52 Karten gibt es ein einfaches und beliebtes Legeschema, das leicht zu behalten ist und auf das sich die Deutungen im Teil 3 dieses Buches beziehen. Dabei werden fünfzehn Karten ausgelegt. Dieses Schema mag auf den ersten Blick äußerst simpel erscheinen, enthält aber 7 921 834 931 684 532 415 560 000 Variationsmöglichkeiten. Die Wahrscheinlichkeit einer Wiederholung ist so unendlich klein, daß man sie gar nicht erst in Betracht zu ziehen braucht.

Abbildung 2 zeigt die Reihenfolge, in der die Karten ausgelegt werden. Zunächst wird die persönliche Karte in die Mitte des Schemas gelegt, auf Position 1. Anschließend muß der Frage-

Abb. 2: Das Grundschema für das Spiel mit 52 Karten (das im Teil III dieses Buches verwendete Legeschema): Fünfzehn Karten werden in der angegebenen Reihenfolge ausgelegt:

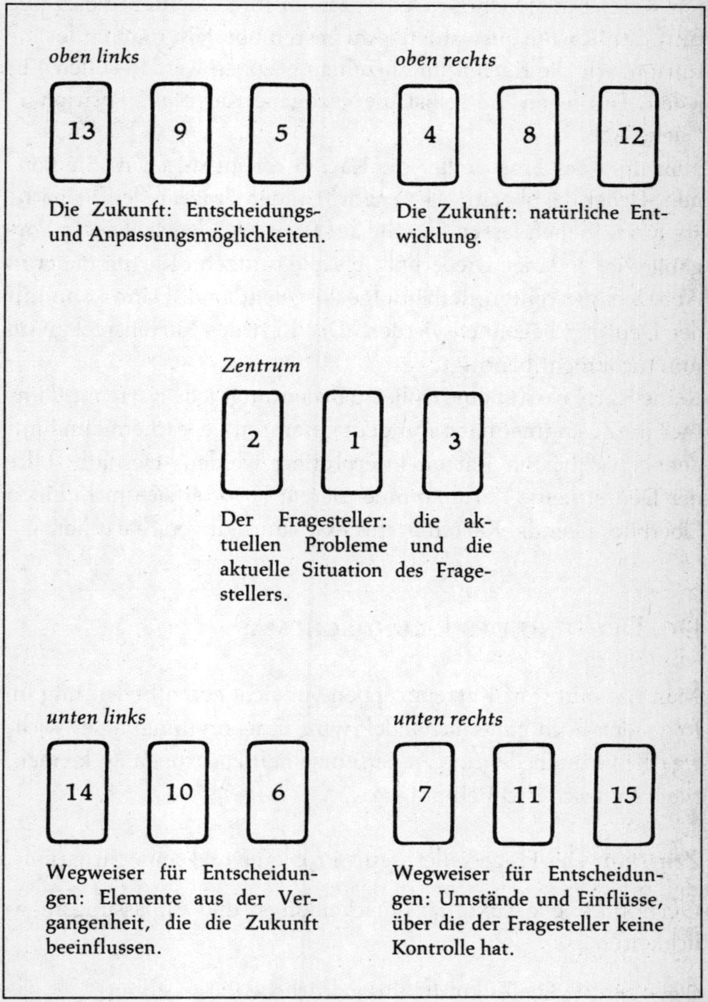

steller die Karten noch einmal mischen und sie dann dem Kartendeuter aushändigen. Dieser hebt nun die oberste Karte ab oder hält dem Fragesteller das Kartenspiel zum Ziehen der zweiten Karte hin. (Manche Deuter lassen ihre Klienten gleich alle fünfzehn Karten auswählen. Am besten überläßt man es der Intuition, wie die Karten im einzelnen gezogen werden sollen.) In jedem Fall legen Sie selbst die gezogene Karte auf Position 2. (Siehe Abb. 2)
Nun muß der Fragesteller die Karten erneut mischen. Sie können wieder die oberste Karte abheben, den Fragesteller die nächste Karte ziehen lassen, die Sie auf Position 3 legen. Dieser Vorgang wird so lange wiederholt, bis alle fünfzehn Karten in der in Abb. 2 dargestellten Reihenfolge ausgelegt sind. Dann kann mit der Deutung begonnen werden. Der Rest des Kartenspiels wird nun nicht mehr benötigt.
Keine Karte besitzt eine isolierte Bedeutung. Jede Karte muß immer im Zusammenhang mit dem gesamten Legeschema und mit den benachbarten Karten interpretiert werden. Deshalb sollte der Deuter keine Karte kommentieren, bevor er sich nicht einen Überblick über die Karten in ihrer Gesamtheit verschafft hat.

Die Deutung des Grundschemas

Man hat nun fünf Kartengruppen vor sich, deren Bedeutung im folgenden noch näher behandelt wird. Zuerst einmal ist es wichtig, die Grundbedeutungen der einzelnen Positionen zu kennen. Sie lassen sich leicht einprägen.

Zentrum: Der Fragesteller, seine Probleme und seine Situation.

Oben links: Die Zukunft; Entscheidungs- und Anpassungsmöglichkeiten.

Oben rechts: Die Zukunft; ihre natürliche Entwicklung.

Unten links: Die Vergangenheit; ihre Einflüsse auf die Zukunft.

Unten rechts: Die Einflüsse, über die der Fragesteller keine Kontrolle hat.

Wir beginnen mit dem Zentrum (Karte auf Position 1), das den Fragesteller repräsentiert. Diese Karte gibt Auskunft über die Persönlichkeit des Fragestellers und über die Art der Probleme, mit denen er kämpft, oder über die Einflüsse, die er in dieser Phase seines Lebens als störend empfindet. Der Kartenleser kennt die Bedeutung dieser Karte. Es kann sein, daß der Fragesteller erzählt, warum er gekommen ist, aber es ist ebensogut möglich, daß er es verschweigt. Deshalb ist es sehr wichtig, diese Karte zu verstehen, da sie die »Atmosphäre« wiedergibt, die die Sitzung bestimmt. Da sie von den beiden benachbarten Karten beeinflußt wird, muß man als nächstes die Karten 2 und 3 untersuchen. Sie enthalten zusätzliche Informationen über die Situation des Ratsuchenden. Wenn es sich bei der Karte im Zentrum um eine Hofkarte handelt, ist die Wahrscheinlichkeit groß, daß diese den Fragesteller ganz persönlich oder aber eine ihm nahestehende Person darstellt. Letzteres ist vor allem dann der Fall, wenn die Hofkarte eine Person des anderen Geschlechts abbildet.
Die Karten rechts oben (4, 8 und 12) spiegeln die Entwicklung wieder, die das Leben des Klienten nehmen wird, wenn er nicht eingreift. Diese Kartengruppe sollte man sich vor Augen halten, während man dem Fragesteller zuhört. Durch die Kartendeutung erhält dieser ja immer auch die Möglichkeit zur Veränderung. Nichts ist völlig festgelegt, wenn der Fragesteller bereit ist, seinen derzeitigen Lebenswandel zu ändern, denn solche Veränderungen beeinflussen auch die Zukunft.
Die Karten oben links (13, 9 und 5) zeigen an, welchen anderen Weg der Fragesteller möglicherweise einschlagen will. Anhand

der dort plazierten Karten wird deutlich, ob dieser Weg gefährlich sein wird oder nicht.
Wenn man die oberen Karten deutet, schaut man also in die Zukunft des Fragestellers. Sie symbolisieren die Richtungen, die eingeschlagen werden können. Und hier liegt eine der wichtigsten Aufgaben der Deutung, da der Ratsuchende auf die Möglichkeiten und Gelegenheiten, die diese Karten symbolisieren, hingewiesen werden kann und vor allen Gefahren, die später auftauchen könnten, gewarnt werden kann. Außerdem wird aufgezeigt, wie der Fragesteller seine Haltung gegenüber der Situation, in der er sich befindet, verändern und diese positiv für sich nutzen kann.
Die Karten unten links (14, 10 und 6) geben allgemeine Informationen über Faktoren oder Personen, die dem Fragesteller bei seinen Entscheidungen helfen können. Wenn er älter als 50 Jahre ist, beziehen sich die Karten oft auf Faktoren aus der Vergangenheit, die die gegenwärtige und zukünftige Situation beeinflussen. Wenn der Klient jünger ist, sind die Informationen mehr auf die Gegenwart bezogen. Da diese Karten generell Auskunft über die Situation oder die Vorstellungen des Fragestellers geben, die die Grundlage für seine gegenwärtige Situation bilden, zeigen sie auch an, wie er sich am besten auf die kommenden Ereignisse vorbereiten kann.
Die Karten unten rechts (7, 11 und 15) repräsentieren äußere Einflüsse, über die der Fragesteller keine Kontrolle hat, die er aber zu seinem Vorteil nutzen kann, wenn er weiß, wie damit umzugehen ist.
Die unteren Karten sind vor allem dann wichtig, wenn der Fragesteller eine Entscheidung treffen muß. Sie zeigen an, wie er in die Situation geraten ist, mit der er nun konfrontiert wird. Dabei ist es wichtig, sowohl den positiven Hintergrund wie auch den Hintergrund, auf dem sich die gegenwärtigen Probleme entwikkelt haben, in die Betrachtung mit einzubeziehen.

Ein Legebeispiel

Bevor ich mit dem Thema fortfahre, möchte ich das Grundschema für ein 52er-Kartenspiel anhand eines Beispiels veranschaulichen. Abb. 3 zeigt die Karten einer jungen Schauspielerin, die an einem kritischen Punkt in ihrer Karriere angelangt war. Der Ratschlag, den sie aufgrund der Karten erhielt, war in ihrem Fall besonders klar und eindeutig. Die Karte im Zentrum (1) repräsentiert die Fragestellerin. Es ist Karo Bube. Auf Position 3 (rechts vom Buben) taucht Karo Drei auf, die einen Vertrag oder eine Gelegenheit für ein gutes Geschäft symbolisiert. Links vom Buben (2) liegt Kreuz As, eine Karte, die für Talent und Dynamik steht.

Diese drei Karten bilden die zentrale Gruppe in diesem Schema und repräsentieren die Fragestellerin selbst. Um Näheres über den Charakter und die Persönlichkeit dieser jungen Schauspielerin zu erfahren, muß die Bedeutung des Karo Buben im dritten Teil dieses Buches nachgeschlagen werden. Kreuz As gibt Aufschluß über die natürlichen Talente der Schauspielerin. Wenn diese zwei Karten im Zusammenhang gedeutet werden, erhält man ein Porträt der Schauspielerin. Es berechtigt zu der Annahme, daß sich für sie eine günstige Gelegenheit ergibt, ihre Begabung zu entwickeln. (Siehe Abb. 3)

Und nun zu den Karten rechts oben. Alle Karten in dieser Gruppe sind positiv. Herz Zehn, Karo Neun und Herz As. Wenn Sie im dritten Teil des Buches diese Karten aufsuchen, werden Sie feststellen, daß sie Reichtum, Ansehen, Erfolg und Glück

Abb. 3: Ein Legebeispiel mit einem 52er-Kartenspiel. Die Karten einer jungen Schauspielerin.

und das Erreichen eines Lebensziels anzeigen. Diese Kartengruppe gibt den Verlauf des Lebens der Fragestellerin wieder, wenn sie so weitermacht wie bisher. Der Ratschlag lautet daher: den eingeschlagenen Weg weiterverfolgen, da er großen Erfolg verspricht!

Als nächstes schauen wir uns die Kartengruppe links oben an. Sie zeigt einen anderen Weg an, der allerdings zu Mißerfolg führen wird. Die Warnung ist unmißverständlich! Wenn die Fragestellerin ihre Energie nicht für die von ihr gewählte Richtung einsetzt, sondern sich von kleinlichen Streitereien, Haarspaltereien und Rachegefühlen leiten läßt, wird sie von ihrem erfolgversprechenden Weg abkommen. Pik Zwei stellt eine Falle dar, die katastrophale Folgen haben kann, auch wenn sie für sich gesehen eher unwichtig erscheint. Pik Sieben ist eine Konfliktkarte, die die Fragestellerin vor Entmutigung und übereilten

Schritten warnt. Pik Zehn weist darauf hin, daß die Vernachlässigung von Projekten, die eine lange Vorbereitung erfordern, unnötige Mißerfolge und Enttäuschungen nach sich ziehen wird. Dieser Weg sollte also vermieden werden.
Die untere rechte Kartengruppe gibt an, welche äußeren Einflüsse das Leben der Fragestellerin beherrschen. Hier sehen wir, daß Karo As von zwei Königen umgeben ist. Karo As ist eine konstruktive Karte, die häufig Erfolg auf der Bühne oder im Bereich der schönen Künste verspricht. Ein König repräsentiert meistens einen bestimmten Mann, aber wenn zwei Könige so dicht beieinander auftreten, kann auch eine Gruppe von Männern gemeint sein. Man kann deshalb die Schlußfolgerung ziehen, daß einige Männer eng mit der Fragestellerin verbunden sind und daß diese ihr zum Erfolg verhelfen werden. Weil die Karten in der unteren rechten Gruppe durch eine Geschäftskarte (Karo Drei) mit dem Zentrum verbunden sind, dürfen diese Karten nicht mit romantischen Gefühlen in Verbindung gebracht werden, sondern eher mit Geschäftsbeziehungen.
Die Karten in der unteren linken Gruppe sind ein Hinweis darauf, daß nicht alles reibungslos verlaufen wird. Die zwei Fünfer weisen auf leichte Rückschläge, Tränen, Enttäuschungen und auf Furcht und Zweifel hin. Herz Neun als letzte der drei Karten läßt jedoch erwarten, daß die Fragestellerin, wenn sie den Schwierigkeiten tapfer und entschlossen entgegentritt, mehr Freude erleben wird, als sie selbst jemals erwartet hätte.
Nachdem die Karten jede für sich und im Zusammenhang betrachtet worden sind, stellt sich die Frage, welche der vier Farben am häufigsten vorkommt. In unserem Beispiel sind die Farben ziemlich gleichmäßig verteilt, so daß wir diesen Aspekt hier nicht zu berücksichtigen brauchen. Wenn Sie aber in anderen Fällen die Karten der einzelnen Symbolreihen zusammenzählen, werden Sie auf deutliche Unterschiede stoßen. Sie

sollten bei ihrer Rechnung immer von der Gesamtzahl 15 ausgehen und dann die Bedeutung der überwiegenden Farbe in Teil 1 dieses Buches aufsuchen, um die Grundenergie der jeweiligen Farbe feststellen zu können.

Als nächstes folgt die Frage, ob drei oder mehr Karten mit der gleichen Zahl oder dem gleichen Bild vorliegen. In unserem Beispiel finden wir drei Asse. Wie sich an anderer Stelle noch zeigen wird, sind drei Asse ein Zeichen für ungeahnte Möglichkeiten, vor allem dann, wenn diese sich in der Gesellschaft zweier Könige befinden. Sie deuten auf große Aktivität, umwälzende Veränderungen, Erfolg, Ruhm und auf die Möglichkeit ungezwungener Kontakte zu Menschen in höheren und einflußreichen Stellungen hin.

Diese allgemeine Beurteilung einer Kartenkombination ist ziemlich einfach. Wenn man erst einmal die Grundbedeutung der Farben, Bilder und Zahlen jeder einzelnen Karte und des Überwiegens bestimmter Elemente verstanden hat, läßt sich die Information leicht zusammenfügen. Der nächste Schritt ist wesentlich schwieriger. Man muß dem Klienten aufmerksam zuhören, um genau herausfinden zu können, was er oder sie wirklich von der Deutung erwartet. Nicht jeder wird ehrlich und direkt über das, was ihm auf dem Herzen liegt, sprechen. Der nächste, ebenfalls nicht ganz einfache Schritt besteht darin, die Botschaft so zu vermitteln, daß sie optimal genutzt werden kann.

Die in unserem Beispiel erwähnte Schauspielerin hatte später einen Erfolg nach dem anderen. Sie ist sich jedoch im klaren darüber, daß in vielen Augenblicken ihres Lebens Klatsch und Intrigen ihre Karriere leicht hätten zu Fall bringen können, wäre sie nicht darauf vorbereitet gewesen. Weil wir jedoch all diese Möglichkeiten durchgesprochen hatten, war sie in der Lage, ihre Energie besser zu nutzen.

Wahrsagen ist also nicht nur reiner Zeitvertreib. Diejenigen, die ihre Gaben auf diesem Gebiet so gut wie möglich nutzen wollen, müssen sich daher als erstes mit der Bedeutung der einzelnen Karten vertraut machen.

Ein guter Kartendeuter muß jede Karte des Spiels kennen, damit er sofort versteht, was sie aussagt. Er muß die Botschaft jeder Karte vor sich sehen können, denn wenn er bei der Sitzung die Bedeutung einer Karte jedesmal im Buch nachschlagen wollte, liefe er nicht nur Gefahr, sich das Vertrauen des Ratsuchenden zu verscherzen, sondern auch, sich nicht ausreichend auf die Gesamtheit der Karten konzentrieren zu können, was die wichtigste Voraussetzung für eine gelungene Deutung ist.

Das Kartenlesen mit 32 Karten nach der Methode der Zigeuner

Die Ansichten der Zigeuner standen oft im Widerspruch zu anderen Traditionen des Kartenlegens. Sie tendierten allerdings auch dazu, vereinfachte, nichtssagende Erklärungen abzugeben, die sich mit etwas Phantasie ohne Schwierigkeiten auf jede Situation übertragen ließen. Sie benutzten meistens ein Kartenspiel mit 32 Karten und verwendeten eine der Hofkarten als persönliche Karte für den Fragesteller.

Wenn man mit 32 Karten arbeiten will, muß man alle Karten von Zwei bis Sechs aus dem vollständigen Kartenspiel entfernen. Übrig bleiben die Karten von Sieben bis As.

Den Hofkarten wurde eine besondere Bedeutung zugesprochen. Die Könige und Damen wurden als persönliche Karten verwendet (d. h., sie repräsentierten den Fragesteller). Die Buben wurden immer als Vermittler (oder auch Verräter) von Gedanken der Könige und Damen der gleichen Farbe angesehen. Diese Interpretation spielt auch heute noch eine Rolle, denn wenn man einen König oder eine Dame als Repräsentanten des Fragestellers vor sich liegen hat, so kann der Bube der gleichen Farbe diejenigen Gedanken des Fragenden widerspiegeln, die dieser verheimlicht. Wer die Bedeutung der Buben versteht, ist auf dem Wege, ein sehr guter Kartendeuter zu werden.

Die Buben wurden auch als Symbole für Boten aller Art angesehen. *Kreuz Bube* konnte einen Schüler oder einen Studenten symbolisieren, *Karo Bube* einen Kadetten (oder jemanden aus einer Privat- oder Militärschule), einen jungen Soldaten, einen Botengänger oder einen Briefträger. *Herz Bube* repräsentierte offensichtlich einen Liebhaber, einen Kameraden, eine sehr gute Freundin oder einen sehr guten Freund. *Pik Bube* kann einen Botenjungen, aber auch einen Feind darstellen.

Die Zigeuner arbeiten mit zwei Interpretationsmethoden. Wenn die Karte aufrecht liegt, wird sie auf eine bestimmte Weise interpretiert. Wenn sie umgekehrt erscheint (d. h. auf dem Kopf steht), erhält sie eine andere Bedeutung. Um sehen zu können, wann eine Karte auf dem Kopf steht, muß man das Spiel an einer Seite markieren. Man kann selbst bestimmen, wie diese Markierung aussehen soll. Entweder schneidet man eine Ecke ein oder man kennzeichnet die Karten auf andere Weise, so daß man beim Kartendeuten sofort erkennen kann, ob eine Karte aufrecht liegt oder auf dem Kopf steht. Eine umgekehrte Position zeigt an, daß die Energie einer Karte nicht auf produktive und positive Weise genutzt werden kann. Die negativen Merkmale einer Karte beziehen sich meist auf die umgekehrte Lage.

Kreuz As beispielsweise bedeutet meistens Glück, gute Nachrichten und eine Veränderung zum Positiven in finanzieller Hinsicht. Wenn diese Karte aber auf dem Kopf steht, symbolisiert sie gute Neuigkeiten, die allerdings nur von kurzer Dauer sind oder die mit einer Verzögerung eintreffen werden, oder irgendwelche unerfreulichen Nachrichten.

Die Bedeutung der 32 Karten

Hier eine Tabelle mit den typischen Bedeutungen, die die Zigeuner den 32 Karten zuschrieben. Eine vollständige Beschreibung der einzelnen Kartensymbole und Zahlen kann man in Teil II dieses Buches finden, und die Bedeutung jeder einzelnen Karte (des 52er-Spiels) wird im dritten Teil ausführlich beschrieben.

Die beliebtesten Legemethoden der Zigeuner sind im folgenden aufgeführt.

Kreuz As:	Glück, gute Nachrichten, Empfangen von Geld, Briefen oder Zeitungen. *Umgekehrt:* Gute Nachrichten, aber das Glück wird nur von kurzer Dauer sein; Briefe lassen auf sich warten.
Kreuz König:	Ein guter Charakter, treu. *Umgekehrt:* Pläne, die zu nichts führen.
Kreuz Dame:	Eine dunkle, freundliche Frau. *Umgekehrt:* Nicht vertrauenerweckend, leichtlebig.
Kreuz Bube:	Ein attraktiver junger Mann. *Umgekehrt:* Ein Taugenichts.
Kreuz Zehn:	Eine Reise oder ein Ausflug; erfolgversprechende und angenehme Ereignisse. *Umgekehrt:* Leichte Mißerfolge; eine kurze Schiffahrt, manchmal eine Zugreise am Wasser entlang.

Kreuz Neun: Eine unerwartet gute Gelegenheit; Vergnügen; Rechtsangelegenheiten.
Umgekehrt: Ein kleines Geschenk; Verzögerung; ein störender Vorfall; Unannehmlichkeiten; Niedergeschlagenheit.

Kreuz Acht: Erfreuliche Bekanntschaften: Liebe, Geld, Glück; angenehmer Umgang mit Freunden.
Umgekehrt: Schwierigkeiten in der Liebe, Schwierigkeiten in bezug auf Papiere, Dokumente, Besprechungen.

Kreuz Sieben: Erfolg; glänzende Erfolge oder Leistungen; das Ausführen von Plänen, finanzielle Investitionen in kleinere Unternehmen.
Umgekehrt: Ärger in Geldangelegenheiten; Schwierigkeiten oder Verwicklungen in Rechtsfragen.

Herz As: Ein Haus; erfreuliche Nachrichten; ein herzlicher (Liebes-)Brief.
Umgekehrt: Wechsel des Wohnortes, Umzug; das Haus eines anderen; der Besuch eines Freundes oder einer Freundin.

Herz König: Eine, vor allem in Liebesdingen zugetane Person mit blondem Äußeren.
Umgekehrt: Enttäuschungen in bezug auf diese Person.

Herz Dame: Eine liebende, blonde Frau.
Umgekehrt: Unglückliche Liebe in bezug auf diese Frau.

Herz Bube: Fröhlicher junger Mann, möglicherweise ein Kind.
Umgekehrt: Enttäuschung oder Unglück; ein Soldat.

Herz Zehn: Sehr erfreulich; Glück, Liebe, Fröhlichkeit; mildert und mäßigt die Bedeutung jeder benachbarten Karte.
Umgekehrt: Geburt, Veränderung, Freude, Begeisterung.

Herz Neun: Die Wunschkarte; Erfüllung eines Wunsches; Erfolg und Vergnügen.
Umgekehrt: Große Zuneigung; jemand, dem man zugetan ist; vorübergehende Schwierigkeiten.

Herz Acht: Liebe einer blonden Person; Freunde, Heirat; Einladungen; Kleider; Möbel; Herzlichkeit.
Umgekehrt: Unerwiderte Liebe; Eifersucht.

Herz Sieben: Frohe Stimmungen und Gedanken; ein kleines Vergnügen oder ein erfüllter Wunsch; Bedienstete; häusliche Angelegenheiten.
Umgekehrt: Ärgernis; verletzte Gefühle; unnötige Aufregung; unnötige Sorgen; Launenhaftigkeit.

Pik As: Gefühle der Befriedigung und Genugtuung; ein großes Gebäude, geschäftliche Angelegenheiten.
Umgekehrt: Besorgnis; traurige Nachrichten; Gefahr, Angst, Tod.

Pik König:	Ein nicht vertrauenswürdiger dunkler Mann. *Umgekehrt:* Ein gefährlicher Feind.
Pik Dame:	Eine Witwe oder eine alte Frau. *Umgekehrt:* Eine bösartige alte Frau.
Pik Bube:	Ein junger Mann, Medizinstudent oder Jurastudent; unerfreulich. *Umgekehrt:* Ein gefährlicher, treuloser junger Mann.
Pik Zehn:	Verlust und Kummer oder der Verlust der Freiheit; Entfernung, Wasser, Reise. *Umgekehrt:* Vorübergehende Schwierigkeiten; Krankheit; schwerer Verlust; Trauernde.
Pik Neun:	Verlust; zerstörte Pläne und Hoffnungen; Schmerz; Mißerfolg; ein schlechtes Vorzeichen. *Umgekehrt:* Kummer oder Unglück für jemanden, den der Fragesteller kennt; ernste Gefahr, Tod, viele Schwierigkeiten.
Pik Acht:	Bevorstehende Enttäuschungen; Niedergeschlagenheit; Nacht. *Umgekehrt:* Das Brechen eines Versprechens oder einer versprochenen Verlobung; Unsicherheit; Trauer; Hindernisse; Kummer; Enttäuschung; Betrug; Verschwörung.
Pik Sieben:	Hangen und Bangen; das Ausführen eines Entschlusses; Veränderungen; Übereinkünfte; Entscheidungen. *Umgekehrt:* Intrigen oder Torheit in der Liebe; außer Fassung geraten; Nervosität; Unfall.

Karo As:	Brief; Heiratsantrag; Geschenk; Kostbarkeiten; Papiergeld. *Umgekehrt:* Finanzielle Neuigkeiten, Briefe oder Geldangelegenheiten, die Sorgen bereiten.
Karo König:	Jemand mit hellem oder grauem Haar, möglicherweise ein Soldat. *Umgekehrt:* Betrug oder Verrat im Zusammenhang mit dieser Person.
Karo Dame:	Eine blonde Frau, die keine Geheimnisse für sich behalten kann. *Umgekehrt:* Schwierigkeiten, die durch die Bösartigkeit dieser Person entstehen.
Karo Bube:	Ein junger Mann in einer untergeordneten Position. *Umgekehrt:* Nicht vertrauenswürdig; er kann Schwierigkeiten verursachen.
Karo Zehn:	Geld, Reise oder Veränderung des Wohnortes. *Umgekehrt:* Probleme im Zusammenhang damit oder als Folge dieser Veränderung; Maschinen; Brand oder Feuer; Elektrizität.
Karo Neun:	Schwierigkeiten im Zusammenhang mit einem Wunsch; plötzliche Ereignisse; Wut; scharfe Gegenstände; Feuerwaffen. *Umgekehrt:* Gefahr, Kampf, Schmerz, Operation; in Kombination mit Pik-Karten: ernste Gefahr, Tod, Sarg; Zwistigkeiten zwischen Familienmitgliedern oder Geliebten.

Karo Acht: Ein Weg; eine Wanderung oder ein Ausflug; Liebesaffäre.

Umgekehrt: Liebesprobleme; Verschwendung; Gereiztheit; Unannehmlichkeiten; etwas läuft schief; grobes und brutales Auftreten.

Karo Sieben: Ärgerliche, unfreundliche Bemerkungen im Zusammenhang mit einem Kind, einem Bruder oder einer Schwester, aber auch mit Tieren oder Gegenständen.

Umgekehrt: Ein Geschenk, ein Foto, ein Paket; ein kleiner Skandal, der jedoch keine ernsten Folgen hat.

Einige Legeschemata mit 32 Karten

Wie die Praxis zeigt, scheint die eine Methode des Kartenlegens manchmal bessere Ergebnisse zu liefern als eine andere. Auf welche Methode man zurückgreifen will, sollte man am besten erst dann entscheiden, wenn der Ratsuchende erzählt hat, warum er zu der Sitzung gekommen ist. Die Methode mit 52 Karten eignet sich gut für Partys ebenso wie das Vier-Fächer-Schema mit 32 Karten. Wenn der Fragesteller wissen will, wann ein bestimmtes Ereignis stattfinden wird, sollte man am besten das Vier-Buben-Schema anwenden. Alle im folgenden beschriebenen Legeschemata werden mit dem 32er-Kartenspiel ausgeführt.

Das Grundschema der Zigeuner mit 32 Karten

Lassen Sie den Klienten die Karten mischen. Nehmen Sie dann das Spiel und teilen sie es in drei Stapel auf. Lesen Sie die obersten drei Karten (die oberste Karte jedes Stapels). Diese geben Auskunft über die Situation des Fragestellers zum Zeitpunkt der Deutung und über die wirklich wichtigen Fragen, die gelöst werden müssen. Wenn Sie diese wesentlichen Probleme erkannt haben, müssen Sie die Karten wieder an ihren Platz zurücklegen. Am einfachsten ist es, wenn man die Stapel nebeneinander auf den Tisch legt und die jeweiligen Karten aufgedeckt auf den Stapel legt. Später dreht man diese Karten wieder um. Der dritte

Stapel muß nun auf dem Tisch liegenbleiben, der zweite Stapel wird daraufgelegt, und ihm folgt der erste Stapel. Es ist sehr wichtig, daß die ursprüngliche Reihenfolge der Karten nicht durcheinandergebracht wird, da sich sonst die gesamte Deutung verwirrt.

Sobald die Karten in ihrer ursprünglichen Reihenfolge auf dem Tisch liegen, müssen sie in acht Stapel zu jeweils vier Karten unterteilt werden. Dies geschieht, indem man die obersten acht Karten verdeckt nebeneinander auf den Tisch legt – 1, 2, 3, 4, 5, 6, 7, 8. Nun wird die neunte Karte auf die erste Karte gelegt, die Zehnte auf die zweite usw., bis man schließlich alle Karten verteilt hat. Da insgesamt 32 Karten zur Verfügung stehen, erhält man acht Stapel mit jeweils vier Karten. Fordern Sie nun den Fragesteller auf, diejenigen Stapel auszuwählen, die seinem Gefühl nach am besten zu den folgenden Kategorien passen.

1. Selbst
2. Wünsche
3. der (die) beste Freund(in)
4. Heim
5. Dinge, die der Fragesteller tun muß
6. Dinge, die der Fragesteller vermeiden muß
7. Dinge, die geschehen müssen
8. Erfolgschancen

Es ist gleichgültig, welchen Stapel der Fragesteller für eine bestimmte Kategorie auswählt. Natürlich muß man sich merken, welcher Stapel für welche Kategorie ausgewählt wurde! Vielleicht ist es am Anfang am einfachsten, sich dies aufzuschreiben.

Wenn die Stapel zugeordnet worden sind, müssen sie in der oben aufgeführten Reihenfolge angeordnet werden. Jeder Stapel muß getrennt aufgedeckt und mit den jeweils auftretenden Kombinationen gedeutet werden. Denken Sie stets daran, daß keine Karte

für sich allein steht. Ebenso verhält es sich mit den Stapeln. Wir deuten den ersten Stapel in Verbindung mit dem zweiten, den zweiten mit dem dritten, den dritten mit dem vierten usw. Jede Gruppe von vier Karten wird in gleicher Weise gedeutet.
Der zweite Stapel erzählt beispielsweise eine Geschichte über die Wünsche des Ratsuchenden. Stapel 1 gibt Auskunft darüber, wie sich der Fragesteller selbst sieht, und dies steht in Zusammenhang mit seinen Wünschen. Der dritte Stapel zeigt, wie der Fragesteller seinen besten Freund oder seine beste Freundin sieht und wie sich dieser Freund zu seinen Wünschen verhält. Nachdem Sie sich in die Karten vertieft haben – vorausgesetzt, Sie kennen deren Bedeutung –, werden Sie vielleicht ein Bild vor sich sehen, das über den Fragenden Auskunft gibt. In Ihrer Funktion als Kartenleger können Sie Situationen erspüren, deren sich der Ratsuchende überhaupt nicht bewußt ist, und wenn dieser sich später zu Hause mit der betreffenden Situation konfrontiert findet, wird er Ihnen wahrscheinlich ein Kompliment machen.
Diese Deutungsmethode ist die einfachste und schnellste mit einem 32er-Kartenspiel. Sie müssen hierbei allerdings die Bedeutungen der einzelnen Karten gut kennen. Während Sie Ihre Fähigkeiten entwickeln, werden Sie vielleicht merken, daß bestimmte Karten für Sie persönlich eine ganz spezielle Bedeutung annehmen. Das ist völlig akzeptabel. Die Tradition der Zigeuner sagt: »Das Orakel spricht zu jedem Wahrsager in seiner eigenen Sprache.«

Der Zehnerkreis

Dies ist eine weitere einfache Methode für das 32er-Kartenspiel. Fordern Sie den Fragesteller dazu auf, eine Karte aus dem Spiel zu wählen. Diese Karte repräsentiert den Klienten und wird sehr wichtig für die Deutung sein. Mischen Sie dann die restlichen

31 Karten. Der Klient kann, wenn er will, auch selbst die Karten mischen. Falls Sie sie selbst mischen, muß der Klient die Karten erst eine Weile in seiner Hand halten, bevor Sie fortfahren. Halten Sie die 31 Karten locker in Ihren Händen, so daß der Ratsuchende drei Karten daraus ziehen kann. Legen Sie die gezogenen Karten verdeckt auf Position 1 (siehe Abb. 4). Lassen Sie den Klienten dann wieder drei Karten ziehen, und legen Sie diese auf Position 2. Wiederholen Sie dies, bis alle zehn Positionen ausgelegt sind. Wenn der Klient es vorzieht, kann er auch alle Karten hintereinander ziehen statt in Gruppen von jeweils drei. Dies ist eine Frage des persönlichen Geschmacks und der Intuition und ändert nichts am Ergebnis der Deutung.

Bei der Deutung der Karten muß man die unten angegebene Reihenfolge einhalten. Während im vorher beschriebenen Grundschema der Klient die Stapel selbst zuordnen kann, ist im vorliegenden Schema die Reihenfolge festgelegt. Deuten Sie die Karten folgendermaßen:

Position 1: der Klient
Position 2: das Heim des Klienten
Position 3: seine Freunde
Position 4: seine Bestrebungen
Position 5: seine finanziellen Angelegenheiten
Position 6: Vergnügen
Position 7: mögliche Katastrophen
Position 8: gegenwärtige Umstände
Position 9: Zukunft
Position 10: Wünsche und Verlangen

Wenn alle Karten ausgelegt worden sind, bleibt die einunddreißigste Karte übrig. Legen Sie diese in die Mitte des Kreises, wie in Abb. 4 dargestellt. Diese Karte hat großen Einfluß auf den Fragesteller und auch auf das Ergebnis der Deutung. Wenn es sich um eine Hofkarte handelt, weist sie auf eine Person hin, die starken Einfluß auf das Leben des Fragestellers ausüben wird oder schon ausübt. Herz Zehn, Kreuz As oder Herz Neun sind zum Beispiel günstige Karten dafür. Pik Neun hingegen zeigt Verzögerung oder Enttäuschung an, selbst wenn die restlichen Karten ein positives Bild ergeben. Denken Sie aber immer daran, jede Karte nur in Beziehung zu den benachbarten Karten zu deuten. (Siehe Abb. 4)

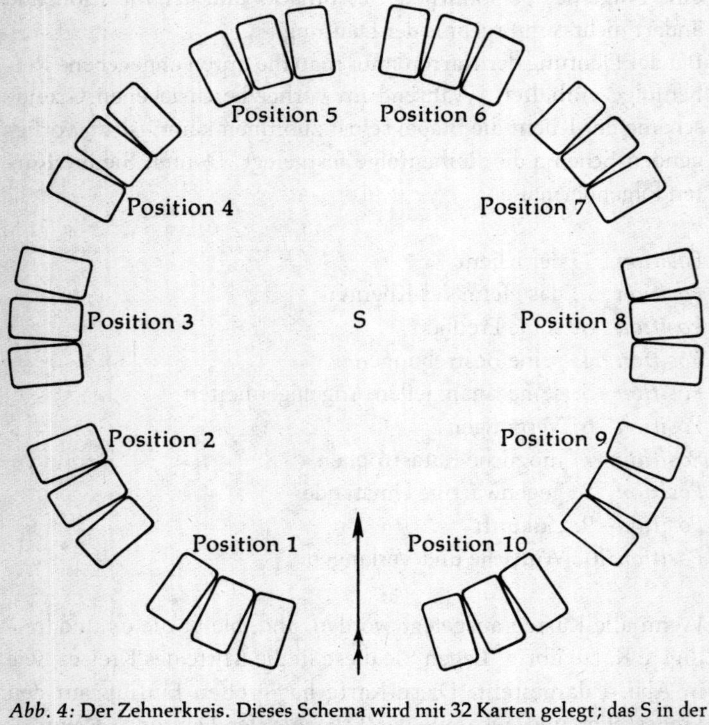

Abb. 4: Der Zehnerkreis. Dieses Schema wird mit 32 Karten gelegt; das S in der Mitte des Kreises ist die persönliche Karte oder das Symbol, das den Fragesteller selbst repräsentiert.

Die vier Fächer

Dieses Schema benutzen die Zigeuner meistens, wenn sie in kurzer Zeit mehreren Leuten die Karten lesen wollen. Es eignet sich daher sehr gut für das Kartenlegen auf Partys. Man kann es in kürzester Zeit anwenden und erhält trotzdem eine Menge Informationen.

Nachdem der Fragesteller die Karten eine Weile gemischt hat, hält man sie ihm verdeckt hin und läßt ihn acht beliebige Karten ziehen. Es bleibt ihm selbst überlassen, ob er die Karten einzeln oder aber mehrere unmittelbar nacheinander ziehen will. Beim Ziehen der Karten spielt, wie gesagt, die Intuition des Fragestellers eine wichtige Rolle.

Legen Sie den ersten Stapel von 8 Karten verdeckt in Form eines Fächers auf den Tisch, wobei Sie in der unteren linken Ecke beginnen, wie Abb. 5 zeigt. Die Karten müssen in der Reihenfolge angeordnet werden, in der sie gezogen worden sind. Lassen Sie den Fragesteller anschließend acht weitere Karten ziehen, und überlassen Sie ihm wieder die Entscheidung, ob er die Karten einzeln oder direkt nacheinander ziehen will. Diese Karten werden links oben ausgelegt (Position 2). Anschließend zieht der Fragesteller die Karten für Position 3. Sie werden rechts oben ausgelegt. Schließlich wird der vierte Fächer rechts unten ausgelegt. Der Fragesteller wählt auch in diesem Fall nicht selbst aus, welcher Fächer welchen Lebensbereich repräsentiert. Dafür gibt es eine feststehende Ordnung:

Fächer 1: das, was der Fragesteller erhalten kann

Fächer 2: das, was er verlieren kann

Fächer 3: das, was er erreichen kann

Fächer 4: das, was er wählen kann

Die Karten jedes Fächers werden in vier Gruppen von jeweils drei Karten gedeutet, wobei jede dritte Karte als die erste Karte der nächsten Gruppe angesehen wird. Um für die vierte Gruppe am Ende des Fächers noch drei Karten zur Verfügung zu haben, werden die letzten drei Karten als vierte Gruppe angesehen. (Siehe Abb. 5.)

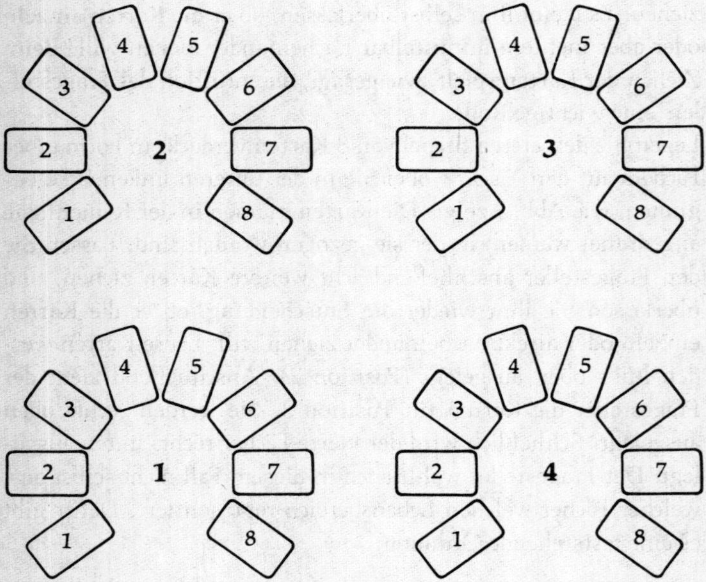

Abb. 5: Die vier Fächer. Dieses Schema wird mit einem 32er-Kartenspiel gelegt.

Die vier Buben

In diesem Schema spielen die vier Buben eine zentrale Rolle. Sie symbolisieren die zwölf Monate eines Jahres. Nehmen Sie die Buben aus dem Kartenspiel heraus, und ordnen Sie sie auf dem Tisch an, wie in Abb. 6 dargestellt. Kreuz Bube liegt auf Position 1, Herz Bube auf Position 2, Pik Bube auf Position 3 und Karo Bube auf Position 4. Die Reihenfolge ist unabhängig von der Jahreszeit, in der die Kartendeutung stattfindet. Diese Methode wird dann verwendet, wenn der Fragesteller den Zeitpunkt bestimmter Ereignisse wissen will oder fragt, ob ein geplantes Vorhaben erfolgreich verlaufen wird.

Der Fragesteller mischt dann die restlichen 28 Karten. Sie werden nicht mehr abgehoben. Der Kartendeuter ordnet nun die obersten sechs Karten um den Kreuz Buben herum an (siehe Abb. 6). Die siebte Karte wird auf den Kreuz Buben gelegt und zeigt die endgültige Entscheidung an. Dieser Vorgang wird mit dem Herz Buben, Pik Buben und Karo Buben wiederholt.

Bei der Deutung dieses Schemas sollte man sich immer die gestellte Frage vor Augen halten. Jeder Bube repräsentiert eine bestimmte Jahreszeit, und zwar folgendermaßen:

Position 1 – Kreuz Bube: Januar, Februar und März

Position 2 – Herz Bube: April, Mai und Juni

Position 3 – Pik Bube: Juli, August und September

Position 4 – Karo Bube: Oktober, November und Dezember

Wenn der Fragesteller wissen will, was zur Zeit geschieht, muß man zunächst die Position des laufenden Monats deuten. Wenn er fragt, was im Herbst passieren wird, muß man die entsprechende Position interpretieren.

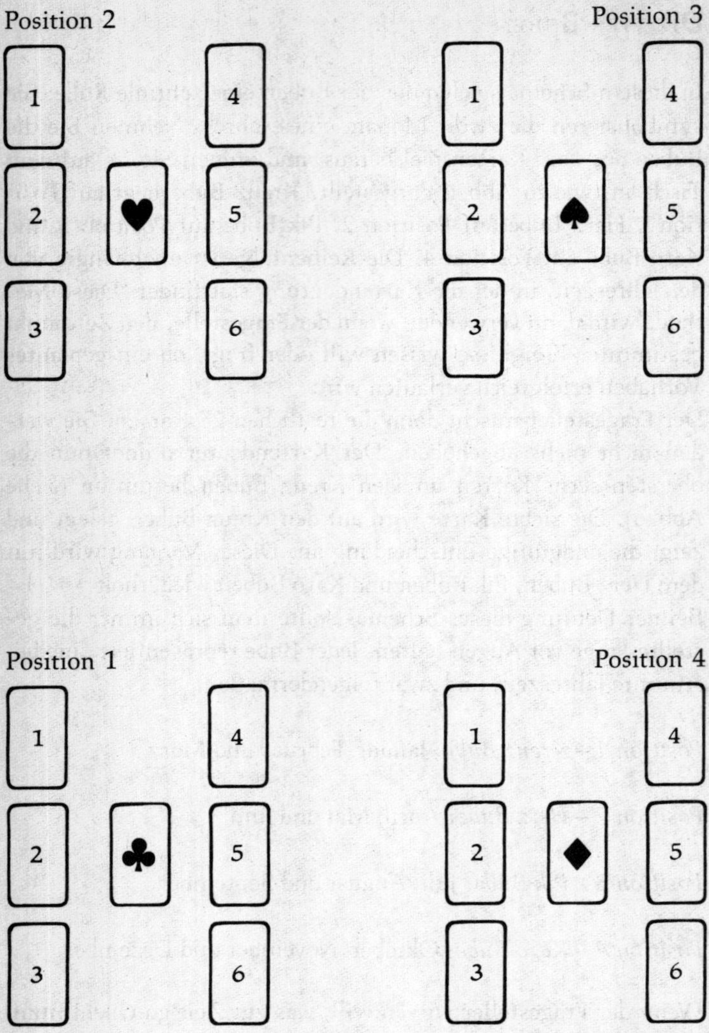

Abb. 6: Die vier Buben. Die Karten werden in bezug auf die vier Buben und die vier Jahreszeiten ausgelegt. Die siebte Karte jeder Position wird auf den Buben dieser Position gelegt.

Das Deuten einer bestimmten Position wollen wir am Beispiel von Position 1 veranschaulichen. Sie wird vom Kreuz Buben beherrscht. Zu Beginn untersuchen wir zwei Gruppen von jeweils drei Karten: die Karten 1, 2 und 3, dann die Karten 4, 5 und 6. Die zweite Karte jeder Gruppe bzw. die Karten 2 und 5 in Abb. 6 stellen die Verbindung zwischen den beiden Gruppen her. Nachdem die Karten auf diese Weise gedeutet sind, kann die ganze Gruppe um den Kreuz Buben in Betracht gezogen werden, und zwar in der gelegten Reihenfolge: Schauen Sie sich Karte 1 an, und setzen Sie diese in Beziehung zu Karte 2; deuten Sie dann Karte 2 in bezug zu Karte 3 usw. Am Ende dieser Reihe sehen Sie das Endergebnis in Karte 7. Sie symbolisiert den Ausgang der ganzen Situation.
Die sieben Karten können auch als Repräsentanten der sieben Wochentage angesehen werden:

Karte 1 = Sonntag

Karte 2 = Montag

Karte 3 = Dienstag

Karte 4 = Mittwoch

Karte 5 = Donnerstag

Karte 6 = Freitag

Karte 7 = Samstag

Dies trifft auf alle vier Positionen in Abb. 6 gleichermaßen zu. Diese Methode ist besonders nützlich, wenn man einen bestimmten Tag finden will – einen Geburtstag oder einen anderen bedeutsamen Tag.

Man sollte insbesondere auf die Hofkarten achten, vor allem dann, wenn sie auf der Position eines Geburtsmonats liegen. Wenn es sich um Karten handelt, die sich auf Geldangelegenheiten beziehen, ist Wohlstand zu erwarten. Wenn die Herz Neun oder die Herz Zehn in dieser Gruppe auftaucht, ist es wahrscheinlich, daß das Leben des Klienten von Glück gesegnet sein wird.

Hingegen muß das Schema auf andere Weise gedeutet werden, wenn man ein kleineres und unbedeutenderes Ereignis vorhersagen will, denn aus der oben beschriebenen Deutungsmethode lassen sich diese Informationen nicht immer entnehmen. Karte 1 wird zu Karte 4 in Beziehung gesetzt, Karte 2 zu Karte 5, Karte 3 zu Karte 6 usw. Sparen Sie sich die Karte 7 bis zum Ende der ganzen Deutung auf, und deuten Sie dann die Karte 7 von Position 1 in Verbindung mit der Karte 7 von Position 2, ebenso Karte 7 von Position 3 und Karte 7 von Position 4. Diese beiden Paare geben Aufschluß über das zu erwartende Endergebnis. Auch in diesem Fall muß man bei der Position (oder dem Buben) beginnen, der die gegenwärtige Jahreszeit symbolisiert.

Der Halbmond

Dieses Schema wird verwendet, wenn man nicht genau weiß, warum die Sitzung stattfindet. Wenn jemand einfach nur eine allgemeine Kartendeutung möchte, ohne eine bestimmte Frage auf dem Herzen zu haben, eignet sich dieses Schema am besten. Der Halbmond ist ein Legeschema, das einen kurzen Zeitraum beschreibt. Viele Deuter benutzen diese Methode auf Partys, auf denen viele junge Leute sind, oder für Menschen, die den Karten gegenüber sehr offen sind.

Man verwendet dazu das 32er-Kartenspiel. Zuerst mischt der Fragesteller die Karten. Dann halten Sie die Karten mit dem Bild nach unten, aber gefächert in Ihren Händen und lassen den Fragesteller neun Karten ziehen. Die erste Karte wird verdeckt auf den Tisch gelegt. Die zweite Karte wird etwas versetzt danebengelegt usw. Sie legen also alle neun Karten von links nach rechts in einem Halbkreis aus, so daß schließlich die Form eines Halbmondes entsteht. Wenn die ersten neun Karten ausgelegt sind, muß der Klient neun weitere Karten ziehen. Diese werden auf die erste Gruppe gelegt, wobei die erste Karte der zweiten Gruppe auf die erste Karte der ersten Gruppe fällt. Am Ende hat man neun Positionen mit jeweils zwei Karten in einer halbmondförmigen Anordnung vor sich. Die Karten werden in Paaren gedeutet, von links nach rechts. Jede Position entspricht einem Lebensbereich des Klienten:

Position 1: jemand, dem der Fragende begegnen wird

Position 2: jemand, den der Fragende lieben wird

Position 3: jemand, der dem Fragenden lästig ist

Position 4: etwas, das dem Fragenden Ruhe und Trost schenkt

Position 5: etwas, das den Fragenden bedroht

Position 6: etwas, das dem Fragenden hilft

Position 7: etwas, das den Fragenden überrascht oder erstaunt

Position 8: etwas, das sich der Fragende ersehnt

Position 9: etwas Erfreuliches, das geschehen wird

Denken Sie stets daran, daß sich diese Deutung nur auf eine kurze Zeitspanne bezieht und daß Sie alles unter diesem Blickwinkel betrachten müssen.

Diese Methode liefert interessante Informationen, und die Schlußfolgerungen, die man aus der Deutung zieht, bewahrheiten sich oft schon kurze Zeit später.

Der grosse Stern

Auch das Sternschema wird oft für das Wahrsagen aus den Karten benutzt. Gleich, welche Form oder wie viele Karten man verwendet, es muß immer eine ungerade Anzahl von Karten gezogen werden. Manche Deuter benutzen 13, 15 oder 17 Karten. Der große Stern, der hier beschrieben wird, besteht aus 21 Karten, die um die persönliche Karte herum angeordnet werden. Dieses Schema eignet sich für viele verschiedene Zwecke, und man kann durch Experimentieren herausfinden, wie man es am besten verwendet. Abb. 7 zeigt die Anordnung der Karten. Da man mit einem 32er-Kartenspiel arbeitet, muß die persönliche Karte nach der Zigeunermethode bestimmt werden. Man wählt also einen König oder eine Dame aus, die den Klienten am besten beschreibt. Wenn es sich bei dem Fragesteller beispielsweise um einen blonden Mann handelt, wird der Herz König zu seiner persönlichen Karte.

Der Fragesteller muß anschließend die restlichen 31 Karten mischen und die Karten mit seiner linken Hand abheben. Die abgehobenen Karten müssen links vom Stapel auf den Tisch gelegt werden, und der rechte Stapel wird danach auf den linken gelegt. Nun nehmen Sie die oberste und die unterste Karte des Stapels und legen die oberste auf Position 2 – die unterste in Position 3. Fordern Sie den Fragesteller auf, die Karten noch einmal wie zuvor abzuheben.

Sie nehmen wieder die obere und untere Karte des Stapels und legen diese auf Position 4 und 5.

Wiederholen Sie diesen Vorgang, bis alle Positionen ausgefüllt sind. (Siehe Abb. 7)

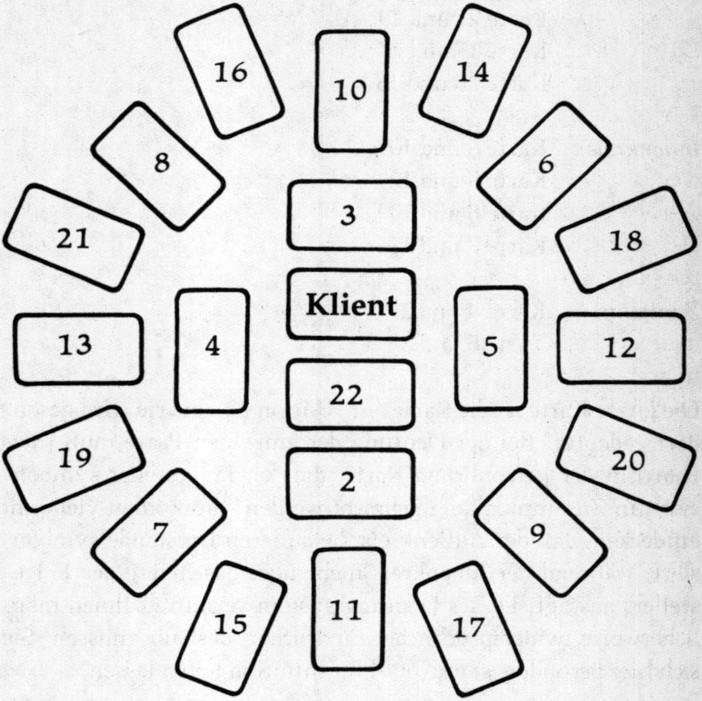

Abb. 7: Der große Stern. Der Fragesteller wird durch die Karte 1 symbolisiert. Die restlichen Karten werden in der hier beschriebenen Weise angeordnet.

Die Karten werden in Paaren gelesen, von außen nach innen, in folgender Reihenfolge:

Außenkreis:	Karte 14 und 16
	Karte 21 und 19
	Karte 15 und 17
	Karte 20 und 18
Innenkreis:	Karte 6 und 10
	Karte 9 und 12
	Karte 8 und 13
	Karte 7 und 11
Zentrum:	Karte 4 und 2
	Karte 5 und 3

Die letzte Karte ist die Karte auf Position 22, und sie wird gesondert gedeutet. Bei der Deutung der einzelnen Paare muß jedes Paar mit der persönlichen Karte, die den Fragesteller symbolisiert, in Zusammenhang gebracht werden. Sie werden vielleicht entdecken, daß der Außenkreis die äußeren Umstände symbolisiert, während der Innenkreis mehr über das Innere des Fragestellers aussagt. Dieses Deutungssystem vermittelt Ihnen möglicherweise widersprüchliche Eindrücke; deshalb müssen Sie sich hier besonders stark von Ihrer Intuition leiten lassen.

Drei und vier Karten einer Sorte

Wenn in einem Schema zwei Karten mit dem gleichen Zahlenwert oder Bild erscheinen, heißt dies, daß die Bedeutung jeder dieser Karten durch die Anwesenheit der anderen verstärkt wird. Wenn jedoch drei oder vier Karten mit dem gleichen Wert in einem Schema vorkommen, erhält jede dieser Karten eine zusätzliche Bedeutung, die im folgenden beschrieben wird.

4 Asse: Große Kraft und Macht, Dynamik, einschneidende Veränderungen.

3 Asse: Gelegenheiten, Bewegung, neue Interessen, mehr Erfolg bei Unternehmungen, als man erwartet hatte.

a) Wenn Pik As fehlt, beziehen sich die Interessen auf viel Freude und neue Freunde.
b) Wenn Herz As fehlt, beziehen sich die Veränderungen nicht auf die Liebe oder den häuslichen Bereich.
c) Wenn Karo As fehlt, haben die Veränderungen nichts mit Geld oder Geschäften zu tun.
d) Wenn Kreuz As fehlt, haben die Veränderungen keinen nennenswerten Einfluß auf die gesellschaftliche Stellung des Fragestellers.

4 Könige:
Bei einem Mann: Neue Geschäftsverbindungen, ein wachsender Freundeskreis, Lob, Respekt, große Verantwortung.

Bei einer Frau: Mehr und engere Beziehungen zu Männern, möglicherweise Streit zu Hause und Eifersucht.

3 Könige:
Bei einem Mann: Neue geschäftliche Kontakte, Vergnügungen in der Gesellschaft von Männern; bei drei Königen sind unangenehme Verwicklungen und belastende Verpflichtungen noch weniger wahrscheinlich als bei vier Königen. Es besteht Aussicht auf Vergnügen und Erfolg.
Bei einer Frau: Ein vergrößerter Kreis männlicher Bekannter, Gelegenheiten zu Liebesbeziehungen, ein verstärktes Bewußtsein der eigenen Weiblichkeit. Bei drei Königen ist die Wahrscheinlichkeit, daß Streit und Eifersucht und andere unangenehme Komplikationen entstehen, geringer als bei vier Damen. Dauerhafte Freude mit neuen Freunden steht in Aussicht.

4 Damen:
Bei einem Mann: Eine Situation, die beschämend, lächerlich, ja sogar gefährlich sein kann. Er kann in heftige Eifersuchtsszenen verwickelt werden, und es ist daher ratsam für ihn, sich selbst nicht allzu ernst zu nehmen. Sein Loyalitätsgefühl wird einen Gewissenskonflikt verursachen, aber seine Einsicht in die Relativität seines Ansehens bei den Frauen kann ihm dabei helfen.
Bei einer Frau: Klatsch. Sie muß sich klar darüber werden, daß ihre Lebensweise in großem Maße das Interesse und den Neid anderer Frauen erweckt. Der beste Rat, den man ihr geben kann, ist, alle ungehörigen Einmischungen in ihre Angelegenheiten leichtzunehmen und sich ihre gute Laune nicht verderben zu lassen. Denn wenn sie sich das Gerede zu Herzen nähme, könnte sie kein eigenes Leben mehr führen.

3 Damen: Begegnungen mit führenden Persönlichkeiten. Sowohl dem Fragesteller wie auch der Fragestellerin ist anzuraten, mit einigen der Frauen, denen sie in der nächsten Zukunft begegnen werden, nähere Bekanntschaft zu schließen. Sie werden dies nicht bereuen. Natürlich darf der Fragesteller nicht erwarten, daß diese Frauen ihm sofort ihre tiefsten Gefühle enthüllen werden. Nur durch echte menschliche Anteilnahme wird er ihre Zuneigung erwecken können, die sie ihm in großem Maße schenken können.

4 Buben: Kontakte zu Jüngeren; das schnelle Reagieren auf unerwartete Situationen, wie es der Jugend eigen ist.

3 Buben: Korrespondenz, Neuigkeiten verschiedenster Art.
a) Wenn Pik Bube fehlt, werden die Neuigkeiten ausschließlich gut und erfreulich sein.
b) Wenn Herz Bube fehlt, beziehen sich die Neuigkeiten nicht auf Liebe und Familie.
c) Wenn Karo Bube fehlt, betreffen die Neuigkeiten keine Geldangelegenheiten.
d) Wenn Kreuz Bube fehlt, werden die Neuigkeiten keinen entscheidenden Einfluß auf das Leben des Fragestellers haben.

4 Zehner: Da die Zehner Tore symbolisieren, beinhaltet dies, daß alte Lebensabschnitte abgeschlossen werden und sich neue Wege öffnen. Dem Fragesteller wird angeraten, sich auf neue Lebensweisen einzustellen und die neuen Möglichkeiten, die sich ihm bieten, zu nutzen.

3 Zehner: Bedeutet das gleiche wie 4 Zehner, aber in geringerem Ausmaß.
a) Wenn Pik Zehn fehlt, wird der Verlust von alten Freunden oder vertrauten Gewohnheiten nicht als schmerzhaft erlebt.
b) Wenn Herz Zehn fehlt, werden keine einschneidenden Veränderungen in Heim und Familie stattfinden.
c) Wenn Karo Zehn fehlt, wird es keine elementaren Verände-

rungen in der geschäftlichen oder finanziellen Situation des Fragestellers geben.

d) Wenn Kreuz Zehn fehlt, werden Veränderungen nicht den Verlust von Freunden oder von gesellschaftlichen Aktivitäten mit sich bringen.

4 Neuner: Erfüllung langgehegter Träume oder Erwartungen, aber es besteht die Gefahr, daß diese Erfüllung vielleicht nicht die Freude mit sich bringen wird, die man sich erhoffte, und daß sich der Fragesteller vor plötzlichen Enttäuschungen hüten muß.

3 Neuner: Glück aus einer unerwarteten Richtung; erfüllte Wünsche. Es scheint, als ob eine Laune des Schicksals Unglück brächte, aber das Gegenteil wird eintreten.

4 Achter: Ausgeglichenheit und Aufgaben im alltäglichen Leben, stille Freude, die Verbindung von materiellem Komfort und geistiger Einsicht.

3 Achter: Größere Fähigkeit, Schwierigkeiten zu verarbeiten und das Leben stärker zu genießen; Charakterstärke, innere Freude; die Fähigkeit, Glück oder Fehlschläge zu akzeptieren; Ausgeglichenheit.

4 Siebener: Gefahr von Konflikten, Streitereien, Enttäuschungen; Beherrschung, Gelassenheit und Pflichtgefühl werden dringend benötigt.

3 Siebener: Mäkelei, Geschwätz, die Gefahr falscher Beschuldigungen. Drei Siebener weisen den Fragesteller darauf hin, sich vor allem nicht von hochgesteckten Plänen abbringen zu lassen und sich nicht durch Ungerechtigkeit und Eifersucht behindern zu lassen; die Treue zu den eigenen Prinzipien trägt Früchte.

4 Sechser: Allmähliche Fortschritte auf dem Weg zum gesteckten Ziel; der Fragesteller wird möglicherweise auf die Probe gestellt werden; eine Warnung vor Ungeduld.

3 Sechser: Verborgene Möglichkeiten; dem Klienten wird möglicherweise eine Frist gesetzt, und er kann, wenn er sich in weniger wichtigen Zusammenhängen bewährt, mit Freundschaft, beruflichem Aufstieg oder anderen positiven Faktoren belohnt werden.

4 Fünfer: Ordnung, Liebe zum Detail, strenges Festhalten an Vorschriften; der Hinweis, der hier gegeben wird, deutet darauf hin, daß der Fragesteller sich die Freuden des Lebens versagt, wenn er nicht mit alten Gewohnheiten bricht und sich eine neue Sichtweise zulegt.

3 Fünfer: Aufbegehren gegen Autorität; es besteht die Möglichkeit, daß ein undurchdachtes Urteil Prestigeverlust und Energieverschwendung zur Folge haben wird. Der Fragesteller sollte sich, bevor er handelt, gut überlegen, ob das, was er will, auch sinnvoll ist und eine Aussicht auf Erfolg hat.

4 Vierer: Ruhe, Frieden, Unveränderlichkeit; dies beinhaltet, daß das Leben wenig Schockierendes erwarten läßt und daß der Fragesteller in den alltäglichen Dingen immer wieder Befriedigung finden wird.

3 Vierer: Überstandene Entbehrungen; Entspannung nach einem Kampf, Krankheit oder Zurücksetzungen; ein philosophisches Akzeptieren von Beschränkungen, das zur Freude und Gemütsruhe führt.

4 Dreier: Unzufriedenheit, Neuanfang und Entscheidungen; der Fragesteller muß darauf achten, sich nicht entmutigen zu lassen, und er sollte darauf hingewiesen werden, daß er seine Zukunft Stein für Stein mit der größtmöglichen Liebe zum Detail aufbauen muß. Er muß auch lernen, Freude aus neuen Perspektiven zu schöpfen.

3 Dreier: Falsche Schlußfolgerungen, Enttäuschungen und Entmutigung; der Fragesteller sollte sich vor Selbstzerfleischung hüten und dazu ermutigt werden, aus vergangenen Fehlern praktische Konsequenzen zu ziehen.

4 Zweier: Eine Zeit der Trivialitäten, der wertlosen Geschenke, der kurzen Besuche und der Stagnation, aber auch der Freude am Lesen, an der Kunst, an Hobbys und an der Natur.

3 Zweier: Ähnelt 4 Zweiern mit folgenden Abweichungen:

a) Wenn Pik Zwei fehlt, werden Unannehmlichkeiten keine Bedeutung haben. Kleinere Vergnügungen sind zu erwarten.

b) Wenn Herz Zwei fehlt, wird Vergnügen außer Haus gesucht und gefunden; vor allem durch zufällige Begegnungen mit Freunden und durch unerwartete Aufmerksamkeiten von seiten oberflächlicher Bekannter.

c) Wenn Karo Zwei fehlt, wird Befriedigung in geistiger Versenkung gefunden.

d) Wenn Kreuz Zwei fehlt, verschaffen inneres Wachstum, erhöhte Empfänglichkeit für das Schöne, größere geistige Einsicht, intensivere Gemütsruhe oder ein wiedererwachtes Interesse an vernachlässigten Aktivitäten Befriedigung.

Das Vorherrschen einer Farbe

Wenn eine bestimmte Farbe unter den zu deutenden Karten eindeutig überwiegt, gibt dies der gesamten Deutung eine andere Tendenz. Dies ist z. B. dann der Fall, wenn in einem Schema mit 15 Karten eine Farbe mit fünf oder mehr Karten vertreten ist. Da die Hofkarten oft als persönliche Karten verwendet werden, trifft diese Deutungsänderung für sie in geringerem Maße zu, es sei denn, daß drei oder vier von einer Farbe vorliegen.

Ein Vorherrschen von *Pik-Karten* weist auf unerwartete Ereignisse hin. Es bedeutet Bewegung, zerstörte Pläne, Verwirrung und Veränderung. Im allgemeinen haben Pik-Karten mit Enttäuschung und mit Kräften zu tun, die sich dem Einflußbereich des Fragestellers entziehen. Trotzdem darf man sie nicht mit Unglück oder Mißerfolg gleichsetzen. Jahrhundertelang sind dies die Karten des Mysteriums gewesen, der Wegweiser ins Unbekannte. Eine treibende Kraft geht von ihnen aus, und sie stellen eine echte Herausforderung für den Fragesteller dar, die er möglicherweise zu seinem Vorteil nutzen kann.

Ein Vorherrschen von *Herz-Karten* verspricht Freude, Geselligkeit, Vergnügen und Spaß. Außerdem können Herz-Karten als Karten für Sicherheit, Beharrlichkeit, Gesundheit und Sorglosigkeit angesehen werden. Trotzdem kann ein Übermaß an Herz-Karten unter den zu deutenden Karten als Warnung vor Faulheit, Bequemlichkeit, Selbstmitleid und Gleichgültigkeit gegenüber dem Wohl der anderen gelten. Herz-Karten stellen den Fragesteller gewöhnlich vor die Wahl zwischen den stillen Freuden und den aufreizenderen, aber vergänglichen sinnlichen und materiellen Freuden des Lebens.

Das Überwiegen von *Karo-Karten* zeigt eine Orientierung auf Geld, Geschäft, Erfolg und Ansehen an. Die Verbindung einer Anhäufung von Karo-Karten mit ungünstigen Pik-Karten weist auf einen ungünstigen finanziellen Verlauf von Plänen des Fragestellers hin, beispielsweise auf Prozesse, unvorhersehbare finanzielle Schwierigkeiten aufgrund einer Krankheit, Zunichtemachung von Plänen bedingt durch einen Vertrauensbruch oder auf Rückschläge durch eine Weltkrise wie Krieg und Revolution.
Die Kombination eines gehäuften Auftretens von Karo-Karten und Herz-Karten hingegen weist auf die erfolgreiche Verwirklichung von Plänen und auf ein müheloses Erreichen der gesteckten Ziele hin. Wenn mehr als fünf Karo-Karten auftauchen, sollte der Ratsuchende vor einer zu materialistischen Lebenseinstellung gewarnt und dazu angehalten werden, die Interessen in anderen Lebensbereichen stärker zu beachten.

Ein Überwiegen von *Kreuz-Karten* stellt ein abwechslungsreicheres und interessanteres Leben in Aussicht, denn die Kreuz-Karten sind meistens Karten für Energie, Unternehmungslust, ein auf die Gemeinschaft und auf praktischen Nutzen ausgerichtetes Leben. Sie deuten auf die Möglichkeit neuer Beziehungen, eines erweiterten gesellschaftlichen Lebens und einer Entwicklung der spirituellen Aktivitäten. Allerdings besteht auch die Gefahr, daß durch zu vielfältige Pläne letztlich nichts zustande gebracht wird. Deshalb ist es für den Fragesteller ratsam, die Vielfalt seiner Aktivitäten zu beschränken, damit er mehr Zeit zur Pflege wertvoller Freundschaften und für die Verwirklichung seiner tiefsten Ambitionen zur Verfügung hat.

Hohe und niedrige Karten

Das Auftreten vieler Hofkarten und Asse in einem Schema weist auf radikale Veränderungen im Leben des Fragestellers hin. Dies ist vor allem dann der Fall, wenn sich unter den übrigen Karten auch noch einige Neuner oder Zehner befinden. Durch die Anhäufung vieler hoher Karten in einem Schema verstärkt sich der Einfluß dieser Karten gegenseitig. Sie sind die Vorboten wichtiger Ereignisse und weisen darauf hin, daß der Fragesteller mit anderen in intensiven Kontakt treten wird, daß er an Dingen teilnehmen wird, die er alleine nie erreichen könnte.

Wenn die gewählten Karten jedoch hauptsächlich niedrige Karten sind, so ist zu erwarten, daß im Leben des Fragestellers keine nennenswerten Veränderungen eintreten werden. In einem solchen Fall haben die Karten lediglich eine nebensächliche Bedeutung. So weist beispielsweise hier die Ankündigung eines Briefes mit guten Nachrichten nur auf eine kleine Mitteilung positiver Art hin, Streitigkeiten werden sich als unbedeutende Mißverständnisse entpuppen, und betrübliche Umstände werden nur vorübergehenden Kummer verursachen.

Die Hofkarten

Manchmal stellen Hofkarten lebende Personen dar. Da aber kein Individuum dem anderen gleicht und ein Kartenspiel nur eine geringe Anzahl von Hofkarten besitzt, kann eine solche Karte unmöglich ein vollständiges Bild der betreffenden Person liefern. Manche ihrer Eigenschaften werden fehlen, während andere nicht zutreffen.
Wenn der Kartendeuter ein detailliertes Bild erhalten will, muß er den Fragesteller bitten, die restlichen Karten noch einmal zu mischen und ein oder zwei Karten daraus zu ziehen, die auf die Hofkarten gelegt werden.
Diese Karten liefern dann zutreffend die gewünschten näheren Informationen über die Person, die durch die Hofkarte symbolisiert wird.

Beispiel 1: Wenn die Hofkarte eine Herz Dame ist und die gezogene Karte Karo Drei, ist die Herz Dame weniger naiv, als sie zu sein scheint, geschickter im Umgang mit Geld, und sie hat die Tendenz zu feilschen.

Beispiel 2: Wenn Karo Bube von Pik König bedeckt wird, bedeutet dies, daß der Bube viel erwachsener ist, als er scheint, und in einem gewissen Maße schon die Stabilität und Vertrauenswürdigkeit des Pik Königs besitzt.

Beispiel 3: Wenn Pik Dame von Herz Neun bedeckt wird, verleiht ihr diese Karte eine leichtherzige, fröhliche oder sogar frivole Note. Es kann auch bedeuten, daß ihre Beziehung zum Fragesteller intimen Charakter hat und daß sie, sobald sie dazu die Gelegenheit hat, ihm dabei helfen wird, sein Ziel zu erreichen.

Der Joker

Der Joker hat seinen Ursprung im Narren des Tarotspiels. Er symbolisiert jemanden, der sich über die Konventionen hinweggesetzt, einen unabhängigen Geist, der seinen eigenen Weg geht und sich selbst genügt, furchtlos, von den Naturkräften und seiner instinktiven Weisheit geleitet. In materiellen Dingen erscheint der Joker vielleicht wie ein Wirrkopf, der zu jedem unverantwortlichen Unfug bereit ist, aber im geistigen Bereich zeigt er Originalität, eine große Imaginationsgabe und eine grenzenlose Fähigkeit, über alles zu staunen.

Besondere Bedeutung

Wenn der Joker in der Mitte eines zu deutenden Schemas erscheint, läßt dies darauf schließen, daß sich der Fragesteller bis zu einem gewissen Grad von materiellen Beschränkungen befreit hat oder sich davon befreien wird und daß er von einem unwiderstehlichen Drang zur Erfahrung der Ganzheit getrieben wird. Er ist nicht mehr Sklave der Konventionen, sondern hat Banalitäten, kleinliche Ängste und Wünsche abgeworfen, so daß ihm Elend und Mißerfolge nichts mehr anhaben können und er aus einer vollkommenen Einheit von Gefühl und Geist heraus handelt.
Natürlich kann diese Ganzheit nur in Ausnahmesituationen wirklich erlebt werden. Die Anwesenheit des Jokers besagt nicht,

daß der Fragesteller die vollkommene Ganzheit bereits erreicht hat, sondern will ihm die gewaltige Triebkraft in seinem Inneren bewußt machen und das Verlangen in ihm wachrufen, eine Lebensweise zu entwickeln, die seinen instinktiven Trieben entspricht. Selbstverständlich wird er sich durch (alltägliche) Verpflichtungen behindert fühlen. Die Art der Behinderungen zeigt sich in den Karten, die den Joker umgeben.
Wenn der Joker auf der linken Seite liegt, so bedeutet dies, daß der Fragesteller zwischen zwei Möglichkeiten wählen muß: er muß entweder die täglichen Sorgen hinter sich lassen, um zur Freiheit zu gelangen, oder er muß seine materiellen Beschränkungen akzeptieren, um gesellschaftliche Verantwortung tragen zu können.
Im unteren Teil eines Schemas bezieht sich der Joker auf Situationen, in denen der Fragesteller entweder in Übereinstimmung mit seinen Idealen handeln oder aber Kompromisse eingehen wird, um persönlichen Vorteil, beruflichen Aufstieg oder andere praktische Dinge zu erreichen.
Der Joker erinnert auch immer daran, daß nicht alles so ist, wie es zu sein scheint, und daß die Karten eine verborgene Bedeutung haben. Wenn der Joker auftaucht, muß der Kartendeuter besonders vorsichtig mit seiner Interpretation sein und sich vor einer allzu engen Deutung der Karten hüten, die dann vielleicht das Gegenteil ihrer tatsächlichen Bedeutung annehmen könnten. Der Joker ist eine Karte mit vielen Gesichtern, die die Zukunft als rätselhaft erscheinen läßt.

TEIL II

Die Farben und die Zahlen

Einleitung

Teil 2 gibt einen Überblick über die Bedeutung der vier Farben und behandelt die allgemeine Bedeutung der Zahlen. In Teil 3 wird jede Karte einzeln beschrieben, einschließlich ihrer positiven und negativen (umgekehrten) Bedeutung. Bevor man jedoch jede Karte einzeln betrachtet, muß man zuerst die den Farben und Zahlen zugrundeliegende Bedeutung kennen.

Jede Farbe beschreibt einen bestimmten Charaktertyp. Wenn in einem Schema beispielsweise viele Kreuz- oder Karo-Karten auftauchen, weist dies auf eine bestimmte Art von Aktivität oder Persönlichkeit des Fragestellers hin. Die vier Farben entsprechen den vier Jahreszeiten, und es ist eine große Hilfe beim Kartenlesen, wenn man ihre Bedeutungen versteht.

Auch die einzelnen Zahlen haben jeweils eine spezielle Bedeutung, und man wird feststellen können, daß alle Zweier-Karten z. B. auf Gegensatzpaare hindeuten und die Vierer-Karten immer etwas mit dem Gefühl der Sicherheit zu tun haben. Auch die Hofkarten haben eine numerische Bedeutung, und diese kann in die Interpretation der Karten mit einbezogen werden. Um ein guter Kartenleser zu werden, muß man sich das Folgende gut einprägen, so daß man auf den ersten Blick die Bedeutung der Farben und Zahlen erkennen kann. Durch ein tiefes Verständnis dieser den Karten zugrundeliegenden Prinzipien kann man schließlich ein intuitives Verständnis der Karten entwickeln, da ja jeder Kartenleser die Karten auf seine eigene spezifische Weise deutet.

Die Farben

Kreuz ♣

Intuition, Ungebundenheit, Spontaneität

Kreuz-Menschen treten der Welt spontan und mit großer Wärme entgegen. Diese Charaktereigenschaft mit der ihr eigenen Energie und Begeisterung wirkt stark und inspirierend auf die Umgebung. Spontaneität und Selbstvertrauen haben ihren Ursprung vor allem in der inneren Notwendigkeit, die eigene Kreativität zum Ausdruck zu bringen. Dies führt dazu, daß Eigenschaften wie Geduld, die Fähigkeit zuzuhören sowie Takt vernachlässigt werden. Ehrgeizig vorwärtsstürmend, den Blick auf Ideale am fernen Horizont gerichtet, können Kreuz-Menschen einfach keine Geduld aufbringen. Alles, was sie aufhält, wird als Freiheitsbeschränkung erfahren und mit Gewalt zur Seite geschoben. »Auf zu neuen Ufern, die Vergangenheit ist passé!« könnte ihr Motto sein.

Diese Charaktereigenschaften äußern sich in der Praxis wie folgt:

Positiv: Eine väterliche Freigebigkeit, die Wärme und Willenskraft ausstrahlt. Gutgelaunte und vitale Menschen, die immer zu Späßen aufgelegt sind und andere magnetisch anziehen. Daher sind sie auch der strahlende Mittelpunkt eines großen

Freundeskreises. Wenn die Dinge nicht so laufen, wie sie es wollen oder erwarten – was sich manchmal jedoch nicht verhindern läßt –, reagieren sie explosiv und verärgert. Meist aber verfliegt ihr Ärger schnell wieder, und glücklicherweise sind sie nicht nachtragend. Kreuz-Karten symbolisieren den Frühling, die Kindheit, die Jugendzeit, die ersten Beziehungen zu Familienmitgliedern und Freunden, die erste Verliebtheit, den Fortpflanzungstrieb, die Bereitschaft, sich für Freunde, für das Vaterland oder für eine Überzeugung aufzuopfern.
Man kann bei Kreuz auch ein Bedürfnis nach Luxus und Komfort, Fröhlichkeit und Vergnügen beobachten, und man trifft diese Eigenschaften in Berufen an, in denen es um Kreativität im Gegensatz zu Routine und Eintönigkeit geht.

Negativ: Ungeduldige, reizbare, tyrannische und aufdringliche Angeber, die arrogant, übertrieben und oft theatralisch reagieren und sich selbst als ein Geschenk für die Welt ansehen.

STICHWÖRTER:
Positiv: Wärme, Ehrlichkeit, Willenskraft, Inspiration, Kreativität, Intuition, Selbstvertrauen, Unabhängigkeit, Freiheitsliebe, Erfindungsgabe.
Negativ: Ungeduldig, leichtsinnig, eingebildet, verurteilend, übertrieben, verschlossen, selbstbemitleidend, eitel, wichtigtuerisch, schwerfällig, chaotisch.

ZUSAMMENFASSUNG:
Kreuz-Menschen sind vertrauenswürdig und unabhängig, energievoll und spontan und von einem unablässigen Drang erfüllt, keine Möglichkeit oder Chance im Leben vorübergehen zu lassen, sondern jede sich am Horizont abzeichnende neue Möglichkeit zu ergreifen und sie gründlich zu untersuchen.

Herz ♥

Liebe, Selbstaufopferung, Dienen

Nichts ist wichtiger für Herz-Menschen als persönliche Gefühle und Beziehungen. Ohne diese wäre die Welt für sie unfruchtbar, öde und ohne jegliche Hoffnung und Freude. Für das Aufrechterhalten von Beziehungen ist ihnen daher auch kein Opfer zu groß, und es ist typisch für sie, notfalls eine Krise zu verursachen, sogar zu ihrem eigenen Schaden, um damit die Anteilnahme des Partners zu wecken. Die Gefühlswelt ist der Lebensatem der Herz-Menschen, und sie enthält das gesamte Spektrum der Emotionen. In dieser Welt gibt es keine auf Prinzipien beruhenden Unterscheidungen; alles Existierende ist Teil einer sich ständig verändernden, fließenden Bewegung, in der die Unterschiede verschmelzen. Die einzige Unterscheidung, die die Herzen treffen, ist, ob sich etwas gut oder nicht gut anfühlt, obwohl die Feststellung dieses Unterschieds nicht unbedingt eine Wertung beinhaltet. Das Gefühlsleben der Herz-Menschen ist so sehr mit den archaischen Wurzeln des Daseins verwoben, daß die Maßstäbe, nach denen sie sich richten, ihnen unbewußt bleiben. Herzen reagieren nur; aber diese instinktiven Reaktionen treffen meist genau ins Schwarze. Das Motto der Herz-Menschen könnte lauten: »Die linke Hand weiß nicht, was die rechte tut!« Diese Charakteranlage äußert sich in der Praxis:

Positiv: In einem freundlichen, mitfühlenden, häuslichen Charakter, der sehr empfänglich für Eindrücke und ziemlich formbar ist. Gesellschaft ist eine der wichtigsten Voraussetzungen für das Wohlbefinden der Herz-Menschen, und sie sind sehr gastfreundlich. Ihre hervorstechendsten Charaktereigenschaften sind Mitfühlen, Mitleiden, Fürsorge und Beschützen. Außerdem verstehen sie sich darauf, ihre Umgebung und ihre Gäste stets zufriedenzustellen.

Sie sind unermüdliche Wahrheitssucher und besitzen in diesem Bereich eine Kraft und ein Durchsetzungsvermögen, die ihnen nicht nur Achtung verschaffen, sondern sie auf die Dauer auch jede Form von Widerstand überwinden lassen. Die Hindernisse, die sich den Herz-Menschen in ihrem Leben in den Weg stellen, werden von ihnen allmählich untergraben und unterminiert und sozusagen weggespült; ein Prozeß, der oft von sehr großen Schmerzen, von Kummer und Verlusten begleitet ist. Es ist kein einfacher Weg, den sie gehen, und manchmal sehen sie sich gezwungen, ihre persönlichen Bedürfnisse und Antriebe und ihre Liebe aufzuopfern.
Herzen symbolisieren den Sommer, das Erwachsensein und das Wachstum. Beruflich weisen sie auf Bereiche hin, die mit Pflege, Schutz und Hilfsdiensten zu tun haben. Es gibt viele Ärzte, Krankenschwestern, Betreuer und Wärter unter den Herz-Menschen, ebenso wie Sozialarbeiter in Rehabilitationseinrichtungen, Entziehungsanstalten und Kurorten, Vormunde und Testamentsvollstrecker.

Negativ: Der mitfühlende Charakter der Herz-Menschen kann sich in besitzergreifender, einengender Anhänglichkeit, in emotionalem Fanatismus, in unbestimmter Angst vor der Zukunft, in einer düsteren, brütenden Gemütsverfassung, die jede Liebesbeziehung zu einer Szene aus Othello werden läßt, in einer übertriebenen Sentimentalität, in romantischer Tagträumerei und in Verschwommenheit, Ungenauigkeit und Wankelmut ausdrükken. Oft weisen Herz-Menschen auch Anzeichen von Schwermut auf und leiden an einem Mangel an Vitalität.

STICHWÖRTER:
Positiv: Herz ist eine stimulierende Kraft in jeder Gruppe; ein Geber mit großer Opferbereitschaft und Loyalität; ein Wahrheitssucher mit hohen Erwartungen.

Negativ: Materialistisch, habsüchtig und gierig; manipulativ und zu hemmungsloser emotionaler Erpressung tendierend; nörgelnde, in einem Trott lebende, sentimentale Menschen, die dazu neigen, von der Energie anderer zu leben, und dadurch diese untergraben; chaotisch.

ZUSAMMENFASSUNG:
Herz-Menschen haben vor allem das Bedürfnis, den eigenen kleinen Kreis zu bemuttern, zu beschützen und um sich zu sammeln, was ihre Umgebung als ziemlich einengend erfahren kann. Freundlich und romantisch, wie sie sind, werden Herzen oft hart in die Wirklichkeit zurückgeholt. Der Schock und die Trauer darüber kann sich in einer abwartenden, ängstlichen, argwöhnischen Haltung äußern. Sobald sie jedoch fühlen, daß sie wieder in Sicherheit sind, lassen sie ihren einfühlsamen, mitfühlenden und mitleidenden Charaktereigenschaften wieder freien Lauf und bedecken jeden ihrer Mitmenschen mit einem Mantel der Liebe.

PIK ♠

Wissen, Wissensdurst, Distanziertheit

Pik repräsentiert die Eigenschaft, durch die sich der Mensch vom Tier unterscheidet: das Denken. Von den vier Farben ist Pik daher auch diejenige, die am weitesten von den instinktiven Urkräften, dem Nährboden des Lebens, entfernt ist. Denn Denken unterscheidet, analysiert, erkennt die Relativität der Dinge und schafft so die nötige Distanz, um in emotionalen Situationen zielbewußt handeln zu können.
Es ist einleuchtend, daß ein Pik-Mensch aufgrund dieser Einstellung durch Analysieren, Sammeln und Kategorisieren von In-

formationen hervorsticht und daß er durch gründliches Abwägen und differenzierte Detailarbeit zu einer klaren, ausgewogenen Einsicht in das Wie und Warum des Daseins kommt.

Er ist nicht nur mit einem scharfen Verstand ausgestattet, sondern besitzt außerdem noch die Fähigkeit, Situationen objektiv betrachten zu können; er hat ein sehr ausgeprägtes Gerechtigkeitsgefühl. Interesse für menschliche Schwächen und eine Vorliebe für Schema, Struktur und System sind ihm angeboren, während er gleichzeitig aber auch Kultur, Kunst und Schönheit zu schätzen weiß. Pik bleibt seinem Standpunkt und seiner Überzeugung so lange treu, bis er sie durch ein neugewonnenes Denkmodell ersetzen kann. Diese Beweglichkeit und das Wechseln von Überzeugungen und Verhaltensweisen können sehr opportunistisch wirken, und darum könnte das Motto für Pik-Menschen lauten: »Wie der Wind weht, weht meine Fahne.«

Aus dem Obenstehenden ergibt sich, daß das Gefühlsleben von Pik-Menschen in regelmäßigen Abständen zu Problemen führt. Das ist einerseits darauf zurückzuführen, daß sich Gefühle vom mikroskopartigen Auge des Pik-Menschen nicht analysieren lassen, und andererseits darauf, daß Denken und Fühlen nun einmal einander entgegengesetzte Bereiche sind.

Innerhalb des Kartenspiels symbolisieren die Pik-Karten den Herbst und das mittlere Lebensalter.

Diese Charakterzüge äußern sich in der Praxis wie folgt:

Positiv: Im intellektuellen Untersuchen und Analysieren der psychologischen Hintergründe emotionaler Reaktionen, im Initiieren und Führen von Diskussionen und Debatten, im Auslösen geistiger Prozesse, im Untersuchen von Erziehungsproblemen und Erziehungssystemen und im Schaffen von Kontakten und Verbindungen. Pik-Menschen sind oft die Köpfe hinter erfolgreichen Unternehmungen, die sie selbst ins Leben gerufen haben, und auch hinter den erfolgreichen Aktivitäten weniger

intelligenter Menschen. Sie untersuchen, ordnen ein und analysieren, lehren, verbreiten Nachrichten und propagieren.
Wir finden Pik-Menschen daher im Lehrberuf, im Journalismus, im Bereich der Werbung und in allen Bereichen, in denen es um Verbindungen, Kommunikation und Wissensvermittlung geht. Viele Schriftsteller, Verleger, Mitarbeiter von Rundfunk- und Fernsehanstalten sind Pik-Menschen.

Negativ: Negative Pik-Menschen sind zweifelnde, unbeständige, flatterhafte, oberflächliche Personen, die vom Hölzchen aufs Stöckchen kommen und sich durch Aggressivität und eine scharfe Zunge hervortun. Sie können äußerst verschlagen und unzuverlässig sein und werden daher auch zu Recht als unehrlich angesehen.

STICHWÖRTER:
Positiv: Sehr angespannt, brillant, fröhlich und aufgeweckt, humorvoll, gute Unterhalter, kommunikativ, mit den letzten Neuigkeiten vertraut, unabhängig und freiheitsliebend, nüchtern, distanziert, beherrscht.
Negativ: Unsicher, unbeständig, sensationslüsterne Klatschmäuler, oberflächlich, ungenau, unordentlich und schlampig; schwermütig und pessimistisch; manchmal leblos und zynisch.

ZUSAMMENFASSUNG:
Pik-Menschen sind vor allem nervös-angespannte, intellektuell eingestellte Menschen mit der Fähigkeit, geistige Gespräche und Diskussionen zu führen. Im allgemeinen führt ihre Lebendigkeit und Leichtherzigkeit dazu, daß sie gut gelaunt und fröhlich durch das Leben gehen und bei jeder Gelegenheit ein neckisches Streitgespräch anzetteln. Ihre Rechtschaffenheit zieht oft sehr emotionale Menschen an.

Karo ♦

Besitz, finanzielle Angelegenheiten, Unternehmungsgeist

Karo-Menschen haben die Neigung, sich auf ihre Sinneswahrnehmungen zu verlassen. Karo wird am besten mit dem Begriff »Realitätsprinzip« umschrieben, und in diesem Bereich heben sich Karo-Menschen auch hervor. Es gelingt ihnen, aus einer willkürlichen Folge von Sinneseindrücken klug zu werden und diese zu systematisieren, indem sie sie erfahren und in ihr Inneres eindringen lassen. Auf diese Weise erwerben sie sich ein erstaunliches Sachwissen, das sie in die Lage versetzt, in jeder Situation auf effizienteste Weise aufzutreten: »Es ist sichtbar, spürbar, hörbar und fühlbar, also existiert es!«
Diese Charakteranlage äußert sich in der Praxis wie folgt:

Positiv: Zuverlässige, unternehmungsfreudige, beharrliche Menschen, die ihre persönlichen Angelegenheiten ausgewogen und effektiv regeln. Karo baut so lange an seiner materiellen Sicherheit, bis er einen bestimmten Lebensstandard erreicht hat. Dies verleiht ihm ein Wertgefühl, das wesentlich für ihn ist, da es die Grundlage seiner Persönlichkeit bildet. Sein Element ist das Konkrete, und er kann ohne Schwierigkeiten mit Geld umgehen und Verantwortung tragen. Karo-Menschen sind sehr sinnlich, fühlen sich in ihrem Körper wohl und besitzen meist eine gute Gesundheit, da sie ihren physischen Bedürfnissen nachkommen.

Negativ: Karo-Menschen können engstirnig, dogmatisch und extrem besitzgierig sein und laufen Gefahr, die subtileren, emotionalen Seiten des Lebens zu übersehen. Diese sind ja nicht konkret und darum in ihren Augen nicht existent. Sie neigen zu Schwermut, sind manchmal vollkommen pessimistisch und nicht in der Lage zu spontaner Fröhlichkeit.

Stichwörter:

Positiv: Praktisch und solide; durchsetzungsfähig, fleißig, geduldig, realistisch, nüchtern, beharrlich und zielgerichtet; bescheiden, ruhig, nachgiebig, verträglich; ergeben und sinnlich.
Negativ: Kriecherisch und/oder rücksichtslos in ihrer Sucht, anderen ihren Willen aufzuzwingen, um möglichst große Vorteile daraus zu ziehen; pingelig, nörgelig und überkritisch, selbstsüchtig bis hin zu der Haltung: »Der Zweck heiligt die Mittel!«

Zusammenfassung:

Obwohl Karo-Menschen sich durch umfangreiches Sachwissen hervortun, entgeht ihnen oft die Bedeutung, die in der Verbindung der Dinge liegt, und die ihnen zugrundeliegende Motivation. Während sie die Probleme der Welt des Konkreten mit Leichtigkeit lösen, fällt es ihnen meist schwer, die innere Bedeutung ihres eigenen Lebens zu verstehen, da sinnliches Wahrnehmen letztlich doch etwas anderes ist als Denken.

Die Zahlen

Die Asse

Streben, Begehren, Wollen, Individualität

Die Asse repräsentieren Individualität, Unabhängigkeit und Führungsvermögen und lassen sich besonders schwer im Zaum halten. Durch ihr explosives Streben und *Begehren* stoßen sie oft auf Widerstand. Aber die eigensinnigen Asse lassen sich nicht ablenken, sind unbeugsam und bleiben ihrer einzigartigen Persönlichkeit treu. Daher verstoßen sie auch oft gegen herrschende Regeln, Gesetze und Vorschriften.
Weniger starke Persönlichkeiten kommen oft zu ihnen und bitten sie um Unterstützung und Rat, die sie großzügig geben. Austausch mit anderen ist eine Notwendigkeit für die Asse . . ., aber die Entscheidungen treffen allein sie, ohne sich von ihrer Umgebung dreinreden zu lassen. Sie fühlen sich als Herr im Haus, und so soll es bleiben.

Kreuz: Wunsch nach Spontaneität.
Karo: Wunsch nach Besitz.
Pik: Wunsch nach Wissen.
Herz: Wunsch nach Liebe.

Die Zweier

Zusammensein, Zusammenkommen, Zusammenarbeiten

Die Zweier repräsentieren alle Gegensatzpaare – männlich und weiblich, hell und dunkel, Wärme und Kälte, naß und trocken, Aktion und Reaktion.
In der Praxis äußert sich dies in dem Bedürfnis und Verlangen nach der unentbehrlichen anderen Hälfte, was oft zu Angst vor dem Alleinsein und zur Suche nach Unterstützung und Ergänzung durch andere führt, also zu einem unablässigen Streben nach Vervollständigung. Zusammensein und Zusammenkommen sind ihre Waffen gegen Angst und Unsicherheit.
Daraus läßt sich entnehmen, daß die Zweier sehr empfänglich für Einflüsse von außen sind und daß sich ihre Persönlichkeit am besten in einer harmonischen Umgebung entfalten kann. Für alle Zweier sind *andere Menschen* ein zentraler Faktor im Leben. Die Karten, die die Zweier umgeben, üben großen Einfluß auf sie aus. Das Überbringen von Botschaften und Nachrichten spielt bei ihnen eine große Rolle. Dies ist verständlich, da sie bei ihrem Streben nach Vervollständigung viel zu hören und zu sehen bekommen.

Kreuz: Suche nach Freiheit und Spontaneität im Zusammensein.
Karo: Suche nach gewinnbringenden Partnerschaften.
Pik: Suche nach Zusammensein mit Gleichgesinnten.
Herz: Suche nach Einheit in der Liebe.

Die Dreier

Unentschlossenheit, Unsicherheit, Selbstentfaltung

Die Dreier leiden an Entschlußlosigkeit, weil sie nicht zu erkennen vermögen, was erreichbar ist und was nicht. Sie verschwenden Zeit, Energie und vor allem *Worte* (ihre große Stärke), da sie nie gerade auf ihr Ziel zusteuern, sondern unentschlossen und verwirrt alle möglichen Seitenpfade einschlagen. Sie sind zwar guten Willens und bemühen sich, einem geraden Weg zu folgen, aber sie werden ständig mit Situationen konfrontiert, in denen sie in den verschiedensten Bereichen Entscheidungen treffen oder wählen müssen, und dies versuchen sie auf geschickte Weise zu umgehen. Durch ihre Redegewandtheit und Kontaktfähigkeit haben sie viele Freunde und Bekannte, die ihnen im richtigen Augenblick helfen, ihre Wünsche und Bestrebungen zu verwirklichen. Sie können sich durch ihren beweglichen, flinken Charakter aus fast jeder schwierigen Situation herauswinden und das Ergebnis zu ihrem Vorteil nutzen. Für sie gilt, daß mit den passenden *Worten* fast jede Tür geöffnet werden kann. Und Worte benutzen sie im Übermaß. Die Dreier besitzen eine unerschöpfliche Energie, die sie in die Lage versetzt, sich schnell von Schocks und Enttäuschungen zu erholen.

Kreuz: Unsicherheit bei Beziehungen und Kontakten.
Karo: Unsicherheit bei Entscheidungen in bezug auf Besitztümer.
Pik: Unsicherheit über den Wert der Gedanken und Ideen.
Herz: Unsicherheit bei der Wahl des Partners.

Die Vierer

Struktur, Aufbau, Bodenständigkeit

Die Vierer repräsentieren Sicherheit und Schutz. Sie bauen für sich und ihre Familie eine stabile und vortreffliche Lebensgrundlage auf. Durch Fleiß und Konzentration erwerben sie sich die Möglichkeit, das Leben so zu leben, wie sie es wollen, und Hindernisse wie Armut, Kummer und Mißerfolg zu überwinden.
Die Vierer zählen zu den beliebtesten Karten. Sie bilden eine solide Grundlage für Sicherheit und Wohlstand, aber letztlich bestimmen die sie umgebenden Karten, was damit geschieht.
Die Vierer sind eine Mischung aus Materie und Geist, und jeder, der diese Bestandteile voneinander zu trennen versucht, baut auf Sand und muß mit einem traurigen und einsamen Lebensabend rechnen.
Für die Vierer gilt: *»Baue!«* Sie werden mit fast jeder Situation fertig, denn ihr Bereich ist das Praktische. Sie fühlen sich dort ganz zu Hause. Sie haben die Fähigkeit und die Geduld, ihre Zukunft Schritt für Schritt aufzubauen und sich währenddessen alles anzuschaffen, was sich mit Geld erwerben läßt.
Sie können durch ihr praktisches Wissen zu konkreten Resultaten kommen. Sie tun das, was getan werden muß, und scheuen sich auch nicht, sich die Hände schmutzig zu machen; glücklicherweise, denn ihnen wird nichts geschenkt. Festhalten an moralischen und gesellschaftlichen Gesetzen liefert ihnen die notwendige Struktur, die sie brauchen, um ihre Ziele erreichen zu können.

Kreuz: Bodenständigkeit, die auf Einsicht in den Wert von Beziehungen gründet.
Karo: Bodenständigkeit, die auf der Entwicklung eines persönlichen Wertesystems gründet.

Pik: Bodenständigkeit, die auf dem Erwerb spezieller Kenntnisse gründet.

Herz: Bodenständigkeit, die auf Liebe zum Mitmenschen gründet.

Die Fünfer

Unfrieden, Ruhelosigkeit, Veränderung

Die Fünfer symbolisieren Unfrieden. Sie leiden unter einer fast zwanghaften Ruhelosigkeit und wechseln Wohnorte, Geliebte, Beruf, Umgebung und Freunde wie Kleider. Sobald eine Veränderung stattgefunden hat, sind sie schon wieder mit der nächsten Sache beschäftigt, denn es könnte ja sein, daß andere und schönere Erlebnisse in der Ferne auf sie warten. Freiheit wird bei ihnen ganz groß geschrieben. Konzentration fällt den Fünfern von daher schwer. Sie ähneln jenem Ritter im Märchen, der sein Pferd besteigt und in alle Richtungen gleichzeitig davonprescht.

Aufgrund dieser fortwährenden *Veränderung* ihrer Umgebung erwerben sie sich große Menschenkenntnis. Aber trotz ihres bewegten Lebens gelingt es den Fünfern, die ihnen angeborene Ehrlichkeit zu bewahren. Einen größeren Beweis ihrer Kraft kann es nicht geben! Es ist diese Kraft, die sie ständig in Bewegung hält und sie immer wieder dazu bringt, auf die Suche zu gehen. Diese Suche nach dem Wunderbaren verschafft ihnen die größte Befriedigung in ihrem Leben.

Eine andere, sehr auffallende Tendenz der Fünfer besteht darin, im Brennpunkt des allgemeinen Interesses zu stehen und zu versuchen, Einfluß nach allen Richtungen zugleich geltend zu machen. Dabei interessiert sie allerdings auch mehr das Erlebnis und nicht sosehr die Leistung. Die Fünfer sind keine Karrieremenschen.

Wenn diese Karte durch ihre Position innerhalb des zu deutenden Schemas eine negative Bedeutung erhält, steht sie mit einer fast zwanghaften Abneigung anderen Menschen, der Umgebung und sogar dem Leben gegenüber in Zusammenhang. In diesem Fall wollen die durch diese Karten symbolisierten Personen absolut keine Verantwortung tragen. Sie fühlen sich ständig in ihrer Freiheit eingeschränkt und sind unter diesen Umständen nicht sehr zuverlässig. Ihr angeborenes Gerechtigkeitsgefühl kann sich in solchen Situationen nur schlecht oder gar nicht entfalten. Das einzige, was in ihrem monotonen Leben zählt, ist das eigene Wachstum, das oft auf Kosten anderer vonstatten geht.

Wenn die Veränderungen, die von außen auf die Fünfer zukommen, in Übereinstimmung mit ihrem jeweiligen Entwicklungsstadium sind, wirken sie sich im allgemeinen sehr positiv aus. Wenn die Ruhelosigkeit dagegen ihren Ursprung in der Unzufriedenheit hat, treten an die Stelle von Ausgeglichenheit und Gemütsruhe, nach denen die Fünfer so intensiv suchen, Chaos und Panik.

Alle sinnlichen Erfahrungen, die das Leben zu bieten hat, Fühlen, Hören, Schmecken, Sehen und Riechen, werden intensiv erlebt. Begegnungen mit den unterschiedlichsten Menschen verleihen dem Leben der Fünfer eine besondere Prägung, und sie machen mit der Leichtigkeit der Schmetterlinge aus jeder Situation das Beste. Aber wenn sie sich länger mit Menschen und Dingen beschäftigen müssen, als es für sie von Nutzen ist, bereitet ihnen dies Verdruß und Frustration. Die Neigung, dem Vergnügen hinterherzujagen, ist deshalb bei ihnen auch sehr stark ausgeprägt und wird immer wieder befriedigt. Liebesaffären spielen dabei eine wichtige Rolle. Sie sind zahlreich und intensiv, aber nur von kurzer Dauer.

Die angeborene Vielseitigkeit und Erfindungsgabe der Fünfer führt dazu, daß sie mehrere Dinge gleichzeitig tun. Allerdings führen sie nur selten eine Aufgabe zu Ende, denn die Sucht nach Neuem treibt sie ständig weiter.

Kreuz: Probleme mit dem Beenden von Freundschaften.
Karo: Probleme mit Meinungsverschiedenheiten in geschäftlichen Angelegenheiten.
Pik: Probleme mit dem Verändern von Meinungen und Standpunkten.
Herz: Probleme mit dem Abbrechen unguter emotionaler Bindungen.

Die Sechser

Vermittlung, Anpassung, Lebensweisheit

Die Sechser nehmen eine sehr spezielle Stellung im Leben ein; sie sind eher geistige Vorbilder als unabhängige, praktische Menschen mit Initiative. Sie repräsentieren eine Berufung im Gegensatz zum Beruf.
Bei den Pythagoräern wurde 6 die Zahl der Vollkommenheit genannt, symmetrisch in ihren Teilen, die Form der Formen.
Im täglichen Leben symbolisieren die Sechser Schönheit, Ordnung, Vollkommenheit und die Familie mit ihren Sorgen und Verantwortungen. In numerologischer Hinsicht repräsentieren sie die archetypischen Eltern, den Bewacher und Tröster, den Erzieher und Begleiter. Sie symbolisieren sowohl Vereinigung und Kooperation wie auch Anpassung und Verantwortung.
Ihr Lebensweg ist nicht der einfachste, denn ihr Pflichtgefühl den Mitmenschen gegenüber steht manchmal der Verwirklichung ihrer persönlichen Bedürfnisse und Zielsetzungen im Weg. Sich auf Inaktivität und Passivität einzulassen fällt den geschäftigen Sechsern besonders schwer. Im allgemeinen fühlen sie sich verantwortlich für das Wohlergehen ihrer Mitmenschen. Sie tragen die Bürde anderer und sind von Natur aus Tröster und Friedensstifter.

Überall dort, wo es nötig ist, bieten sie ihre Hilfe und ihren Beistand für die Familie und für die Gemeinschaft an. Außenseiter der Gesellschaft, die nur schwer auf eigenen Beinen stehen können, finden bei ihnen Rat und Hilfe. Materieller Wohlstand und eheliches Glück blühen auf, wenn Zuneigung besteht, Verantwortung übernommen und Schutz geboten wird. Da die Sechser viele Aufgaben und Bürden auf ihre Schultern nehmen und das Wohlergehen anderer stets an die erste Stelle setzen, kann eine allzu große Aufopferung das emotionale Gleichgewicht der Sechser stören. Sie müssen darauf bestehen, von ihren Mitmenschen ebensolche *Wohltaten* zu empfangen, wie sie selbst sie ihrer Umwelt schenken. Im Lauf ihres Lebens ergeben sich bei ihnen oft Schwierigkeiten in der familiären Situation, aber die hilfsbereiten Sechser scheinen einen sehr guten Schutzengel zu haben, der immer dann in der Nähe ist, wenn Gefahr droht.

Die negativen Seiten der Sechser sind die Tendenz, Dinge aufzuschieben, eine Neigung zum Alltagstrott, außerdem eine ablehnende Haltung gegenüber innerem Wachstum und schließlich Widerstand gegen eine aktive Haltung dem Leben gegenüber. Sie stellen Selbstsucht über Barmherzigkeit und untergraben dadurch ihre eigene Sicherheit. Anstatt auf ihre innere Stimme zu hören und als Bote und Überbringer von Lebensweisheit zu fungieren, kümmern sie sich im negativen Fall um niemanden außer um sich selbst.

Kreuz: In die eigenen Gedanken und Einsichten vertrauen, vor allem in schwierigen Situationen, um so zu Verhaltensmaximen zu kommen.

Karo: Die Konsequenzen der eigenen Handlungen tragen, insbesondere im Hinblick auf andere, um dadurch Verantwortung annehmen zu lernen.

Pik: Das schwer erworbene Wissen mit anderen teilen, um Gedanken auszutauschen.

Herz: Menschenliebe und Hilfsbereitschaft in die Praxis umsetzen lernen, um den Kontakt mit der Realität zu verbessern.

Die Siebener

Einsicht, Weitblick, Wendepunkt

Die Siebener sind Karten, die nicht so leicht zu verstehen sind. Ihre stärkste Seite ist nicht die harte Wirklichkeit, nicht die Alltäglichkeit und auch nicht das Physische, sondern die spirituelle Seite des Lebens. Diese Zahl symbolisiert die Pause, die man im Leben einlegen muß, um nachzuprüfen, ob alles noch seinen rechten Lauf nimmt und von Inspiration beseelt ist oder ob etwas verändert werden muß. Die Siebener stellen oft die *Wendepunkte* im Leben dar.

Das Streben der Siebener ist auf Perfektion gerichtet, die nie ganz verwirklicht wird, da ihre Zeitgenossen weder die Zeit noch die Ruhe dafür aufbringen können und ihnen die Einsicht in ihre eigene Lebenssituation fehlt. Die Siebener haben oft mit Verständnislosigkeit und Verkanntwerden zu kämpfen, da andere Menschen die Einsicht der Siebener nicht teilen und eigentlich auch gar nicht verstehen, was diese meinen. Trotzdem klingt das Echo der Siebener lange nach und kann ein Gefühl des Unbehagens und der Unzufriedenheit erzeugen, denn die Erkenntnisse der Siebener wurzeln in den tiefsten Schichten des Lebens.

Aufgrund der hohen Anforderungen, die sich im Umgang mit ihnen stellen, ist ihr Freundeskreis klein. Ebenso finden sie nur schwer Ehepartner.

Die Fähigkeit, sowohl zu analysieren wie auch zu verbinden, das heißt, sowohl die Teile wie auch die unterschwelligen Strömungen zu erkennen und diese zu einem sinnvollen Ganzen zusammenzufügen, ist bei ihnen sehr stark ausgeprägt. Ihr Interesse

richtet sich auf wissenschaftliche Forschung und auf klares Denken, und die ihnen eigene starke Intuition verleiht diesem Denken besondere Tiefe. Die Gelegenheit zu einer guten Ausbildung ergibt sich für sie meist von selbst und sollte nicht verpaßt, sondern mit Tatkraft ergriffen werden. Sie haben die Anlage zu einem Experten in sich, wenn sie sich auf einem selbstgewählten Gebiet spezialisieren. Die Siebener erforschen mit großer Sorgfalt ohne Zögern das Unbekannte und auch die tieferen und verborgeneren Bedeutungen des Lebens.
Sie sollten sich stets klar vor Augen halten, daß Alleinsein nicht das gleiche ist wie Einsamkeit, denn sie fühlen sich am wohlsten in ihrer eigenen Gesellschaft und gehen oft alleine durchs Leben.
Sie sind am erfolgreichsten, wenn sie die Dinge ihren Lauf nehmen und alles auf sich zukommen lassen.

Kreuz: Warnung vor leichtfertigen Plänen und vor Selbstgefälligkeit.
Karo: Warnung davor, nur auf das eigene Urteil zu vertrauen und dadurch Opfer der Umstände zu werden.
Pik: Warnung vor der Überbewertung der erreichten Ziele.
Herz: Warnung davor, Unzufriedenheit in Liebesbeziehungen zu heftig zu äußern.

Die Achter

Macht, Wille, Organisation

Achter sind Machtkarten. Der Aberglaube, daß eine Acht Unglück bringt, ist heutzutage in den Hintergrund getreten. Statt dessen wird die Acht nun als Symbol der Unendlichkeit angesehen, ihrer Form entsprechend: ohne Anfang und ohne Ende.
Für denjenigen, der Wohlstand als eine Manifestation von

Macht ansieht, kann die Acht böse Seiten haben, denn die Jagd nach Geld und Besitz ist oft die Quelle allen Übels.
Da diese Karte auf den Wendepunkt der Sieben folgt, gilt Acht als die erste freie Zahl. Dies bedeutet, daß die Achter sich selbst Gesetz sind und sich nach Belieben in alle Richtungen ausbreiten können, ihren Anlagen entsprechend.
Macht ist hier stets mit im Spiel, und sie kann zum Guten oder zum Bösen führen. Bei negativen Achtern trifft man sehr häufig den Mißbrauch von Macht an. Sie selbst haben dabei keine Skrupel. Sie sind, wie sie sind, und ihr Gewissen wird in keiner Weise von der herrschenden Moral beeinflußt.
Die Achter sind dazu bestimmt, in höheren Kreisen zu verkehren und zu arbeiten. Sie verfügen über ein großes physisches Durchhaltevermögen und benutzen ihren schier unerschöpflichen Vorrat an Energie konstruktiv und effektiv. Außerdem sind sie gute Menschenkenner. Sie schöpfen jede sich ergebende Möglichkeit bis zum Äußersten aus. Diese dominierenden Persönlichkeiten sind dazu geboren, die Führung zu übernehmen, den Überblick zu behalten und Situationen richtig einzuschätzen. Die dafür benötigten Eigenschaften sind bei ihnen in großem Maße vorhanden. An dieser Stelle muß allerdings eine Warnung ausgesprochen werden, auch wenn sie wahrscheinlich nicht beachtet werden wird: Es ist ratsam, sich fair und vernünftig zu verhalten, wenn Aufgaben an andere delegiert werden müssen, denn nur dann kann man von dieser Karte, falls nötig, Hilfe erwarten. Ohne sich darüber allzu viele Gedanken zu machen, schieben die Achter alle Einschränkungen, die sich ihnen in den Weg stellen, wie selbstverständlich zur Seite, und weisen jede Einmischung in ihre Angelegenheiten energisch zurück. Sie beherrschen und überblicken die Umstände, indem sie das Wesentliche im Auge behalten. Sie genügen sich selbst.

Kreuz: Können und wollen nach Idealen leben, ohne dabei das Praktische zu vergessen.

Karo: Können und wollen Besitz erwerben, ohne materiellen Erfolg überzubewerten.

Pik: Können und wollen umfassendes Wissen erwerben, ohne dabei die fleischlichen Genüsse aus dem Auge zu verlieren.

Herz: Können und wollen harmonisch und vertrauensvoll leben, ohne dabei auf der Hut vor emotionalen Übergriffen von außen sein zu müssen.

Die Neuner

Sehnsucht, die große Leidenschaft, Menschenliebe

Die Neuner enthalten die Energien aller vorangegangenen Karten. Sie sind allumfassend, kraftvoll und vorwärtsstrebend. Sie reißen ein, räumen auf, beenden, aber künden gleichzeitig mit dem Ende auch einen Neuanfang an.

Aufgrund ihres eruptiven Charakters werden sie bei oberflächlicher Betrachtung als Karten der Enttäuschung angesehen, aber in Wirklichkeit streben sie nach *Vollendung*. Dieses Streben, das in den Urkräften des Daseins wurzelt, richtet sich vor allem auf das Loslassen des kleinen Ichs.

Die übermäßige Kraft ihres sehnsüchtigen Strebens läßt sich schwer in Bahnen lenken oder eingrenzen. Durch ihre große Überzeugungskraft gewinnen sie andere schnell für ihre Ideen. Sie sind von Natur aus einfühlsam und verfügen über tiefe Einsicht, weshalb ihnen eine umfassende Sicht der Dinge nicht schwerfällt. Aber sie müssen sich von persönlichen Bindungen freihalten und dürfen sich nicht durch Enttäuschungen entmutigen lassen. Auch liegt es ihnen am besten, ein abwechslungsreiches Leben zu führen, da sie sich nicht an Menschen oder an Besitz klammern können.

Die besten Möglichkeiten ergeben sich für die Neuner dann, wenn sie sich selbst an eine Sache hingeben, ohne dafür eine Belohnung zu erwarten. Aber das ist gleichzeitig auch ihre größte Angst und die größte Gefahr für sie. Es ist der Weg, der am Abgrund entlangführt, über des Messers Schneide: Sieg oder Untergang.

Kreuz: Sehnen sich nach Einswerdung mit der Quelle des Daseins und erleben Enttäuschungen, wenn sie Idealen folgen, die ich-orientiert sind.

Karo: Sehnen sich nach dem überfließenden Reichtum der Natur und erleben Enttäuschungen, wenn sie feststellen, daß persönlicher Wohlstand keine Befriedigung verschafft.

Pik: Sehnen sich danach, universelle Gesetzmäßigkeiten zu erkennen, und erleben Enttäuschungen, wenn sie merken, daß Wissen, welches zur Hebung des persönlichen Ansehens erworben wurde, leer erscheint.

Herz: Sehnen sich nach allumfassenden Liebesgefühlen und erleben Enttäuschungen, wenn sie ihre dienende Hilfsbereitschaft auf einen kleinen Kreis beschränken.

Die Zehner

Erfolg, Vervollkommnung

Die Zehner werden *Erfolgs*-Karten genannt, ein Begriff, der angesichts ihrer Bedeutung etwas farblos wirkt.
Die Neuner, die die höchsten aller einziffrigen Zahlen sind, symbolisieren einen abgeschlossenen Zyklus menschlicher Erfahrungen. Mit der Zehn beginnt ein neuer Zyklus auf einer höheren Ebene: der Zyklus des menschlichen Strebens.

Da Erfolg eine rein persönliche Angelegenheit ist, finden wir bei den Zehnern eine große Vielfalt an Ausdrucksmöglichkeiten. Aber welches Ziel sie auch anstreben mögen, sie sind dafür hervorragend ausgerüstet. Alle Zehner sind daher von einem Flair umgeben, das mit dem Schlagwort »Es ist vollbracht« zu umschreiben ist.

Kreuz: Erfolg, wenn sie nach reiflicher Überlegung dazu übergehen, ihre Ideale in die Tat umzusetzen.

Karo: Erfolg, wenn sie aus dem mit Hingabe und Sorgfalt erworbenen Besitz Zufriedenheit schöpfen können.

Pik: Erfolg, wenn es ihnen gelingt, in Zusammenarbeit mit anderen Menschen ihr Wissen zu erweitern und dieses so davor bewahren, in Vergessenheit zu geraten.

Herz: Erfolg, wenn es ihnen gelingt, ihre Hindernisse durch die Kraft der Liebe zu überwinden.

Die Buben

Idealismus, Jugend, der Bote

Die Buben repräsentieren die Jugend und werden deshalb als das bewegliche, neutrale und sächliche Prinzip angesehen. Sie sind gekennzeichnet durch eine intellektuelle Lebenseinstellung. Da für sie die Erfahrung der beste Lehrmeister ist, müssen sie mit Hilfe von Erfahrung und Training eine kraftvolle, zielgerichtete Energie entwickeln. Sie sind daher auch ständig auf der Suche nach neuen Dingen und Abenteuern. Am besten können sie mit dem Ausdruck »inspirierte Empfänger« beschrieben werden, und mythologisch ähneln sie am meisten dem Götterboten Merkur. Sie können auch mit einem Prediger verglichen werden oder – auf alltäglichem Niveau – mit einem Laufburschen, einem

Boten oder einem Zusteller. Im Laufe ihrer Entwicklung bilden sich immer stärker ihre intellektuellen Fähigkeiten heraus. Wegen ihrer rationalen Einstellung, die sie gut im Griff haben, steht ihnen immer ein *Ziel* vor Augen, das auch praktisch realisierbar ist.

Negative Buben können ihre Energie in alle Windrichtungen verstreuen und ihr ganzes Leben lang unreif in den Tag hinein leben und ziellos von Ort zu Ort ziehen. Früher wurden die Buben als unparteiische, androgyne, sich schnell bewegende Wesen angesehen, die oft nicht in der Lage waren, Entscheidungen zu fällen oder eine bestimmte Richtung einzuschlagen. Deshalb nehmen sie vorsichtshalber eine diplomatische Haltung an, obwohl in allen vier Karten doch eine gewisse Hartnäckigkeit und Beharrlichkeit zu finden ist. Wenn dies das Resultat von wohldurchdachten Prinzipien ist, um so besser – aber meistens steht diese Tendenz mit einer Charaktereigenschaft in Zusammenhang, mit der die Buben erst im Laufe ihres Lebens umzugehen lernen: mit der Oberflächlichkeit und Ruhelosigkeit des Kindes, das sofort, hier und jetzt seinen Willen bekommen muß. Es weiß es nicht besser.

Die traditionelle Bedeutung der Buben ist die des Sohnes oder (jungen) Freundes. Außerdem nahm man an, daß die Buben oft die Gedanken des Königs und der Dame der gleichen Farbe repräsentieren. In der Berufswelt trifft man sie als reisende Händler, Journalisten, Verkäufer und Werbefachleute an.

Kreuz: Erreicht das Ziel durch Einsicht in den Zusammenhang der Dinge.

Karo: Erreicht das Ziel durch eine gute Verwaltung der Mittel.

Pik: Erreicht das Ziel durch das rechte Wort im rechten Augenblick.

Herz: Erreicht das Ziel durch eine aufopfernde Haltung in Liebesdingen.

Reagieren, Beurteilen

Die vier Damen repräsentieren jeweils auf ihre eigene Weise das empfangende, reproduzierende Lebensprinzip. Sie symbolisieren die verschiedenen Formen des Frauenbildes, das jeder von uns in sich trägt. Wir können dabei an die großen Muttergöttinnen denken wie Hera, die Gemahlin des Zeus, Demeter, die Fruchtbarkeitsgöttin, Pallas Athene, die jungfräuliche Göttin der Weisheit, und Aphrodite, die Göttin der Liebe und Begierde. Diese mythologischen Gestalten entsprechen jeweils einer psychischen Funktion: dem intuitiven Wissen, dem sinnlichen Erleben, dem Denken und dem Fühlen. Jede dieser Frauen kann als Herrscherin und Vermittlerin eines dieser Bereiche angesehen werden. Sie alle repräsentieren den empfangenden, kooperativen Teil der Mann-Frau-Dualität. Es ist wahrscheinlich überflüssig, daran zu erinnern, daß der eine Teil der Dualität nicht mehr und nicht weniger wert ist als der andere.

Im Gegensatz zu den Königen, die auf den Abbildungen nur Schwerter, Streitäxte und Speere in der Hand halten, sind die Damen mit Fruchtbarkeitssymbolen sowie Symbolen des Wachsens und Blühens ausgerüstet. Wegen ihrer empfangenden Grundhaltung *reagieren* die Damen auf äußere Impulse, *beurteilen* diese und verwalten und versorgen oder verwerfen und vernichten sie. Daraus ergibt sich, daß die Damen von Natur aus gute Anwälte, Vermittler und Friedensrichter sind.

Beim Kartenlesen werden die Damen meist als persönliche Karten verwendet. Traditionell stellt die Karo-Dame Frauen mit grauem, rotem oder hellblondem Haar dar, manchmal auch Witwen, die sehr bleich sind. Kreuz symbolisiert Frauen mit braunem Haar und braunen Augen. Herz steht für Frauen mit einer weißen Haut, dunkelblondem Haar und blauen oder grauen Augen, und Pik repräsentiert Frauen von sehr dunklem

Äußeren, die schwarzes oder dunkelbraunes Haar und braune Augen haben.

Kreuz: Reagiert, (be)urteilt und herrscht durch intuitive Einsicht.
Karo: Reagiert, urteilt und herrscht über das Erwerben von Besitz.
Pik: Reagiert, urteilt und herrscht über Einstellungen und Ideen.
Herz: Reagiert, urteilt und herrscht über Verlangen und Gefühl.

Die Könige

Vitalität, Autorität

Die vier Könige repräsentieren jeder auf seine eigene Weise das nach außen gerichtete Lebensprinzip. Sie stellen die verschiedenen Formen des Männerbildes dar, das jeder von uns in sich trägt. Wir können dabei an verschiedene Götterfiguren aus der Mythologie denken, wie: Zeus (Jupiter), den Göttervater, Kronos (Saturn), den Gott der Zeit, Apollo, den Gott der Redegewandtheit und der schönen Künste, und Dionysos, den Gott des Rausches. Diese mythologischen Figuren symbolisieren jeweils eine psychische Funktion: das intuitive Wissen, das erfahrbare Sein, das Denken und das Fühlen.
Jeder der Könige kann als Herrscher eines dieser Bereiche angesehen werden. Sie repräsentieren den positiven, aktivierenden, aggressiven und nach außen gerichteten Teil der Mann-Frau-Dualität. Mit dem Begriff »Aggressivität« ist hier Initiative und Tatkraft gemeint im Gegensatz zu Gewalttätigkeit. Die Könige besitzen eine natürliche Autorität und sind die Grundpfeiler der Gesellschaft, die Verwirklicher der menschlichen Ideale.

Die *Autorität* der Könige führt selten zu Tyrannei, da sie meist verständnisvoll, mitfühlend und von freundlichem Wesen sind und einsehen, daß Macht von Kooperation abhängig ist. In der Praxis kommen sie in Partnerschaften am besten zu ihrem Recht. Beim Kartendeuten repräsentieren die Könige den Ehegatten, den Vater oder einen älteren Bruder. Wenn sie allerdings auf dem Kopf stehen, können sie sehr streitsüchtig und aggressiv sein.

Traditionell stellt der Karo-König Männer mit grauem, rotem oder hellblondem Haar dar, manchmal auch Witwer, die sehr bleich sind. Kreuz steht für Männer, die weder blond noch dunkel sind. Herz bezeichnet Männer mit heller Haut, braunem Haar, blauen oder grauen Augen. Pik steht für Männer von sehr dunklem Äußeren, mit schwarzem oder dunkelbraunem Haar und braunen Augen.

Kreuz: Benutzt seine Autorität zur Verwirklichung von Idealen.

Karo: Benutzt seine Autorität zum Erwerb von Wohlstand.

Pik: Benutzt seine Autorität zum Erwerb von Wissen, da Wissen Macht ist.

Herz: Benutzt seine Autorität dazu, allen Menschen zu einem menschenwürdigen Leben zu verhelfen.

TEIL III

Die Karten

Einleitung

Teil 3 enthält die Beschreibungen jeder einzelnen der 52 Karten. Wir beginnen mit Kreuz und behandeln anschließend die Herz-, Pik- und Karo-Karten.

Zunächst werden die Charaktereigenschaften jeder Karte aufgeführt. Sie beschreiben den Fragesteller und stellen seine Charakterzüge und Probleme dar, wenn die Karte als persönliches Symbol benutzt wird.

Der zweite Abschnitt der Kartenbeschreibung bezieht sich auf die Karte selbst. Zum Beispiel kann Pik Zwei eine Karte unter vielen sein, die im Schema ausgelegt sind. Welche Bedeutung hat sie dann? Jede Karte verändert ihre Bedeutung, wenn sie eine unter mehreren ist, und auch dies wird hier gesondert behandelt.

Der dritte Abschnitt mit der Überschrift »Besondere Bedeutungen« bezieht sich auf die Deutung der Karten in der Kombination mit bestimmten anderen Karten, wobei das in Abbildung 2 dieses Buches gezeigte Legeschema zugrunde gelegt ist. Kreuz Fünf wirkt sich zum Beispiel in Gesellschaft von Karo-Karten anders aus als in der Gesellschaft von Pik-Karten.

Manchmal ändert sich die Bedeutung einer Karte auch je nach ihrer Lage, ob sie z. B. in der Mitte des Legeschemas auftaucht oder ob sie im unteren oder oberen Teil desselben liegt. Dies wird im Abschnitt »Positionen« beschrieben. Wenn sich die Bedeutung einer Karte bei bestimmten Kombinationen oder Positionen nicht verändert, entfällt dieser Abschnitt.

Sollten noch Fragen über die Bedeutung einer Karte offenbleiben, so kann man auch im Teil 2 »Die Farben und die Zahlen« nachschlagen oder in Teil 1 in den Kapiteln »Das Vorherrschen einer Farbe« und »Hohe und niedrige Karten«.

Kreuz

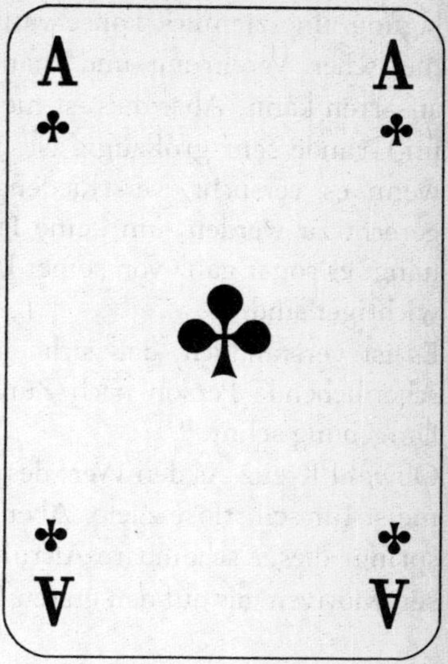

KREUZ: Intuition, Ungebundenheit und Spontaneität.

AS: Streben, Begehren, Wollen, Individualität.

KREUZ AS: Hohe Erwartungen, starke Leidenschaft, »ich will«.

KREUZ AS

Positiv: Kraftvoll, direkt, originell, kreativ, talentiert, warm, herzlich, freundlich; der Frühling.

Negativ: Ehrgeizig, arglistig, selbstsüchtig, provozierend, chaotisch, amorph, hysterisch, verräterisch; unfähig, sich auf einen Gedanken zu konzentrieren; sich an Sicherheiten festklammernd.

Charaktereigenschaften

Kreuz As hat eine etwas abweisende und unschlüssige Haltung in bezug auf Gefühlsbindungen jeglicher Art. Es lebt nach einem anderen als dem allgemein üblichen Denk- und Verhaltensmuster, was es oft in Konflikt mit seinem Freundeskreis bringt. Da Kreuz As sehr daran gelegen ist, bei den Menschen seiner Umgebung gut angesehen zu sein, nimmt es aufgrund dieser Veranlagung eine ziemlich konservative Haltung ein, die zu schwärmerischer Verehrung und manchmal sogar zu Dogmatismus ausarten kann. Aber dies ist nie von langer Dauer, da Kreuz As im Grunde sehr großzügig ist. Es gerät oft in Schwierigkeiten, wenn es versucht, verschiedenartigen Maßstäben gleichzeitig gerecht zu werden, um keine Freunde zu verlieren. Manchmal hängt es sogar ganz von seiner Umgebung ab, welche Werte ihm wichtiger sind.

Es ist verständlich, daß sich eine solch chaotische, aber menschenliebende Person nach Zuneigung und Harmonie in ihrer Umgebung sehnt.

Obwohl Kreuz As den Wert des Geldes kennt, benötigt es dieses meist für selbstlose Ziele. Aber da Kreuz As auch eitel ist, entspringt dieser scheinbare Altruismus oft auch weniger selbstlosen Motiven, als auf den ersten Blick zu erkennen ist.

Die Karte

Kreuz As ist eine Karte des Talents. Sie drückt hohe Erwartungen aus, Ehrgeiz, Energie und Einbildungskraft, starke Leidenschaft und die Fähigkeit, sich in Gefühlen und Gedanken mitzuteilen. Aber diese Karte deutet auch darauf hin, daß nicht jedes Versprechen erfüllt und nicht jedes Talent gut genutzt wird und daß die Entfaltung der Kreativität durch innere Unruhe gefährdet wird.

Wenn Kreuz As im Legeschema eine zentrale Position einnimmt, bedeutet dies, daß der Fragesteller großes künstlerisches Talent besitzt, eine stark ausgeprägte Intuition und explosive Kraft.

Er hat eine lebendige Vorstellungskraft und verfügt gleichzeitig über die Fähigkeit, seine Visionen im Schreiben, in der bildenden Kunst, in der Musik, als Redner oder auf andere Weise an die Menschen seiner Umwelt weiterzugeben.

Kreuz As beinhaltet jedoch auch eine große Gefahr: die Gefahr des *Chaos*. Zu viele Talente bei einem Menschen können sich gegenseitig zerstören, so daß letztlich nicht ein einziges davon zu wirklicher Entfaltung gelangen kann. Scharfsinnigkeit, Beobachtungsgabe und Vorstellungsvermögen sind nutzlos, solange sie nicht eine konkrete Form annehmen können.
Kreuz As sticht durch seine schnellen Reaktionen hervor und vermag deshalb meist wenig Verständnis für die Begrenztheiten anderer Menschen aufzubringen. Die Karte stellt das Temperament eines Künstlers dar, der sich nicht mit den Banalitäten des Alltags abgeben will und aufgrund seiner seherischen Gabe zu sehr mit den höheren Dingen des Lebens beschäftigt ist, um an der irdischen Realität ein tieferes Interesse zu haben. Es ist deshalb ratsam für den Fragesteller, sein Denken und Tun von Stetigkeit und dem Willen zur Vollendung bestimmen zu lassen, wenn er wirklich ein schöpferischer Künstler werden und nicht im Dilettantismus enden will.
Die traditionelle Interpretation sieht Kreuz As als einen Vagabunden an, der ruhelos umherzieht und in den Tag hineinlebt.
In der Praxis bedeutet dies, daß der Fragesteller, wenn er diese Karte zieht, Abwechslung, plötzliche Veränderungen und Reisen erleben wird und daß er immer wieder durch alle möglichen Formen von Schönheit ergriffen sein wird. Darüber hat er keinerlei Kontrolle; es geschieht einfach.

Besondere Bedeutungen

Kombinationen: Der Kartendeuter muß sich von den Karten in der Umgebung des Kreuz As leiten lassen. Wenn die Herz-Karten unter den zu deutenden Karten vorherrschen, muß er den Fragesteller vor zu großer Genußsucht und Leichtlebigkeit warnen, da dieser seine Talente durch einen solchen Lebenswandel vergeuden würde.

Wenn Kreuz vorherrschend ist, wird der Drang nach zwischenmenschlichem Kontakt und geselligem Leben die Entwicklung des künstlerischen Talents verzögern, behindern oder gar völlig verhindern.

Ein Überwiegen von Karo-Karten bedeutet, daß die Entwicklung und praktische Anwendung eines schlummernden Talents Geld einbringen wird.

Befindet sich eine Überzahl von Pik-Karten in der Umgebung, so weist dies darauf hin, daß sich der Fragende zu schnell entmutigen läßt.

Eine ausgeglichene Verteilung aller Farben verspricht intensiviertes Erleben und wachsende Einkünfte durch kreative Arbeit.

KREUZ: Intuition, Ungebundenheit und Spontaneität.

ZWEI: Zusammensein, Zusammenkommen, Zusammenarbeiten.

KREUZ ZWEI: Spontanes Zusammensein.

KREUZ ZWEI

Positiv: Eine harmonisierende Kraft, die auf der Grundlage der Gerechtigkeit Verhaltensrichtlinien entwickelt und dadurch Einfluß auf andere ausübt. Kreuz Zwei hebt sich durch (Selbst-) Vertrauen, Tapferkeit und Offenheit hervor.

Negativ: Aufsässig, ruhelos, ungestüm; zieht sich auf ihr eigenes Gebiet zurück und *beharrt auf ihrem Standpunkt*.

Charaktereigenschaften

Kreuz Zwei hat sehr hohe Ideale von menschlichen Beziehungen. Sie baut sich in dieser Hinsicht die schönsten Luftschlösser auf, die allerdings wenig mit der Wirklichkeit zu tun haben. Fast ausnahmslos fühlt sie sich in festen Beziehungen zu sicher und mischt sich in die kleinsten Kleinigkeiten ein, so daß sie ihren Partnern wenig oder gar keine Freiheit läßt.

Durch ihre starke Anteilnahme an ihren Mitmenschen hat Kreuz Zwei ein lebendiges Interesse an den emotionalen Hintergründen für ihr Verhalten. Ihre zu unrealistischen Erwartungen in bezug auf Liebe, Beziehungen und Ehe bereiten ihr hin und wieder schwere Enttäuschungen, da kein sterbliches Wesen diese Träume jemals erfüllen kann. Ihre Überzeugung, daß der Mensch nicht geboren ist, um alleine zu leben, läßt sie lieber ein Experiment nach dem anderen eingehen und von einer Enttäuschung in die andere fallen, als daß sie ihr Leben allein und ohne Beziehung zubringen würde. Die vielen Beziehungen bringen sie jedoch nur in Verwirrung und lassen sie desillusioniert zurück.

Kreuz Zwei fühlt sich stark von Fremden und fremden Ländern angezogen, und sie hat eine tiefe Sehnsucht, Kontakte zu Menschen aufrechtzuerhalten, die weit entfernt leben. Das Liebesleben der Kreuz Zwei spielt eine ebenso wichtige Rolle in ihrem Leben wie die Wißbegier. Aber oftmals kommt es zu Enttäuschungen. Wenn die Gefühle zu stark auflodern, behindert dies sowohl ihr Lernvermögen wie auch jegliche Arbeit und blockiert alles Vorankommen. Wenn sie dies erkannt hat – meistens allerdings zu spät –, wird sie von tiefer Reue erfüllt, denn Kreuz Zwei kennt durch ihre intellektuellen Neigungen mehr als die anderen Zweierkarten die Möglichkeit der Selbstkritik, der Einsicht und der Reue. Ein Mensch dieses Charakters weiß unbewußt besser als jeder andere, daß die Entwicklung seines Verstandes ein Teil seiner Bestimmung ist. Trotzdem wird eine von Kreuz Zwei geprägte Persönlichkeit, die das Erwerben von Wissen ihren Herzensangelegenheiten vorzieht, nicht glücklich werden, da sie sich nicht dem Gefühl entziehen kann, daß ihr das Beste am Leben, nämlich das Zusammensein mit anderen, fehlt. Ist dies der Fall, so kann sie sehr melancholisch werden.

Die Karte

In der traditionellen Bedeutung enthält diese Karte den Hinweis auf eine Einladung. Dabei kann es sich beispielsweise um eine Einladung zu einem Club, einem Treffen oder zu einem Essen handeln. Auch wenn diese Einladung auf den ersten Blick unwichtig oder sogar trivial erscheinen mag, so zeigt das Auftauchen der Kreuz Zwei unter den ausgelegten Karten im Deutungsschema doch an, daß die Einladung unerwartet wichtige Folgen für das Leben des Fragestellers haben könnte. Dies ist vor allem dann der Fall, wenn die Karte im Zentrum des Schemas liegt.

Besondere Bedeutungen

Kombinationen: Hofkarten in der Nähe der Kreuz Zwei weisen auf eine Einladung hin, die zu neuen Freundschaften führen kann. Wenn eine solche Hofkarte das andere Geschlecht repräsentiert und oberhalb oder unterhalb der Kreuz Zwei liegt, verspricht dies eine Romanze, die auf einem Fest beginnen wird.
Wenn Kreuz Zwei in einem Schema vorkommt, in dem Karo-Karten überwiegen, dann wird die Einladung zahlreichen Dingen den Weg ebnen, die sich der Fragesteller schon lange gewünscht hat.
Die gleichzeitige Anwesenheit anderer Kreuz-Karten in der Nähe der Kreuz Zwei weist auf Geselligkeit und fröhliche Feste infolge einer zufälligen Einladung hin.
Wenn Pik Zehn der Kreuz Zwei in die Quere kommt, muß vor der Einladung gewarnt werden. Sie kann unangenehme Folgen haben, und es wäre besser, sie auszuschlagen.

Positionen: Wenn Kreuz Zwei in der Mitte des Schemas einer Fragestellerin liegt, bedeutet dies, daß sie glaubt, ihrem Partner

die Charaktereigenschaften anerziehen zu können, die ihm ihrer Meinung nach fehlen.
Kreuz Zwei im Zentrum des Schemas eines männlichen Ratsuchenden weist darauf hin, daß dieser gelegentlich schnell verletzt, gereizt und ungeduldig ist, auch wenn er dies – erfolglos – zu verbergen sucht.

KREUZ: Intuition, Ungebundenheit und Spontaneität.

DREI: Unsicherheit, Selbstentfaltung.

KREUZ DREI: Unsicherheit verursachende Kontakte.

KREUZ DREI

Positiv: Unschuldig, hinderlich, fröhlich, neugierig, schnell, kontaktfreudig; guter Unterhalter mit einer abwartenden Grundhaltung.

Negativ: Kalt, selbstgefällig, eigensinnig, sensationslüstern, oberflächlich, unglückbringend, abweichend.

Charaktereigenschaften

Das Leben der Kreuz Drei wird von einem starken Drang nach Kontakten beherrscht. Sie steht dem Leben sehr wankelmütig gegenüber. Ihr Interesse richtet sich vor allem auf Beziehungen auf emotionaler Ebene, einen Bereich, der die größte Unsicherheit in ihr erzeugt und in dem sie am meisten zu lernen hat. Wenn sie eine Bindung eingeht, ist sie so besessen davon, daß sie fast darin ertrinkt. Sobald sie jedoch zu sich selbst kommt, gerät sie in Panik und macht völlig verängstigt eine Kehrtwendung, um Abstand von ihrem emotionalen Chaos zu gewinnen. Es leuchtet ein, daß die darauffolgende intellektuelle Verarbeitung Trennung notwendig macht. Für diejenigen, mit denen sie die Beziehung eingeht, ist das Verhalten der Kreuz Drei nicht nur vollkommen unverständlich, sondern auch sehr schmerzhaft und leidvoll. Trotzdem wiederholen sich diese Situationen immer wieder, da sie sich ihrer Anlage entsprechend so verhalten *muß*, wenn sie jemals verstehen will, welche Bedeutung ihre Emotionen für sie haben. Die Fehler, die sie auf ihrem Lebensweg macht, kann ihr im Grunde niemand übelnehmen, vor allem nicht in ihren jungen Jahren. Es ist schade, daß diese ansonsten so charmante, gewandte, fröhliche und anziehende Person oft zeitlebens unerwachsen bleibt, wodurch sie sich und andere in große Unannehmlichkeiten bringt.

Daß sie von einem Extrem ins andere fällt, darf nicht als Anzeichen von Unbeständigkeit oder Treulosigkeit angesehen werden (obwohl Kreuz Drei sich nie durch besonderen Mut, durch Umsicht oder Treue auszeichnen wird), sondern eher als ein Versuch, entgegengesetzte Charaktereigenschaften in sich zu vereinigen. Ob sie damit jemals Erfolg haben wird, ist eine andere Frage.

Die wendige und intelligente Kreuz Drei hat ein natürliches Bedürfnis nach Freiheit, und enge Bindungen behindern sie und sind ihr auf die Dauer eine Qual. Außerdem läßt ihre Intelligenz sie die Relativität aller Dinge schnell erkennen, was einerseits zu innerer Unsicherheit führen kann und andererseits zu verschwommenen Moralvorstellungen. Viele sind der Meinung, daß Kreuz Drei keine klare Unterscheidung treffen kann zwischen dem, was erlaubt ist, und dem, was nicht statthaft ist, zwischen Gut und Böse, zwischen Wahrheit und Lüge. Man kann oft beobachten, daß die schwankende, zweifelnde Kreuz Drei plötzlich von einer dominanten Person an die Hand genommen wird, die dann versucht, diesen unsicheren Charakter zu festigen und ihm Halt zu geben. Ihre Auflehnung dagegen ruft die besten Eigenschaften in ihr wach, und oft kommt Kreuz Drei dabei zur völligen Entfaltung, obwohl auch dann die Gefahr bestehen bleibt, daß die wiedergewonnene Freiheit erneut von ihr mißbraucht wird. Die Lösung für das Leben der Kreuz Drei liegt in einem freien Leben, nicht in einer festen Beziehung. Freiheitsbeschränkungen kann sie nicht vertragen.

Die Karte

Nach traditioneller Anschauung deutet Kreuz Drei auf eine unangenehme Periode im Leben eines Menschen hin, in der das gesellschaftliche Ansehen des Betreffenden durch geringschätzige Behandlung, gesellschaftliche Mißachtung oder durch Anschwärzung Schaden erleiden kann. Da dies alles nicht unbedingt zu einem tragischen Ende führen muß, stellt die Karte eine Warnung für den Ratsuchenden dar, daß er bei seinen Reaktionen auf derartige Vorkommnisse nicht die Relationen aus dem Auge verlieren sollte. Er muß sehr darauf bedacht sein, daß sein verletzter Stolz oder seine überreizten Nerven ihn nicht dazu verleiten, unangemessen zu reagieren, einen dauerhaften Streit anzufangen oder Rache zu nehmen. Wenn dies trotzdem geschieht, muß er mit einer weiteren Eskalation der ganzen Angelegenheit rechnen.

Er tut am besten daran, der Situation ruhig und gelassen entgegenzutreten. Vielleicht war die Mißachtung nicht so gemeint oder die bösartige Anspielung nicht so übel, wie die Überbringer der Nachricht ihm dies vermittelten. Die umliegenden Karten zeigen manchmal an, daß der Vorfall dem Fragesteller letztlich doch zum Vorteil gereicht, wenn er der Sache mit Weisheit begegnet.

Besondere Bedeutungen

Kombinationen: Besondere Vorsicht ist geboten, wenn auf der einen Seite neben Kreuz Drei Herz-Karten liegen und auf der anderen Pik-Karten. In diesem Fall geht es um eine entscheidende Wahl: Selbstbeherrschung und Großmut können alles zu einem guten Ende bringen, während Wut und Jähzorn die Angelegenheit so eskalieren lassen können, daß sie zu einer Bedrohung für das Lebensglück des Fragestellers wird.

KREUZ: Intuition, Ungebundenheit und Spontaneität.

VIER: Struktur und Aufbau.

KREUZ VIER: Gemütsruhe durch kreative Arbeit.

KREUZ VIER

Positiv: Vollkommenheit, Ordnung, perfekte Arbeit; Zufriedenheit nach harter Arbeit, Ruhe, Stabilität, Scharfsinn, Spitzfindigkeit; lernt aus Erfahrungen.

Negativ: Unbeständig, unzuverlässig wegen zu großer Angst und Sorge; trifft dadurch oft falsche/übereilte Entscheidungen.

Charaktereigenschaften

Wenn finanzielle Probleme entstehen, hat eine Kreuz Vier keine sehr großen Schwierigkeiten, denn aufgrund ihrer energievollen zupackenden Art lösen sich die Schwierigkeiten meist sehr schnell in Luft auf. Sie hat ein starkes Bedürfnis nach Geld und besitzt die Fähigkeit, dieses Bedürfnis in die Praxis umzusetzen. Allerdings muß sie darauf achten, daß ihre Liebe zum Geld nicht in Habgier umschlägt.

Das Problem der Kreuz Vier liegt im emotionalen Bereich. Diejenigen, die ihr am Herzen liegen, sind nicht in der Lage, ihrer psychischen Entwicklung zu folgen, und die damit verbundene Enttäuschung führt bei ihr schließlich zu dem Entschluß, sich lieber in sich selbst zurückzuziehen und allein zu leben, statt ständig mit dem Bild, das die anderen von ihr haben, konfrontiert zu werden und den Erwartungen nicht entsprechen zu können oder zu wollen. Wenn sie ihren Liebespartner nicht dazu bewegen kann, aus freiem Willen nach weiteren Horizonten zu streben, entschließt sie sich zu emotionaler Einsamkeit, denn sie kann auch in ihrer Arbeit vollkommene Befriedigung finden.
Kreuz Vier nutzt ihr Wissen gut. Sie ist eine unabhängige, introvertierte Denkerin mit einer entschlossenen, beharrlichen Geisteshaltung. Es ist schwierig, wenn nicht unmöglich, sie von andersgearteten Gedanken zu überzeugen oder gar ihre Richtung zu ändern. Solche Bemühungen sollten vermieden werden. Sie ist ihre eigene Führerin und Kritikerin und entwickelt sich ohne Einmischung der Außenwelt.

Die Karte

Kreuz Vier ist eine Karte der ständig wachsenden Freundschaften und der sich entwickelnden sozialen Fähigkeiten. Sie läßt vermuten, daß der Ratsuchende bei den ihm nahestehenden Mitmenschen sehr beliebt ist und ein hohes Ansehen genießt, ohne daß er sich dessen bewußt wäre. Das bedeutet, daß er im Notfall von unerwarteter Seite Unterstützung erhalten wird.
Obwohl diese Karte beständiges Wachstum und oft auch immer stärker werdende Freundschaften symbolisiert, kann es sein, daß sich der Fragesteller einsam und verlassen fühlt, da er dies nicht bemerkt. Er hat dann allerdings die Einsamkeit selbst gewählt! Bescheidenheit, Hemmungen oder Unentschlossenheit können ihn daran hindern, eine Freundschaft, die innerhalb seiner Mög-

lichkeiten liegt, in vollen Zügen zu genießen. Wenn dies der Fall ist, muß er darauf hingewiesen werden, daß sich ihm bei etwas mehr Offenheit und Interesse an seiner Umgebung Türen zu wichtigen gesellschaftlichen Bereichen öffnen könnten. Dies ist ein Hinweis darauf, daß sich der Ratsuchende unterschätzt und daß er sehr wohl in der Lage ist, tiefe Freundschaften einzugehen und das Gefühl zu entwickeln, der Zuneigung anderer würdig zu sein. Es würde sein Leben zweifellos bereichern, wenn er sich seiner Wertschätzung durch andere bewußter wäre; aber dann müßte er sich selbst ebenfalls darum bemühen, das Wertvolle und Bewundernswürdige in seinen Mitmenschen zu entdekken.

Eine gute Gesundheit – eine ihrer größten Sorgen – ist für Kreuz Vier von größter Bedeutung, da sie in jeder Hinsicht viel Energie braucht und verbraucht.

Kreuz: Intuition, Ungebundenheit und Spontaneität.

Fünf: Unfrieden, Ruhelosigkeit, Veränderung.

Kreuz Fünf: Möglichkeiten für Veränderungen.

Kreuz Fünf

Positiv: Freiheitsliebend, abenteuerlustig, neugierig, sinnlich.

Negativ: Uneinigkeit, Streitigkeiten, Konkurrenzgefühle, Grausamkeit, Gewalttätigkeit; Besessenheit und Verschwendungssucht.

Charaktereigenschaften

Die Energie und Geld verschwendende, emotionale Unausgeglichenheit der Kreuz Fünf ist die Ursache vieler ihrer Enttäuschungen, Uneinigkeiten und Streitigkeiten mit Freunden und Bekannten.
Ein Teil der Kreuz Fünf gebietet: »Lasse dich nieder, bleibe, wo du bist, mache das Beste daraus und sei zufrieden.«
Aber kann der ruhelose Teil ihres Wesens diesen Rat beherzigen

und die dafür notwendige Anstrengung und Aufmerksamkeit aufbringen? Selten oder nie! Kreuz Fünf fällt es wegen ihrer Instabilität besonders schwer, länger andauernde Kompromisse zu schließen. Sie jagt unablässig der Befriedigung ihrer momentanen Bedürfnisse nach, hier und jetzt. Aber leider erweist sich jedesmal, daß die daraus resultierende Befriedigung nicht vollkommen ist, und deshalb zieht sie weiter, um anderswo nach mehr und nach Besserem zu suchen. Sie erkennt nicht, daß diese Unzufriedenheit ein Teil ihres eigenen Wesens ist, sondern macht stets ihre Umgebung dafür verantwortlich.
Die charmante und anziehende Seite der Kreuz Fünf kann nur zu ihrem Recht kommen, wenn sie sich dazu entschließt, der Welt offen und freundlich entgegenzutreten. Dann kommen plötzlich unerwartete Glücksfälle wie von selbst auf sie zu. Trotzdem muß sie für ihren Lebensunterhalt arbeiten, und selbstverständlich empfindet sie diese Arbeit als Freiheitsbeschränkung.

Die Karte

Kreuz Fünf wird von alters her als eine Karte angesehen, die dazu rät, alte Freundschaften zu pflegen. Die Gefahr einer ernsten Meinungsverschiedenheit, die dem Fragesteller sehr viel Kummer bereiten wird, wenn er keine Anstalten unternimmt, sie zu verhindern, bleibt jedoch bestehen. Dies bezieht sich nicht auf die Streitigkeiten zwischen Verliebten oder Ehepartnern. Es handelt sich vielmehr um eine Meinungsverschiedenheit zwischen dem oder der Ratsuchenden und einem Geschlechtsgenossen. Anders verhält sich dies, wenn eine Bildkarte des jeweiligen anderen Geschlechts neben der Kreuz Fünf liegt. Diese Karte symbolisiert Rivalität, Konkurrenz, Wetteifer und Mißgunst. Sie warnt den Fragesteller davor, mit seinem Erfolg zu prahlen oder andere zu beneiden.

Besondere Bedeutungen

Positionen: Wenn Kreuz Fünf im mittleren Teil des zu deutenden Legeschemas erscheint, hat der Fragesteller von seiten seiner Kollegen Feindseligkeiten zu erwarten. Wenn es ihm nicht gelingt, sich zu beherrschen und Verständnis aufzubringen, so muß er mit gesellschaftlichem Abstieg rechnen und mit einer Entfremdung von Menschen, mit denen er gerne Freundschaft schließen würde. Die übrigen Karten des Schemas sagen etwas über den Ernst der Folgen aus, die ein scheinbar unbedeutender Streit haben könnte.

Wenn Kreuz Fünf im oberen Teil des Deutungsschemas liegt, bezieht sie sich auf einen Streit, der vermeidbar ist. Der Kartendeuter muß dann den übrigen Karten entnehmen, wie er den Fragenden dazu bringen kann, sich aus einer Situation zu befreien, die ihm nichts als Kummer und Selbstvorwürfe bringt.

Wenn Kreuz Fünf im unteren Teil des Schemas liegt, betrifft der Streit wahrscheinlich ein bestimmtes Thema. In diesem Fall werden ihm die bösen Absichten eines anderen eine Enttäuschung bezüglich eines sozialen Projekts bereiten, das ihm sehr wichtig ist.

Im unteren linken Flügel des Schemas deutet Kreuz Fünf darauf hin, daß die Enttäuschung die Folge von Umständen ist, für die niemand verantwortlich gemacht werden kann. In diesem Fall darf der Ratsuchende niemandem die Schuld dafür geben. Ein scheinbarer Prestigeverlust kann sich auf indirektem Wege doch noch als nützlich erweisen, wenn die neben Kreuz Fünf liegenden Karten darauf hinweisen.

KREUZ: Intuition, Ungebundenheit und Spontaneität.

SECHS: Vermittlung, Anpassung, Lebensweisheit.

KREUZ SECHS: *Sieg*, unerwartete Glücksfälle, Fröhlichkeit.

KREUZ SECHS

Positiv: Wohlwollend, zuverlässig, beständig, Sieg nach einem Streit, unpersönlich, dienstbar, reagierend, musikalisch, humoristisch, Reisen und Umherziehen.

Negativ: Hochmütig, selbstgefällig, zynisch, mischt sich überall ein, eifersüchtig, mißtrauisch, apathisch und pessimistisch.

Charaktereigenschaften

Kreuz Sechs nimmt viele Opfer auf sich, um ihre unpersönliche Haltung in bezug auf das Dasein aufrechterhalten zu können. Sie ist eine reagierende Karte, die aus sich heraus nichts dem eigenen Leben und dem Leben anderer hinzufügt. Sie verhält sich freundlich und neutral und läßt die Dinge ziemlich sorglos auf sich zukommen.
Obwohl Kreuz Sechs einen ausgeprägten Gerechtigkeitssinn be-

sitzt, kann sie durch ihre unpersönliche, relativierende Haltung kalt und gefühllos wirken. Dennoch blüht sie in einer Atmosphäre freundlicher Zuneigung ganz auf.
Der Einfluß der Mutter ist im Leben der Kreuz Sechs meist ziemlich stark (gewesen), infolgedessen fühlt sie sich bei dominanten Frauen am wohlsten, deren geradliniges Zielbewußtsein ihren Aktivitäten Richtung gibt. Die Perioden von Kummer, Niedergeschlagenheit und Hoffnungslosigkeit kann sie mit Hilfe ihrer intellektuellen Natur immer wieder überwinden. Kreuz Sechs ist eine Karte der Auferstehung, und sie wird deshalb manchmal auch mit Ostern assoziiert.
Obwohl Kreuz Sechs ein geschäftiges Leben mit viel Fröhlichkeit, Tanz und Gesang führt, ist sie keinesfalls für leeres Vergnügen zu haben. Die Vergnügen, die diese Karte verspricht, müssen als eine Art Lebensschule angesehen werden, durch welche die Einstellung des Fragenden beeinflußt und verändert werden kann. In manchen Deutungen der Zigeuner kündigt Kreuz Sechs eine Reise oder einen Wohnortwechsel an. Die Reise kann aber auch eine geistige sein, und statt des Umzuges kann es zu einer Veränderung der Gedanken, der Auffassungen und der Lebenseinstellungen kommen.

Die Karte

Die traditionelle Bedeutung der Kreuz Sechs ist der glückliche Zufall, der außer einem größeren Ansehen in der Gesellschaft noch andere Vorteile mit sich bringt, wie etwa materiellen Gewinn, wachsende Sicherheit und die Möglichkeit einer neuen Liebe.
Im Tarotspiel wird Kreuz Sechs manchmal als Kaufmann dargestellt, der Almosen austeilt – ein Zeichen für Wohlstand und für ein gutes Herz –, aber gleichzeitig enthält die Karte auch eine Warnung vor Hochmut, Herablassung und Eifersucht.

Besondere Bedeutungen

Kombinationen: Wenn Pik Zehn, Pik Zwei oder Karo Fünf neben Kreuz Sechs liegen, sollte der Ratsuchende sich um einen Ausgleich zwischen dem Hang zum Vergnügen und den ernsthaften Aspekten des Lebens bemühen, da nur so ein harmonisches Ganzes entstehen kann.

KREUZ: Intuition, Ungebundenheit und Spontaneität.

SIEBEN: Einsicht, Weitblick, Wendepunkt.

KREUZ SIEBEN: Warnung vor nahendem Unheil.

KREUZ SIEBEN

Positiv: Mutig, intelligent, ruhig, analytisch, perfektionistisch, vorausschauend.

Negativ: Distanziert, nervös, niedergeschlagen, vage, unrealistisch, verlegen, trunksüchtig.

Charaktereigenschaften

Kreuz Sieben repräsentiert den ruhigen, zuverlässigen, intelligenten und treuen Arbeiter, der hinter den Kulissen bleibt, um in Verborgenheit und mit Hilfe seines vorausschauenden Blicks Ideen auszuarbeiten. Im Gegensatz zu dieser überdurchschnittlichen Begabung führt er meist ein relativ alltägliches, einsames Dasein, in dem er sich für einen Lohn abrackert, der gerade ausreicht, um seine dringendsten Bedürfnisse abzudecken. Wenn Kreuz Sieben sich nicht bis zum Äußersten einsetzt und mit

größter Sorgfalt vorgeht, besteht die Gefahr, daß ihre Pläne durchkreuzt werden. Wenn dies geschieht, verfällt sie wahrscheinlich in Depression, flüchtet vor sich selbst und vor anderen und sucht im Alkohol und anderen Drogen ihr Heil.
Kreuz Sieben ist nicht leicht zu überzeugen, da sie sich hauptsächlich von ihren intuitiven Einsichten leiten läßt, die ihr zutreffend zeigen, was wahr ist und was nicht. Meistens erkennt sie schon weit im voraus, wie die Dinge sich entwickeln werden. Obwohl Kreuz Sieben viele Menschen kennt, wird sie im allgemeinen kaum verstanden. Deshalb fühlt sie sich in ihrer eigenen Gesellschaft am wohlsten, auch wenn sie manchmal mit sich selbst nur schwer zurechtkommt.

Die Karte

Kreuz Sieben *warnt* vor gedanklicher Vorwegnahme, vor undurchdachten Bemühungen und Plänen, die sich im letzten Moment zerschlagen, da zu leichtfertig angenommen wurde, daß alles seine Ordnung habe.

Besondere Bedeutungen

Kombinationen: Wenn Kreuz Sieben zwischen Herz-Karten liegt, besteht die Möglichkeit, daß das Vergnügen den Pflichten vorgezogen wird.
Liegt die Karte zwischen Karo-Karten, so besteht die Gefahr, daß der Fragesteller durch finanzielle Schikanen bedroht ist und daß Hinterhältigkeit seine Sicherheit untergräbt.

Positionen: Kreuz Sieben im oberen linken Teil eines Legeschemas bedeutet, daß das Ziel, welches der Fragende anstrebt, zwar in Reichweite liegt, aber daß es sehr großer Wachsamkeit, gewissenhafter Sorgfalt und unablässiger Energie bedarf, um dieses zu erreichen. Er muß gegen die Tendenz ankämpfen, zu schnell aufzugeben und zu geringes oder zu großes Selbstvertrauen an den Tag zu legen.

Im oberen rechten Teil zeigt Kreuz Sieben an, daß der Fragesteller möglicherweise Verluste infolge von Nachlässigkeit oder Gleichgültigkeit erleidet. Es ist möglich, daß er sich zu stark auf ein gutes Resultat verläßt oder zu sehr abgelenkt ist, um Dingen, die von wesentlicher Bedeutung für ihn sind, die notwendige Aufmerksamkeit zu schenken.

Kreuz Sieben deutet auf ehrgeizige Pläne hin. Wenn die Karte im Zentrum des zu deutenden Schemas liegt, nutzt der Fragesteller oft die Mittel nicht aus, die ihm dazu verhelfen können, seine Wünsche zu verwirklichen. Mit anderen Worten: Kreuz Sieben fängt vieles an, bringt aber nur selten etwas zu Ende. Sie kommt oft vom Hölzchen aufs Stöckchen, wodurch ihre Energie zersplittert wird. Sobald ein Plan seiner Verwirklichung entgegengeht, richtet sie ihre Aufmerksamkeit sofort wieder auf etwas anderes. Dieses Verhalten kommt weder dem Neuen noch dem Alten zugute. Die Karte ist eine Mahnung, daß jeder erste Erfolg durch zähe Arbeit unterstützt und stabilisiert werden muß, da andernfalls alle Mühe umsonst ist.

Im unteren Teil eines Legeschemas weist Kreuz Sieben eher auf eine bestimmte Situation als auf eine allgemeine Haltung des Fragestellers hin. Zusammen mit einer Bildkarte warnt Kreuz Sieben vor Unüberlegtheit oder Gleichgültigkeit seitens der Mitarbeiter oder des Personals. Es ist ratsam für den Fragesteller, jede Unternehmung, an der er beteiligt ist, die aber von anderen geleitet wird, gründlich zu überprüfen und die Ergebnisse Punkt für Punkt mit seinen eigenen Berechnungen zu vergleichen.

Der Fragesteller muß dafür sorgen, daß er seine Pläne nicht dem Erstbesten erzählt, und er darf auf keinen Fall die Ergebnisse seiner Gedanken vorzeitig preisgeben. Er darf sich auch nicht zu schnell einbilden, daß er sein Ziel schon erreicht habe und sich

zur Ruhe setzen könne. Dieser falsche Optimismus könnte ihm unnötige Mißerfolge bescheren und eventuelle Rückschläge grundlos verschlimmern.
Der Kartendeuter muß betonen, daß Kreuz Sieben eine Warnung vor Gefahr ist und nicht ein Vorzeichen für nahendes Unheil.

KREUZ: Intuition, Ungebundenheit und Spontaneität.

ACHT: Macht, Wille, Organisation.

KREUZ ACHT: Streben nach Ausgewogenheit.

KREUZ ACHT

Positiv: Schnelligkeit, gespannte Aktivität, Offenheit, Großzügigkeit, Freundlichkeit, Verständnis, Großmut, die Annäherung an ein Ziel.

Negativ: Träge, unbeständig, unausgeglichen, niedergeschlagen, selbstsüchtig, zu nachgiebig sich selbst gegenüber, verwöhnt und kindisch, plötzliche Rückschläge.

Charaktereigenschaften

Kreuz Acht liebt die Geselligkeit und hat gerne viele Menschen um sich. Durch ihre intuitiven und intellektuellen Fähigkeiten ist sie in der Lage, helfend einzugreifen, wenn in einer Gruppe eine Situation emotional zu entgleisen droht. Allerdings neigt sie auch dazu, sich zu sehr in die psychologischen Hintergründe verwickeln zu lassen.

Kreuz Acht kann fast alle Probleme durch ihre eigene innere Kraft überwinden. Aber dafür benötigt sie Zeit, und aus diesem Grunde lebt sie manchmal über einen langen Zeitraum hinweg in einem Alltagstrott ohnegleichen, während sie auf die Lösung einer für sie unbefriedigenden Situation wartet oder danach sucht. Meistens geschieht dann plötzlich irgend etwas, das sie geistig wachrüttelt und ihr Einblick in die Ursache ihrer Lethargie verschafft. Die natürliche Folge davon ist dann das Entstehen eines Gefühls der Harmonie im emotionalen Bereich.

Ihre finanzielle Situation ist ziemlich unbeständig und nicht immer besonders rosig, aber sie besitzt immer genug Geld, um sich sicher fühlen zu können. Selbst wenn Kreuz Acht keinen realen Grund hat, sich Sorgen zu machen, so tut sie dies trotzdem.

Ihre größte Schwierigkeit liegt im emotionalen Bereich. Sie muß lieben und geliebt werden, und obwohl sie oft Gegenstand von Eifersucht und Neid ist, wird es ihr nie an Freunden oder Bewunderern mangeln. Sie besitzt die Fähigkeit, Verliebtheitsgefühle umzuwandeln und ihr Glück bei Freunden oder in ihrer Arbeit zu finden. Dabei hat sie die Tendenz, sich bis zum Äußersten einzusetzen, um den selbstauferlegten Pflichten nachkommen zu können. Auch hier zeigt sich das Streben nach Harmonie.

Die Karte

Strenggenommen ist Kreuz Acht eine Karte der Harmonie und des stillen Vergnügens. Hier ist ein philosophischer Geist auf der Suche nach Schönheit, die in solch einfachen Dingen wie Blumen, Sonnenuntergängen, Büchern und Freunden zu finden ist. Es ist die Karte des sanftmütigen Träumers, aber sie repräsentiert nur einen (wahrscheinlich verborgenen) Aspekt der Persönlichkeit des Ratsuchenden.

Es besteht auch die Tendenz, materiellen Komfort und Luxus aufzugeben, um Bedürfnisse auf geistiger und spiritueller Ebene zu befriedigen.
Wenn Kreuz Acht unter den zu deutenden Karten eines Fragestellers auftaucht, darf dieser sich glücklich schätzen, da diese Karte Eigenschaften bei ihm anzeigt, die ihn vor den zahllosen Unbeständigkeiten des Lebens behüten werden und ihn weniger verletzbar sein lassen.
Kreuz Acht verspricht Glück, das im Laufe der Jahre wachsen wird. Taucht diese Karte in der Mitte des Legeschemas auf, so bedeutet dies, daß sich der Fragesteller in allen Dingen mehr auf seine innere Kraft verlassen sollte, vor allem dann, wenn die Karo-Karten unter den von ihm gezogenen Karten vorherrschen. Denn dann besteht die Gefahr, daß finanzielle und geschäftliche Dinge so sehr seine Energie in Anspruch nehmen, daß es ihm praktisch unmöglich ist, die Schönheiten des Lebens wirklich zu genießen.

Kreuz: Intuition, Ungebundenheit und Spontaneität.

Neun: Sehnsucht, die große Leidenschaft, Menschenliebe.

Kreuz Neun: Emotionale Spannungen.

Kreuz Neun

Positiv und negativ: Macht, Durchhaltevermögen, Erfolg trotz Hindernissen und Streit, Genesung nach Krankheit, Überwindung von Sorgen und Angst; das Wissen, daß Wandel die größte Sicherheit ist und Stabilität schafft.

Charaktereigenschaften

Die Bedeutung dieser Karte kann am besten mit dem Motto »Lernen, seine Gefühle zu meistern« umschrieben werden. Dies ist für Kreuz Neun nicht so einfach, da sie eine sehr heftige Energie besitzt.

Diese Karte hat obendrein auch noch eine starke Tendenz zum Unpersönlichen, und dieser Gegensatz führt dazu, daß Kreuz Neun in dem Moment, in dem die Emotionen sehr selbstbezogen sind, durch die hervorgerufene Spannung krank wird. Es entstehen schwere innere Konflikte, die Zukunft erscheint ihr düster, und die Sorgen der ganzen Welt lasten auf ihr. Da Kreuz Neun dazu neigt, den Sinn des Lebens in Liebesbeziehungen zu sehen, ist die Wahrscheinlichkeit groß, daß sie wenig oder gar nichts mehr im beruflichen Bereich leistet, wenn sie eine solche Liebesbeziehung eingeht. Ihr Gleichgewicht ist dann derart gestört, daß ihr Nervensystem in Mitleidenschaft gezogen wird. Die dadurch entstehenden emotionalen Konflikte führen oft zu psychosomatischen Krankheiten, die langandauernde Perioden von Arbeitsunfähigkeit nach sich ziehen.

Die Karte

Kreuz Neun ist eine übernervöse, romantische und unkonventionelle Karte mit echter und aus dem Herzen kommender Anteilnahme an ihren Mitmenschen und ihren Beziehungen. Aus diesem Grunde fühlt sie sich zum Leben in Gruppen hingezogen. Es ist gleichgültig, wie groß diese Gruppen sind, wenn sie selbst nur ihrem Bedürfnis nachkommen kann, ihren Mitmenschen Fürsorge zukommen zu lassen (etwa Kranken, Außenseitern oder Behinderten). Gleichzeitig ist sie jedoch sehr dogmatisch und abergläubisch.

Die Ehe übt auf Kreuz Neun keine große Anziehungskraft aus, da eine persönliche Bindung ihr zu einengend erscheint. Ein unpersönlicherer Kontakt zu vielen Menschen liegt ihr viel mehr, weshalb sie auch nicht so schnell eine Beziehung zu einem einzigen Menschen eingeht.

Meistens begegnet sie in ihrem Leben einer oder mehreren älteren, weisen und freundlichen Mutter- oder Vaterfiguren, die ihr Struktur und Sicherheit geben können und dadurch ihr Selbstvertrauen wiederherstellen, das so wichtig für sie ist. Erst dann kann sie mit Freude und Erfolg arbeiten.

Besondere Bedeutungen

Kombinationen: Wenn Karo-Karten zusammen mit Kreuz Neun unter den ausgewählten Karten erscheinen, kann man mit einem finanziellen Vorteil rechnen. Wenn der Ratsuchende im Bereich der schönen Künste tätig ist, weist dies auf einen wichtigen Verkauf oder einen guten Vertrag hin. Ist er im Bereich der Wirtschaft tätig, dann erwartet ihn eine Beförderung oder ein beruflicher Aufstieg.
Taucht Herz Neun unter den ausgelegten Karten auf, so kann Kreuz Neun Anerkennung, Ansehen und Beifall bringen. Es handelt sich hier um Glück als Krönung intensiver Arbeit. Wenn sich Pik Neun unter den gezogenen Karten befindet, werden Rückschläge, Kämpfe und Schicksalsschläge dem Erfolg vorangehen.

Positionen: Wenn Kreuz Neun im oberen linken Teil des Legeschemas liegt, hängt der Erfolg vom schnellen Handeln des Fragestellers ab. Das, was er sucht, liegt zwar innerhalb seiner Reichweite, aber er muß sofort die richtigen Entscheidungen treffen, da er sonst Mißerfolg haben wird.
Liegt Kreuz Neun im unteren Teil des Schemas, so beschränkt sich der angezeigte Erfolg auf eine bestimmte Situation, die sich der Fragesteller zunutze machen kann und die ihm finanzielle Belohnung, Ansehen und Anerkennung einbringen wird.
Die Karten, die in der gleichen Reihe wie Kreuz Neun liegen, geben Aufschluß über die Art der Unternehmungen, über die Menschen, die daran beteiligt sind, über die Art der Hindernisse, die überwunden werden müssen, und über die Umstände, die dem Fragesteller beim Erreichen seines Ziels behilflich sein können.

KREUZ: Intuition, Ungebundenheit, Spontaneität.

ZEHN: Erfolg, Vervollkommnung.

KREUZ ZEHN: Volle Entfaltung durch neue Einsichten.

KREUZ ZEHN

Positiv: Selbstbeherrschung, Neugier, Verwunderung, Idealismus und Ambitionen, Treue und Intelligenz.

Negativ: Unsicher, aufsässig, bösartig, verlogen, grausam, destruktiv, selbstsüchtig, *Unterdrückung*, Verleumdung.

Charaktereigenschaften

Diese Karte ist ein Ausdruck der Wechselbeziehung von privaten Angelegenheiten und geschäftlichen Dingen. Manchmal ist das Auftauchen der Kreuz Zehn unter den zu deutenden Karten ein Zeichen dafür, daß ein Geschäft fern von zu Hause betrieben wird, womit stets Unregelmäßigkeiten und Unannehmlichkeiten verbunden sind. Das private Leben leidet unter dem geschäftlichen und umgekehrt.

Es bestehen gute Erfolgschancen in geschäftlichen Dingen, denn Kreuz Zehn besitzt einen scharfen Verstand, ein gutes Urteilsvermögen und eine schnelle Auffassungsgabe. Deshalb fühlt sie sich mit den Spannungen, die schneller Verkauf mit sich bringt, am wohlsten, und man kann sie oft in Versandhäusern und telefonischen Auftragsdiensten antreffen.
Die Karte erreicht ihre größte Aktivität im Alter von 36 Jahren. Geistige Reife entwickelt sich bei ihr erst im mittleren Alter. In der Zwischenzeit kommt es zu Perioden der Ruhelosigkeit und Verantwortungslosigkeit, die große Mißerfolge nach sich ziehen können. Das Bedürfnis nach Liebe und Sicherheit läßt Kreuz Zehn oft unnötige Opfer bringen, die Persönlichkeitskrisen hervorrufen, zersetzend wirken und die Zielstrebigkeit dieser Karte untergraben.
Dieser unbeständigen Karte ist eine gewisse Unreife wesensmäßig eigen, und deshalb wird Kreuz Zehn oft mit einem unerfahrenen, erstaunten jungen Menschen assoziiert. In diesem Jugendlichen lebt eine bunte Vielzahl hoher Ideale, eine Begierde, alles zu untersuchen, aber auch Unsicherheit und Zurückschrekken vor der harten Wirklichkeit. Solange sein Charakter und seine Persönlichkeit noch nicht völlig ausgeprägt sind, ist er voller Widersprüche.

Die Karte

Diese Figur symbolisiert nicht den Ratsuchenden selbst, sondern jemanden, der diesen in Berührung mit den wechselhaften Freuden und Schmerzen der Jugend bringt. Wenn der Fragesteller schon älter ist, könnte die Karte einen Schützling, einen Sohn oder eine Tochter, ja sogar ein Enkelkind darstellen. Bei einem jungen Menschen bezieht sich die Karte oft auf einen Freund, der in enger Beziehung zu ihm steht.

Durch diesen Jugendlichen eröffnet sich ihm eine völlig neue Erfahrungswelt; neue Interessen, schlummernde Ambitionen und Ideale werden in ihm aufgeweckt. Sein Leben wird dadurch bereichert, aber dies geht nicht immer ohne Schwierigkeiten vonstatten. Mißverständnisse werden entstehen, und es wird des öfteren zu Zusammenstößen auf persönlicher Ebene kommen. Die Freundschaft kann auch etwas einseitig sein, ein Zeichen dafür, daß der Ratsuchende zu kurz kommt.

Der Jugendliche kann verständnisvoll, treu, idealistisch und intelligent sein, aber sein forschender Geist stürzt ihn oft in Abenteuer, die völlig anders verlaufen, als er es sich vorgestellt hatte. Möglicherweise wehrt er sich gegen das, was er entdeckt, und tut Dinge, die der Fragesteller ablehnt oder die ihm Kummer bereiten.

Der Ältere sollte jedoch daran denken, daß es nicht seine Aufgabe ist, den Jüngeren nach seinen eigenen Vorstellungen zu formen, sondern daß er Respekt vor den Prüfungen und Fehlschlägen des anderen haben sollte, durch die der Jüngere sein Leben zu meistern versucht. Der Ältere kann Rat geben, neue Türen öffnen, die zu intellektuellem Wachstum führen oder zur Entwicklung von Wertvorstellungen, aber er muß sich dabei sehr in acht nehmen, daß er von dem Jugendlichen nicht emotional abhängig wird.

Kreuz Zehn kann auch ein Hinweis darauf sein, daß alte Interessen des Fragenden von neuem zum Leben erweckt werden. Er hat dann beispielsweise plötzlich Lust, Jugendfreunde aufzusuchen, oder langvergessene Ambitionen treten wieder in den Vordergrund. Diese äußern sich meist in verschiedenen Formen kreativer Betätigung, etwa im Schreiben, Malen, Musizieren oder in der Schauspielerei.

Kreuz Zehn kann mit einem Menschen verglichen werden, der mit einem Arm nach der Vergangenheit greift, während er den anderen in die Zukunft ausstreckt. Dies deutet auf ein neues Leben hin, das auf den Fundamenten des alten aufbaut und so die

Kontinuität zwischen Jugend, Erwachsensein und Alter gewährleistet.
Die Zigeuner nannten diese Karte oft die Karte der Adoption. In manchen Fällen kann dies wörtlich aufgefaßt werden, aber meistens handelt es sich dabei um die Adoption neuer Ideen, neuer Inspiration, die das Leben in frischer Pracht erblühen läßt.

KREUZ: Intuition, Ungebundenheit und Spontaneität.

BUBE: Idealismus und Jugend.

KREUZ BUBE: Der (die) hart arbeitende, idealistische junge Freund(in).

KREUZ BUBE

Positiv: Stolz, stark, gerecht, hilfsbereit, freundlich, humorvoll, schnell.

Negativ: Unbeweglich, intolerant, launisch, jähzornig, feige, berechnend, grausam.

Charaktereigenschaften

Kreuz Bube stellt meist einen hart arbeitenden jungen Menschen dar. Nur in den seltensten Fällen bezieht sich diese Karte auf den Ratsuchenden selbst. Gewöhnlich betrifft sie jemanden, der ihm sehr zugetan ist. Um das Geschlecht des Kreuz Bube feststellen zu können, müssen wir uns seine Augen anschauen. Wenn sein Blick auf die Mitte des Schemas gerichtet ist, hat er das dem Fragenden entgegengesetzte Geschlecht. Schaut er von der Mitte weg, hat er das gleiche Geschlecht wie der Fragende.

Sehr wahrscheinlich wird der Fragende den Kreuz Buben nicht sehr wertschätzen, weil dieser ihm zu einfach, zu langweilig oder zu ernst ist. In den Augen des Fragestellers ist er als Freund nicht lebhaft genug und als Freundin zu einfältig. Bei einem männlichen Fragesteller stellt Kreuz Bube oft ein Mädchen dar, das er zwar gut kennt, das er aber noch nie in einem romantischen Licht gesehen hat, oder aber einen Freund, dessen Zuverlässigkeit er für so selbstverständlich hält, daß er sie nicht sonderlich beachtet.

In Wirklichkeit ist Kreuz Bube ein Fels in der Brandung, der erst in Zeiten der Not seinen wahren Wert offenbart. Unter einer alltäglichen Maske verbirgt sich ein treuer, edelmütiger, aufopfernder Mensch mit vielen unvermuteten Talenten. Zufrieden damit, stets nur die zweite Geige zu spielen, hält er oft mit Absicht sein größeres Wissen und Können verborgen, um den Fragesteller nicht zu beschämen.

Durch seine ruhige Art kann Kreuz Bube die zu große Impulsivität des Fragestellers zügeln und ihm so zu einer Leistungssteigerung verhelfen. Im allgemeinen ist der Rat des Kreuz Buben vernünftig und praktisch, aber seine beschützende Sorge ruft wegen seines Mangels an Takt manchmal Ärger hervor. Seine Ehrlichkeit gebietet es ihm nun einmal, das, was er auf dem Herzen hat, ohne Ausschmückungen auszusprechen.

Die Karte

Das Auftauchen des Kreuz Buben unter den zu deutenden Karten weist darauf hin, daß der Fragesteller jemanden kennt, den er nicht genug schätzt, jemanden, der seine Interessen unterstützt und diese fördert, ohne auf eine Belohnung aus zu sein.

Wenn Kreuz Bube als »jung« beschrieben wird, so darf man das nicht wörtlich verstehen. Der Ausdruck »arglos« ist vielleicht hier zutreffender. Obwohl Kreuz Bube und der Fragesteller oft

gleichaltrig sind, läßt der freiwillig gewählte zweite Platz den Kreuz Buben oft älter erscheinen, als er tatsächlich ist.
Das Auftauchen des Kreuz Buben macht den Fragesteller auf eine zu einseitige Beziehung aufmerksam. Das Kennenlernen, Schätzen und Akzeptieren der Charaktereigenschaften eines Freundes, der völlig andersgeartet ist, kann ihm bewußt machen, daß »viele Wege nach Rom führen« und Verträglichkeit deshalb die wichtigste Voraussetzung ist, um echte Wärme und Zuneigung zu erfahren. Kreuz Bube weist auch auf eine drohende Krise hin, in der eben diese wechselseitige Freundschaft eine entscheidende Rolle spielen wird.

KREUZ: Intuition, Ungebundenheit, Spontaneität.

DAME: Reagieren, Beurteilen.

KREUZ DAME: Praktisch, intuitiv.

KREUZ DAME

Positiv: Großes Anpassungsvermögen, beharrlich, ruhige Autorität, große Anziehungskraft; Wärme ausstrahlend, besonnen und freundlich, aber impulsiv in Liebe und Zorn.

Negativ: Verträgt keine Widerreden, ohne Grund schnell beleidigt; dumm, grausam, rachsüchtig; dominant, theatralisch, treulos, oberflächlich, falsch.

Charaktereigenschaften

Kreuz Dame besitzt alle Eigenschaften, die im gesellschaftlichen Leben erwünscht sind. Sie erobert die Herzen der Männer im Fluge, aber keiner ihrer Liebhaber vermag sie lange zu fesseln oder gar zu verstehen. Ihr Auftreten ist warm, freundlich, einnehmend. Als Reisegefährtin oder Geschäftspartnerin ist sie un-

übertrefflich. Doch unter ihrer Leichtlebigkeit verbirgt sich ein berechnender Geist, eine sehr mundane Einstellung und eine große Raffinesse, wenn es um ihre persönlichen Interessen geht.
Sie kann den Eindruck erwecken, oberflächlich und unbesonnen zu flirten, aber der Schein trügt. Sie ist empfindlich, leicht verletzlich und launisch, ihr Mitleid ist schnell geweckt, und ihre Wut kann ebenso unerwartet und sinnlos erscheinen wie ein Donnerschlag aus heiterem Himmel. Sympathien und Antipathien entstehen von einer Minute auf die andere, und wenn sie sich danach fühlt, kann sie eine heftige Szene machen, die sie kurze Zeit später schon wieder bedauert.
Ihre Handlungen erscheinen unberechenbar, von der Laune des Augenblicks eingegeben, aber dieser Unberechenbarkeit liegt eine Intuition zugrunde, die selten fehlgeht. Sie liebt es, auszugehen, zu tanzen, zu spielen und auch zu reisen und zu feiern. Sie achtet sehr auf ihr Äußeres, und Kleidung und Luxus finden ihr ständiges uneingeschränktes Interesse. Aber trotz ihres fröhlichen Lachens haben ihre Charakterzüge einen traurigen Unterton, der sich hin und wieder in Schwermut, einer Sturzflut von Tränen oder heftigen Wutausbrüchen äußert.
Sie liebt alles, was schön ist, aber ihr Urteil über Kunst ist nie sonderlich treffend. Auch wenn ihr Wissen in bestimmten Bereichen sehr lückenhaft ist, vermag sie doch gewandt und überzeugend über diese zu reden. Sie schließt schnell und leicht Freundschaften, die aber meist nur von kurzer Dauer sind. Bewundert zu werden ist für sie eine Lebensnotwendigkeit. Sie genießt es, im Mittelpunkt des allgemeinen Interesses zu stehen, und reagiert sofort auf jedes Kompliment, ohne sich jedoch dadurch aus dem Konzept bringen zu lassen. Sie schätzt Männer schnell richtig ein, sogar dann, oder vielleicht gerade dann, wenn sie eine Liebesaffäre mit ihnen hat, und ihre Entscheidungen in dieser Hinsicht sind immer auf praktische Überlegungen gegründet.

Die Karte

Der Mann, der sich in eine Kreuz Dame verliebt, hat wahrscheinlich das Gefühl, hinter einem Irrlicht herzulaufen. Ihre Stimmungen sind so wechselhaft, daß es scheint, als ob sie verschiedene Frauen in sich vereinigen würde, und in gewisser Hinsicht ist das auch so. Ihre Persönlichkeit setzt sich aus so vielen verschiedenen und gegensätzlichen Elementen zusammen, daß sie zu einem geradlinigen Verhalten nicht fähig ist.

Trotz der Leichtigkeit, mit der sie sich in Gesellschaften bewegt, bricht sie Freundschaften manchmal unvermittelt ab, was zur Folge hat, daß sie sich plötzlich ihrer Einsamkeit voll bewußt wird, daß sie aber gleichzeitig auch ein Gefühl der Erleichterung und Befreiung erlebt, da sie nun keine Verantwortung mehr für ihr Verhalten übernehmen muß: eine Art von Flucht also. Sie sehnt sich nach der Zuneigung eines Menschen, der ihrer unbeherrschten Art verständnisvoll begegnet und ihr genug Bewegungsfreiheit läßt, so daß sie mit der Zeit selbst lernt, ihr Temperament zu beherrschen. Einem solchen Menschen ist sie sehr zugetan, und ihm gegenüber geizt sie nicht mit Zuwendung. Ihr Selbstzweifel macht sie jedoch auch unsicher bezüglich der Gefühle anderer Menschen für sie, und infolgedessen stellt sie diejenigen, die sie am meisten liebt, ständig auf die Probe. Doch gerade durch diese Prüfungen verliert sie einen Freund nach dem anderen.

Besondere Bedeutungen

Kombinationen: Bei ihrem Umgang mit anderen Frauen bevorzugt die Kreuz Dame Frauen ihres eigenen Typs. Meistens sind solche Freundschaften nur von kurzer Dauer und mit viel kindischem Gezänk verbunden. Kreuz Dame und Herz Dame passen sehr gut zusammen. Kreuz Dame ist umgänglich, fröhlich und

immer unterwegs zu neuen Abenteuern. Herz Dame ist ihrerseits stets sehr großzügig mit Beifall.
Kreuz Dame und Pik Dame haben eine instinktive Abneigung gegeneinander. Wenn beide Karten gemeinsam in einem Schema auftauchen, weist dies auf einen Konflikt hin, aus dem Pik Dame aufgrund ihres größeren Einblicks und ihrer diplomatischen Selbstbeherrschung wahrscheinlich als Sieger hervorgehen wird.

Positionen: Wenn bei einer Frau Kreuz Dame im Zentrum des Schemas auftaucht, so spiegelt diese entweder sie selbst wider oder aber die Schwierigkeiten, in denen sie sich befindet. Wenn auch noch eine weitere Dame oder ein Bube in Erscheinung tritt, verändert sich der Charakter der Kreuz Dame dadurch dementsprechend.
Wenn bei einem Mann Kreuz Dame in der Mitte seines Deutungsschemas liegt, besitzt die Frau, die die größte Rolle in seinem Leben spielt, viele Eigenschaften dieser Karte.
Nimmt Kreuz Dame unter den Karten eines männlichen oder weiblichen Ratsuchenden einen Platz im oberen rechten Flügel des Schemas ein, so spielt eine Frau mit einem entsprechenden Charakter bei seinen oder ihren Angelegenheiten eine wichtige Rolle.
Wenn Kreuz Dame im oberen linken Flügel liegt, wird der Fragende in absehbarer Zeit gezwungen sein, einer solchen Frau gegenüber einen klaren Standpunkt einzunehmen. Die übrigen von ihm gezogenen Karten geben dann Aufschluß darüber, welche Rolle sie in seinem Leben spielen wird.
Das Auftauchen der Kreuz Dame im unteren Teil des Schemas stellt eine Warnung dar: Es könnte eine bedrohliche Situation entstehen. Dem Fragesteller ist anzuraten, sich streng an die Tatsachen zu halten, sich nicht von vagen Eindrücken leiten zu lassen und sich vor allem nicht durch das, was jemand anderes sagt, verwirren zu lassen.

Liegt Herz Dame neben Kreuz Dame, so kann man davon ausgehen, daß dieser Frauentyp große Aufregung in das Leben des Ratsuchenden bringen wird.

KREUZ: Intuition, Ungebundenheit, Spontaneität.

KÖNIG: Vitalität, Autorität.

KREUZ KÖNIG: Verwirklichung von Idealen.

KREUZ KÖNIG

Positiv: Freundlich, großmütig, stolz, schnell und ungestüm.

Negativ: Grausam, böse, aufbrausend, gewalttätig, träge und dumm.

Charaktereigenschaften

Obwohl dies eine sehr starke Karte ist, voller Selbstbewußtsein und Entschlußkraft, ist sich Kreuz König dieser Kraft nicht bewußt.
Er ist ein Mann vielseitiger Interessen, der sich oft nach außen hin gewandt und gesellig gibt, in seinem Innersten hingegen verschlossen und reserviert bleibt. Er ist nicht leicht einzuschätzen, und seine angeborene Reserviertheit kann unter Umständen seine Gefühle völlig verbergen, so daß er oft sehr geheimnis-

voll wirkt. Er hat sein eigenes strenges System idealistischer menschlicher Werte, die meist von seiner Umwelt nicht verstanden werden, von denen er aber dennoch keinen Millimeter abweicht. Da er sich an die Außenwelt anpassen muß, tritt er manchmal zynisch, selbstherrlich, hart und zuweilen sogar grausam auf. Tief in seinem Herzen ist er jedoch ein Ritter, der gegen Unrecht kämpft und jederzeit bereit ist, Unterdrückten zu helfen. Wahrscheinlich werden seine Gefühle oft verletzt, und deshalb hat er eine dicke Mauer um sein verletzliches Herz errichtet.

Die Karte

Dieser Mann besitzt viele Fähigkeiten, die er entwickelt, ohne viel Aufhebens davon zu machen, und die sogar seine besten Freunde nicht kennen. Die Führung eines Geschäfts oder Routinearbeiten machen ihm keinen Spaß, aber es ist durchaus möglich, daß er solche Arbeiten trotzdem verrichtet, um nach getaner Arbeit die Freiheit um so stärker genießen zu können. Er kann sogar bei Tätigkeiten, die ihm nicht zusagen, zu guten Ergebnissen kommen, wenn ihm nur genügend Zeit für seine Hobbys bleibt, in denen er seinen Überschuß an Energie und seine intellektuelle Neugierde befriedigen kann.
Kreuz König lebt oft allein, ohne feste Beziehungen. Obwohl eine verständnisvolle, liebevolle Frau von größter Wichtigkeit für ihn ist, kann er nur schwer seine Wünsche äußern, denn in Liebesdingen ist er schnell eingeschüchtert und spielt oft eine passive Rolle. Dies wird noch zusätzlich durch seine Neigung verstärkt, eine von ihm geliebte Frau auf ein Podest zu stellen. Mit einem freundlichen, schmeichelnden und anerkennenden Wort, dem gegenüber er sehr empfindlich ist, kann man bei ihm viel erreichen.

Besondere Bedeutungen

Positive Kombination: Zwischen Karo Dame und Kreuz König besteht eine natürliche Verwandtschaft. Ihr Wirklichkeitssinn bringt seine besten Seiten zum Vorschein und gibt seinen vielen Fähigkeiten eine Richtung. Ihre nicht ablassende Antriebskraft erhöht seine Aktivität, und ihre Fähigkeit, aus jeder Situation das Beste zu machen, ist eine Herausforderung für seine Kreativität.

Negative Kombination: Pik Dame ist die Gegnerin des Kreuz Königs. Ihr kühles und distanziertes Auftreten und ihre tief verborgene, verschlingende Leidenschaft hindern ihn daran, seine Gaben zu nutzen. Er wird von ihr wie von einer Schlange hypnotisiert, und wenn eine solche Verbindung zustande kommt, werden sich beide Partner schnell in sich selbst zurückziehen, so daß auf Dauer kein Kontakt mehr möglich ist.

Positionen: Wenn Kreuz König in der Mitte eines Schemas auftaucht, stellt diese Karte die Persönlichkeit des Fragestellers dar. Liegt Kreuz König in einem der Flügel, so beziehen sich seine Charaktereigenschaften eher auf einen intimen Freund, einen Kollegen oder Geschäftspartner des Fragestellers, jedoch keinesfalls auf ein Familienmitglied.
Wenn Kreuz König bei einer Frau in der Mitte ihres Deutungsschemas auftritt, kann man davon ausgehen, daß ein solcher Mann eine beherrschende Rolle in ihrem Leben spielt. Wenn er dagegen an einer der beiden Seiten liegt, stellt er einen Mann dar, der ihr Leben in geringerem Maße beeinflußt.
Wenn sich sowohl Kreuz König wie auch Pik Dame unter den gezogenen Karten befinden, kann dies auf eine Scheidung, auf familiäres Leid oder auf eheliche Schwierigkeiten hindeuten. Dies wird noch verstärkt, wenn zwischen Kreuz König und Pik Dame Karten liegen, die Streit und Unglück symbolisieren.

Herz

Herz: Liebe, Selbstaufopferung, Dienen.

As: Streben, Begehren, Wollen.

Herz As: Sehnsucht nach Zuneigung; »ich fühle«.

Herz As

Positiv: Fröhlichkeit, Vergnügen, *Glück;* Fruchtbarkeit, Empfänglichkeit; der Sommer.

Negativ: Armut; berechnend, verschlagen, genußsüchtig.

Charaktereigenschaften

Auf materieller Ebene befindet sich Herz As fast immer in Schwierigkeiten. Es muß sich sein ganzes Leben lang abmühen und lernen, ohne zu klagen hinzunehmen, daß es sich mit dem Notwendigsten begnügen muß. Trotzdem können die Umstände Herz As nie lange niederdrücken, da es von Natur aus nicht materialistisch eingestellt ist und außerdem nur sehr wenig braucht, um sich glücklich und fröhlich zu fühlen.
Die Stimmungen des Herz As sind unbeständig wie das Aprilwetter, und deshalb kann es passieren, daß es diejenigen, die es in

dem einen Augenblick als die liebsten, ehrlichsten und schönsten Menschen ansieht, im nächsten Moment als grausam, unzuverlässig und häßlich empfindet. Obwohl Herz As eine große geistige Kraft besitzt – es kann sich nie lange etwas vormachen, da es sehr sensibel ist –, untergräbt es sich selbst, wenn es sein Leben zu sehr am Verhalten anderer orientiert. Wenn es dies tut, zeigt Herz As verschlagene, mißtrauische und berechnende Charakterzüge, da es seine möglichen Konkurrenten, die es überall vermutet, übervorteilen will. Durch dieses Mißtrauen weckt es aber oft in anderen gerade die Eigenschaften, denen es durch seine Manöver zu entgehen versucht. Auf diese Weise erlebt Herz As – vor allem auf emotionalem Gebiet – viele Enttäuschungen, für die es aber stets die anderen verantwortlich machen möchte. Die anderen Menschen sind hart und unzuverlässig, und sie sind an allem Unglück schuld. Herz As muß vor seiner eigenen Tür fegen und lernen, auf seine eigene Kraft zu vertrauen und nicht seine Mitmenschen im voraus zu idealisieren, was nur immer wieder unweigerlich zu Enttäuschungen führt. Herz As ist stark genug, wenn es nur in der Lage ist, einiges an Selbstdisziplin aufzubringen und seine Kräfte nicht zu sehr in flüchtigem Sinnesgenuß zu vergeuden. Falls es dies aber dennoch tut, werden seine Leistungen weit unterhalb der Grenze des Möglichen bleiben.

Die Karte

Herz As ist eine Karte der Freude, die Vergnügen, Fröhlichkeit, Liebe und Fruchtbarkeit verheißt. Aber sie kann bei ungünstiger Plazierung im Deutungsschema auch eine Warnung vor Verschwendung, Verlust und dem Opfern geistiger Werte für vorübergehende Genüsse darstellen.

Wie alle As-Karten besitzt auch Herz As explosive Kraft. Eine stark romantische Verbindung, der Beginn oder die Wiederkehr

gläubigen Vertrauens und geistiger Freude können durch sie angekündigt werden.
Nach der traditionellen Anschauung ist Herz As die Karte der jungen Liebe. Sie stellt eine Heirat und Kinder in Aussicht. Ganz so wörtlich sollte man ihre Bedeutung jedoch nicht nehmen. Liebe hat viele Gesichter, vor allem aber ist sie eine verbindende Kraft, die die Menschen glücklich vereinigt.

Besondere Bedeutungen

Kombinationen: Wenn Herz As neben Kreuz-Karten liegt, wird die Freude weniger spektakulär sein und sich eher in innerem Frieden und stiller Harmonie äußern. Wenn Karo-Karten im Schema überwiegen, äußern sich die freudigen Ereignisse in Form von geschäftlichen Erfolgen und größerer Freude an der Arbeit.
Wo auch immer Herz As erscheint, es muß stets als ein Ansporn betrachtet werden, mit anderen zusammen glücklich zu sein; als eine Mahnung, daß der Fragesteller seine Gaben nicht genügend nutzt. Wenn Herz As im Schema eine zentrale Position einnimmt, sollte man dem Fragesteller anraten, seinen Freundeskreis zu vergrößern. Er besitzt die Gabe, die Talente, die in anderen schlummern, an die Oberfläche zu bringen. Er eignet sich ausgezeichnet für Berufe im Bereich der Sozialarbeit, der Seelsorge, für lehrende Berufe oder andere Tätigkeiten, die ihn in Kontakt mit Menschen bringen.
Wenn Pik Zehn zwischen Herz As und einer Hofkarte liegt, kann dies als ein Bremsklotz angesehen werden, der fruchtbaren Kontakten zu anderen im Wege steht, der aber beseitigt werden kann. Der Kartendeuter sollte dem Fragenden dazu raten, dieses Problem gründlich zu überdenken, da eine befriedigende Lösung dem Ratsuchenden sehr helfen könnte.
Liegt Pik Neun neben Herz As oder in einem der Flügel des Sche-

mas, so muß das Augenmerk des Fragestellers auf eine Situation gelenkt werden, die sein Glück bedroht. Vielleicht hat ihn die Freude so blind gemacht, daß er andere, ohne es zu wollen, verletzt oder daß er vergißt, seinen Besitz gegen Verlust und Beschädigung zu schützen. Wenn dies der Fall ist, tut er gut daran, die gegenwärtige Situation etwas realistischer zu betrachten, als es nötig erscheint, um das Glück auch in Zukunft sicherzustellen.

Positionen: Liegt die Karte in der Mitte des Schemas, dann ist die Freude ein wesentlicher Charakterzug des Fragestellers. Wenn eine Anzahl von Hofkarten oder Zehnerkarten sich unter den zu deutenden Karten befindet, bietet sich dem Fragesteller die Gelegenheit zu neuen, vielseitigen und angenehmen gesellschaftlichen Kontakten. Er wird der Mittelpunkt auf Festen sein und bei seinen Freunden ein größeres Ansehen genießen, als er selbst für möglich gehalten hätte.
Wenn Herz As im unteren linken Teil des Schemas liegt, bedeutet dies, daß dem Fragesteller Liebe, Bewunderung oder Verehrung zukommt, ohne daß er sich dessen bewußt ist oder dies zu schätzen weiß. Vor allem dann, wenn die Karten in der mittleren Gruppe Pik-Karten sind, ist die Wahrscheinlichkeit groß, daß er sich ungeliebt fühlt. Dafür kann es verschiedene Gründe geben: Vielleicht hat er sich nie die Zeit dafür genommen, sich näher um seine Mitmenschen zu kümmern, oder er hat sich durch Schüchternheit, Zynismus, zu starke persönliche Sorgen oder durch Zweifel an seinen Fähigkeiten, die Liebe anderer Menschen für sich zu gewinnen, davon abhalten lassen, sich mit anderen ernsthafter auseinanderzusetzen.

Herz: Liebe, Selbstaufopferung, Dienen.

Zwei: Zusammensein, Zusammenkommen, Zusammenarbeiten.

Herz Zwei: Lebensfreude durch Zusammenarbeit.

Herz Zwei

Positiv: Liebe und Harmonie zwischen Mann und Frau im weitesten Sinne des Wortes; harmonisches Gleichgewicht und Ruhe, die stille Freude ausstrahlen; Vergnügen, herzliche Freundschaften, Frohsinn.

Negativ: Torheit, Auflösung, Zerfall, Depression, Enttäuschung.

Charaktereigenschaften

Die meisten Herz-Menschen treten der Welt gefühlvoll und äußerst sensibel entgegen, und dies gilt insbesondere für Herz Zwei. Sie ist sich der Inhalte ihrer Gefühle nur insoweit bewußt, daß diese sich gut oder nicht gut anfühlen. Wenn sie daran nichts ändert, indem sie genauer über das, was sie berührt, nachdenkt, so wird sie sich aufgrund ihrer großen Empfänglichkeit ständig durch ihre Emotionen oder die der anderen beeinflussen lassen – sowohl zum Guten wie auch zum Bösen.

Herz Zwei ist keine Heldin und auch nicht in irgendeiner Weise hervorragend oder besonders beeindruckend. Trotzdem wird sie von ihren Freunden geliebt, die eine sehr bunte Mischung darstellen. Da sie Gesellschaft sehr zu schätzen weiß, kommen ihr ihre geselligen Charaktereigenschaften sehr zugute; sie ist fröhlich, freundlich, offen, unterhaltsam und eine Gelegenheitstrinkerin. Trotzdem ist ihrer Heiterkeit ein melancholischer Unterton eigen.

Außerdem tendiert Herz Zwei dazu, ihren Gefühlen und Emotionen viel zu großen Wert beizumessen, was dazu führt, daß sie oft dramatisch und mit viel Aufhebens klarstellt, wie sehr ihr zartes Wesen verletzt ist. Durch diese Übertreibung versucht sie, ihren Willen durchzusetzen, koste es, was es wolle, und sollte es auch ihren eigenen Untergang bedeuten.

Herz Zwei mag vielleicht äußerst sensibel sein, sie braucht jedoch viel Erfahrung, um diese Gabe auch positiv für sich nutzen zu können. Sollte sie im Laufe ihres Lebens in der Lage sein, einen festen Kern in sich zu entwickeln, so kann sie ihre Probleme selbst lösen und dann als vollwertiges Mitglied in der Gesellschaft fungieren.

Beruflich könnte Herz Zwei eine gute Einkäuferin sein, eine Vermittlerin, eine Dolmetscherin oder eine Auslandskorrespondentin. Obwohl sie – übrigens wie alle Zweier – ein häuslicher Typ ist, wird sie sich doch häufig gezwungen sehen, ihre Arbeit weit von ihrem Zuhause entfernt zu verrichten. Deshalb wird sie auch oft von den Umständen gezwungen, auf eigenen Beinen zu stehen, obgleich dies natürlich eine ziemlich brutale Art des Lernens ist.

Wenn sie dies aber aushält, wird es ihr nicht nur zum Erfolg verhelfen, sondern ihr auch eine Charakterstärke verleihen, die sie alle Hindernisse überwinden läßt und sie in die Lage versetzt, in Harmonie mit anderen zusammenzuarbeiten.

Die Karte

Nach alter Überlieferung zeigt Herz Zwei einen Liebesbrief oder eine gute Nachricht an.
Tatsächlich hat diese Karte jedoch eine viel tiefere Bedeutung. Sie weist auf die Möglichkeit hin, unvermutete Freiheit und Lebensfreude in gewöhnlicher, alltäglicher Arbeit zu finden. An dieser Möglichkeit gehen die meisten Menschen oft achtlos vorüber, da sie sowenig Spannung verheißt und die Freude sich oft in einem Übermaß an Details verliert. Das Erscheinen von Herz Zwei ist ein Ansporn für den Fragenden, den alltäglichen Hergang der Dinge näher auf die ihm innewohnenden Möglichkeiten hin zu untersuchen. Es ist sehr gut möglich, daß er gute Gelegenheiten, wertvolle Beziehungen und gesellschaftliche Erfolge verpaßt, weil er seinen Blick auf den fernen Horizont richtet und blind ist für das Hier und Jetzt.

Besondere Bedeutungen

Kombinationen: Wenn Herz Zwei neben einer Hofkarte des dem Fragenden entgegengesetzten Geschlechts liegt, so deutet dies auf einen Menschen in seiner näheren Umgebung hin, der ihm gerne seine Liebe und Fürsorge schenken möchte, wenn er oder sie nur die Möglichkeit dazu erhielte.
Liegt eine Hofkarte ihres eigenen Geschlechts neben der Herz Zwei, so übersieht der Fragesteller wahrscheinlich eine Freundschaft, die ihm viel geben könnte.
Liegt Herz Zwei neben Karo-Karten, so sollte sich der Fragesteller einmal gründlich umschauen, ob sich ihm keine Gelegenheiten für Gewinn oder Beförderung bieten.
Überwiegen Kreuz-Karten in dem Schema, so könnte der Ratsuchende leicht Anschluß und Geselligkeit finden, wenn er sich nur ein wenig darum bemühen würde.

Wenn Herz Zwei zwischen Herz-Karten liegt, ist der Ratsuchende wahrscheinlich zu faul oder jagt zu oft vergänglichen Vergnügungen nach, um sich Dinge von bleibendem Wert erwerben zu können.
In jedem Fall verspricht Herz Zwei dem Ratsuchenden eine gute Gelegenheit, sein Leben zu bereichern. Er braucht seine lobenswerten Ideale auf längere Sicht nicht über Bord zu werfen, sollte aber darauf hingewiesen werden, daß die Chancen, die sich ihm jetzt bieten, mehr bewirken können, als er sich jemals hätte träumen lassen.

Herz: Liebe, Selbstaufopferung, Dienen.

Drei: Unsicherheit, Selbstentfaltung.

Herz Drei: Unsicherheit bezüglich des physischen Wohlbefindens.

Herz Drei

Positiv: Fruchtbarkeit, Gastfreundschaft, Vergnügen, Sinnlichkeit; Hingabe, Freundlichkeit; Sanftheit und Güte.

Negativ: Zweifel, Einbildung, Bequemlichkeit, Trunksucht; die guten Dinge des Lebens müssen mit Vorsicht und in Maßen genossen werden; Enttäuschung, Täuschung, Panik.

Charaktereigenschaften

Herz Drei ist zum Arbeiten geboren, aber ihr sanfter, passiver und bequemer Charakter führt meistens dazu, daß sie bei einer Routinearbeit landet und dann ein eintöniges Dasein führt. Auf den ersten Blick scheint ihr das nicht allzuviel auszumachen, und sie findet reichlich Vergnügen an »Wein, Weib und Gesang«. Da aber die guten Dinge des Lebens besser mit Maßen zu genießen sind, wenn man sich unbeschadet an ihnen erfreuen will, ist es nicht weiter verwunderlich, daß Herz Drei meist mit dem einen oder anderen Gesundheitsproblem zu kämpfen hat. Dann zeigt sich allerdings, wie kreativ und phantasievoll sie gerade auf diesem Gebiet ist. Es gelingt ihr sozusagen, sich jeden Tag ein neues Wehwehchen auszudenken. Auch wenn ihre Leiden meistens nicht besonders ernst zu sein scheinen, muß sie trotzdem vorsichtig sein, da sie die Anlage zu chronischen Krankheiten in sich trägt. Sie zweifelt jeden ärztlichen Rat an und läuft von einem Arzt zum anderen. Sie experimentiert mit allen möglichen Heilmethoden und Medikamenten, die ihr verschrieben werden (oder auch nicht).

Da Herz Drei einen engen Bezug zu Mutter Natur hat, spricht sie sehr gut auf Naturheilmethoden an.

Sie bildet sich anfangs vielleicht aus Mangelgefühlen heraus ihre Krankheiten ein, aber sie sollte nicht vergessen, daß solche Unlustgefühle die Quelle allen Übels sind. Es ist gut möglich, daß das bequeme Leben, mit dem Herz Drei vorliebnimmt, sie unzufrieden und unbefriedigt sein läßt und daß ihre ungenutzten Energien sich gegen sie selbst wenden.

Sie sollte in jungen Jahren – in denen ihre Mutter eine Stütze und Zuflucht für sie darstellt – eine gute Ausbildung absolvieren, damit sie später in der Gesellschaft leichter Fuß fassen kann und sich nicht ständig durch die nicht beeinflußbaren Umstände bedroht fühlt. Wenn sie sich in einer solchen Lage befindet, neigt sie zu unbesonnenem und überstürztem Handeln, wobei sie die Notwendigkeit übersieht, sich zunächst einen Überblick über die Gesamtsituation zu verschaffen und erst dann Entscheidungen zu treffen. Wenn sich Herz Drei aber erst einmal für etwas entschieden hat, kann sie auch genug Kraft und Ausdauer aufbringen, um bei diesem Entschluß zu bleiben.

Panik und Zweifel – ihre größten Schwierigkeiten – sind die Ursache für ihre Flucht in bequemes Vergnügen und in die Sicherheiten, wie sie eine Routinearbeit bietet.

Die Karte

Herz Drei repräsentiert eine Enttäuschung in der Liebe, einen beruflichen Mißerfolg oder eine Fehlentscheidung. Das Auftauchen der Herz Drei ist eine Warnung für den Fragenden, daß sein Weg nicht eben, sondern im Gegenteil voller Fallgruben ist, in die ein argloser Wanderer leicht hineinfallen kann.
Herz Drei kann auch vor Selbsttäuschung warnen. Vielleicht hat der Fragesteller unbewußt das Gefühl, sich selbst im Wege zu stehen oder sich in Schwierigkeiten zu bringen, indem er jede Veränderung scheut. Es gibt immer eine ganze Reihe von Gründen, weshalb jemand nicht der Wirklichkeit ins Auge sehen will. Außerdem hegt er vielleicht immer noch die stille Hoffnung, daß sich seine Probleme von selbst lösen werden. Man sollte ihm dann den Rat geben, mit allem, was ihn bedrückt, radikal aufzuräumen. Wenn der Ratsuchende träge, zögernd und entschlußlos bleibt, werden sich seine Schwierigkeiten bis zur Unerträglichkeit anhäufen.
Herz Drei enthält auch die Aussicht auf bessere Zeiten, aber Glück, Erfolg und Wohlergehen hängen vom Mut und von der Entschlossenheit ab, die der Ratsuchende aufbringt. Enttäuschung in der Liebe kann beispielsweise der Anlaß dafür sein, Dinge endlich einmal beim Namen zu nennen. Ein zeitlich begrenzter Mißerfolg im Beruf kann ihn zur Besinnung bringen und ihn vielleicht dazu anspornen, einen anderen, erfolgversprechenderen Weg einzuschlagen. Die Praxis lehrt, daß es besser ist, auf halbem Wege umzukehren, als völlig in die Irre zu gehen.

Besondere Bedeutungen

Kombinationen: Wenn der Herz Drei die Herz Neun folgt, bedeutet dies, daß sehr bald eine Entscheidung gefällt oder gehandelt werden muß, wenn dauerhaftes Glück gesichert werden soll. In einem solchen Fall sollte der Kartendeuter den Fragesteller dazu anhalten, sich zusammenzureißen und zu handeln, bevor es zu spät dazu ist. Wir dürfen jedoch nie vergessen, daß Herz Drei eine Wahlmöglichkeit darstellt. Die Gefahr liegt nicht sosehr in einer Fehlentscheidung, sondern vielmehr in der Tendenz, in eine Situation hineinzugeraten, aus der man nicht, ohne Federn zu lassen, oder nur unter großen Schwierigkeiten wieder herauskommen kann.

HERZ: Liebe, Selbstaufopferung, Dienen.

VIER: Struktur und Aufbau.

HERZ VIER: Zufriedenheit und Wohlbehagen in den (Arbeits-)Verhältnissen.

HERZ VIER

Positiv: Wohlbehagen, Ehrlichkeit, Gerechtigkeit, Ausgeglichenheit; soziale Einstellung, gutes Unterscheidungsvermögen, Hilfsbereitschaft.

Negativ: Selbstgefälligkeit, Bequemlichkeit, geringe Tatkraft.

Charaktereigenschaften

Das Leben der Herz Vier ist gekennzeichnet durch ein idealistisches, allumfassendes und stets präsentes Gefühl des Bewegtseins. Es ist aber nicht so, daß sie ständig in den Wolken schwebt, denn ihr differenziertes Urteils- und Unterscheidungsvermögen schützt sie vor übermäßigen Schwärmereien.
Wenn sich die Familienbindungen auflösen und das Privatleben emotional unbefriedigend für sie wird – was bei der Herz Vier des öfteren der Fall ist –, muß man dies ihrem universellen Lie-

besgefühl zuschreiben. Für alle Herz-Menschen sind nämlich starke, ehrliche, offene und harmonische Beziehungen zu anderen Menschen ein wesentlicher Bestandteil ihres Glücks.

Die Interessen der Herz Vier sind weit gefächert, und obwohl sie sowohl auf intellektuellem wie auch auf künstlerischem Gebiet tätig sein kann, findet sie ihre größte Befriedigung in helfenden Berufen, in der öffentlichen Wohlfahrt und in anderen Formen sozialer Arbeit in progressiven Gruppen oder Organisationen.

Liebe zur Mystik, zur Poesie und starker Idealismus unterstützen und begleiten sie bei all ihren Tätigkeiten. Sie fühlt sich sehr zum Theater und zum Film hingezogen, und es gelingt ihr, in diesem Bereich sogar mit relativ wenig Talent Erfolge zu verbuchen.

Außer der Karo Vier besitzen auch alle anderen Vieren die Gabe zu heilen, und wenn sich diese Eigenschaft mit dem Magnetismus der Herz Vier verbindet, kommt es oft zu erstaunlichen Heilungen.

Herz Vier tendiert zur Selbstgefälligkeit. Sie kann sehr selbstzufrieden sein und alles Lob für Dinge einheimsen, an denen andere mindestens ebensosehr, wenn nicht sogar stärker beteiligt waren. Sie neigt auch dazu, ihr Interesse sehr schnell zu verlieren und eine Aufgabe nicht zu Ende zu führen.

Herz Vier hat ein ausgeprägtes Gefühl für Ehrlichkeit, Gerechtigkeit und Toleranz. Diese positiven Eigenschaften, zusammen mit ihrer natürlichen geistigen Ausgeglichenheit und ihrem Unterscheidungsvermögen, können sie zu einem guten Richter, Ratgeber, Leiter oder Direktor machen. Im Falle einer Schicksalsprüfung erhält Herz Vier im letzten Augenblick immer Hilfe.

Die Karte

Herz Vier deutet auf die Möglichkeit, sich bei der Arbeit und durch die Arbeit glücklich zu fühlen. Diese Arbeit kann beruflicher Art sein oder auch den Charakter einer Berufung haben, was jedoch nicht unbedingt der Fall sein muß.

Herz Vier ist eigentlich eine Karte der Selbstverleugnung, bei der das persönliche Interesse vor dem anderer Menschen zurückgestellt wird.

Befindet sich diese Karte unter den zur Deutung gezogenen, so weist das auf eine Möglichkeit zur Entwicklung größerer Arbeitsfreude hin, ist allerdings keine Garantie dafür. Das Wesen der Herz Vier bringt es mit sich, daß der Fragende vor eine Wahl gestellt wird, da diese Karte auf soziales Engagement und Opferbereitschaft hindeutet. Es ist unwahrscheinlich, daß der Lohn dafür materieller Art ist, obwohl auch die Möglichkeit besteht, daß der Ratsuchende sein Leben finanziell sichert, indem er anderen dient. Vielleicht sind die ersten Schritte in diese Richtung bereits getan.

Wenn Herz Vier sich unter den ausgelegten Karten befindet, so bedeutet dies, daß es durchaus im Bereich der Möglichkeiten des Ratsuchenden liegt, seine Arbeit in einer freudigen Atmosphäre zu verrichten. Vielleicht könnte er einen größeren Teil seiner Arbeit ohne Berücksichtigung seiner Eigeninteressen anderen widmen, oder er könnte in seiner Freizeit mehr Dinge tun, die anderen zugute kommen.

Manchmal symbolisiert die Herz Vier Kinder oder sehr junge Menschen. In diesem Fall läßt sich die Schlußfolgerung ziehen, daß die Arbeit in Jugendklubs oder in Organisationen im schulischen Bereich dem Ratsuchenden große Befriedigung schenken könnte.

Ebenso wie die meisten anderen Karten besitzt auch Herz Vier eine doppelte oder widersprüchliche Bedeutung. Deshalb kann auch eine Tätigkeit, die mit alten Menschen in Zusammenhang steht, wie etwa die Altenpflege, viel Befriedigung schenken. Auch wenn eine solche Arbeit nicht aus dem Motiv heraus verrichtet wird, Geld anzuhäufen, so läßt sich ein finanzieller Vorteil doch nicht ausschließen.

Besondere Bedeutungen

Kombinationen: Wenn Herz Vier von Karo-Karten umgeben ist, können die oben genannten freiwilligen Tätigkeiten beruflichen Aufstieg, Gehaltserhöhung oder unerwartete Geschenke zur Folge haben.
Wenn unter den ausgelegten Karten Kreuz-Karten überwiegen, öffnet sich ein Weg zu neuen, vom Fragesteller sehr geschätzten sozialen Kontakten.
Sind andere Herz-Karten oder ist eine Hofkarte eng mit der Herz Vier verbunden, so besteht die Möglichkeit, daß eine neue Freundschaft geschlossen wird, daß Gefühl von Sicherheit wächst und eine neue romantische Beziehung aufblüht.

HERZ: Liebe, Selbstaufopferung, Dienen.

FÜNF: Unfrieden, Ruhelosigkeit, Veränderung.

HERZ FÜNF: Pech und Enttäuschung in der Liebe.

HERZ FÜNF

Positiv: Aufopfernd, zuverlässig, hilfreich, treu, arbeitsam.

Negativ: Enttäuschung, Unbehagen, unerwartete Störungen und Schwierigkeiten, Pech in der Liebe, abgebrochene Beziehungen und Freundschaften; Verrat, böse Absichten, Kummer; vergebliche Reue.

Charaktereigenschaften

Die Ruhelosigkeit, die so typisch für alle Fünfer ist, entsteht bei Herz Fünf nicht aus einem persönlichen Bedürfnis nach Freiheit oder aus Unzufriedenheit mit der eigenen Umgebung, sondern vor allem aus dem Drang, das Leben derer, die sie liebt, zu verbessern.

Das Kreuz, das Herz Fünf trägt, besteht aus ihrer Zuneigung zu den ihr Nahestehenden und den daraus entstehenden Bindungen. Sie selbst ist selten unbeständig, töricht oder untreu, da sie im allgemeinen mit großer Beharrlichkeit und Hingabe liebt. Aber diejenigen, die sie liebt, verursachen Angst und Schmerz und Enttäuschung.

Für ihren Auserkorenen ist ihr kein Opfer zu groß, keine Aufgabe zu schwer und keine Entbehrung zu hart. Dies ist bitter nötig, denn Herz Fünf wird oft mit Trennungen, Scheidungen, Leiden, Krankheit und Armut derjenigen, die ihr am Herzen liegen, konfrontiert, wobei sie mit ihrer Zuwendung und Hilfsbereitschaft eventuell Erleichterung, aber keinesfalls Veränderung bewirken kann.

Wenn sich die Herz Fünf auf eine Frau bezieht, opfert diese sich kritiklos für ihren Ehemann auf. Bezieht sich diese Karte jedoch auf einen Mann, so ist sie ein Zeichen dafür, daß dieser sich in bedenklichem Maß von seiner Mutter beeinflussen läßt. In beiden Fällen rufen diese Eigenschaften wahrscheinlich das Mißfallen des Ehepartners hervor, was oft in einer Scheidung endet. Auf der anderen Seite kann eine zunächst als kleines Abenteuer begonnene Beziehung plötzlich zu einer Heirat führen.

Beide Geschlechter stoßen fortwährend auf Kritik und den Widerstand ihrer Freunde und Bekannten, und Herz Fünf leidet großen Kummer durch den Abbruch von Freundschaften, durch Scheidungen oder durch Krankheiten. Wenn ihre Ehe oder ihre Beziehung Schiffbruch erleidet, wird sie wahrscheinlich nie wieder heiraten.

Reisen ist für Herz Fünf nicht nur ein Vergnügen, sondern oft erfordert ihre Gesundheit oder ihr Beruf einen Ortswechsel. Sie arbeitet gerne und fühlt sich um so besser, je mehr sie zu tun hat. Wenn sie eine Routinearbeit übernommen hat oder durch die Umstände gezwungen ist, ein graues Alltagsleben zu führen, entwickelt sie sich zu einer mürrischen Nörglerin, zu einer sich abrackernden Arbeiterin ohne jegliche Hoffnung auf bessere Zeiten.

Die Karte

Herz Fünf ist eine Karte der Enttäuschungen, der Tränen und der nutzlosen Reue. Sie kann das Ende einer Liebesbeziehung bedeuten oder das Aufgeben eines Planes, an dem zuvor intensiv gearbeitet wurde. Die Trauer ist aber meist nicht sehr tiefgehend. Der Ratsuchende wußte eigentlich selbst schon längst, daß er eine Dummheit begangen hatte und daß er mit seinem Vorhaben keinen Erfolg haben würde. Möglicherweise verletzt dies seine Eitelkeit, aber es ist unwahrscheinlich, daß das unglückliche Intermezzo bleibende Wunden hinterlassen wird. Er wird vielleicht eine Zeitlang traurig darüber sein, aber sogar diese Trauer ist mit einem Gefühl der Erleichterung verbunden, daß er sich der selbstgeschaffenen Fesseln endlich entledigt hat.

Das Ende einer unerfreulichen Romanze, die Loslösung von einer einseitigen Freundschaft oder die Erkenntnis, daß er keinen realen Möglichkeiten, sondern Phantasien hinterherjagt, werden dem Fragenden den Weg zu zielgerichteteren Bemühungen ebnen. Die emotionale Herz Fünf sollte den unglücklichen Vorfall am besten im Zusammenhang sehen und dadurch entdecken, wie sie ihre Erfahrungen beim Knüpfen dauerhafter menschlicher Beziehungen und langlebigerer Zukunftspläne positiv umsetzen kann.

HERZ: Liebe, Selbstaufopferung, Dienen.

SECHS: Vermittlung, Anpassung, Lebensweisheit.

HERZ SECHS: Unzerstörbares Wohlwollen.

HERZ SECHS

Positiv: Wohlbehagen, Zufriedenheit, Ausgewogenheit der natürlichen Triebkräfte ohne Spannungen oder Probleme; Bequemlichkeit und Ruhe; Befriedigung sexueller Bedürfnisse, Genugtuung und Erfüllung; der Anfang eines allmählich ansteigenden Wohlstandes; Überseereisen.

Negativ: Eitelkeit, Selbstgefälligkeit, Anmaßung, Voreingenommenheit; die Sucht, sich in alles einzumischen; Undank.

Charaktereigenschaften

Herz Sechs ist eine friedfertige, freundliche Karte, ausgeglichen, zuverlässig und aufopfernd, die nur in den seltensten Fällen von heftigen emotionalen Ausbrüchen überfallen wird oder gar den Boden unter den Füßen verliert. Sie liebt es nicht, sich beeilen zu müssen, und nimmt sich immer Zeit dafür, in Ruhe die Menschen und Dinge um sich herum von allen Seiten zu beobachten, ihnen zuzuhören und sie zu prüfen. Durch ihr scharfes Urteilsvermögen und ihren klaren Verstand versucht sie, die dabei zum Vorschein kommenden Unregelmäßigkeiten und Probleme zu verstehen, zu bewältigen, zu glätten oder sie aus dem Weg zu räumen, selbst wenn dies von ihren Mitmenschen nicht sehr geschätzt wird. In Anfällen von Eitelkeit sieht sich Herz Sechs mit Vorliebe als einen Wohltäter der Menschheit an. Sie ist etwas behäbig und langsam und zieht es vor, behaglich am häuslichen Herd zu sitzen, anstatt in der Fremde ihr Glück zu suchen. Meistens ist ihr eigentliches Interesse auf eine einzige Sache gerichtet, und es ist fast unmöglich, ihr Interesse dann für weitere Dinge zu wecken. Was es auch sein mag, das ihre Aufmerksamkeit fesselt, eines ist sicher: es wird von ihr bis ins letzte Detail untersucht.

Es ist deshalb eigentlich nicht verwunderlich, daß diese Einstellung ihre Chancen, etwas Großes in der Gesellschaft zu leisten, sehr stark einschränkt. Da Herz Sechs aber wegen ihrer eingleisigen Ausrichtung oft ein Experte auf einem bestimmten Gebiet ist, kann sie sich trotzdem oft profilieren, obwohl dies nicht unbedingt finanziellen Vorteil mit sich bringen muß. Doch das kann ihr nicht viel anhaben. Unermüdlich tut sie, was sie will und was ihr gefällt. Im Extremfall kann das dazu führen, daß sie in Institutionen für Gestrandete oder Gestörte landet.

Eine gewisse Selbstgefälligkeit ist ihr nicht fremd, und sie täte gut daran, ihre Neigung, sich in die Angelegenheiten anderer Menschen einzumischen und sie zu kritisieren – mit den besten Absichten natürlich –, um diese dann herrschsüchtig reglementieren zu können, im Zaum zu halten.

Die Mentalität »Auge um Auge, Zahn um Zahn« ist Herz Sechs völlig fremd; sie zeigt in Konfliktsituationen Verständnis und die Bereitschaft, zu verzeihen, und versucht, mit Zuneigung und Fürsorge alle Schwierigkeiten zu überwinden, meist sogar erfolgreich. Es ist nicht verwunderlich, daß diese Karte von manchen die »Weihnachtskarte« genannt wird. Durch ihre ausgeglichene, behagliche und nach Luxus und Bequemlichkeit strebende Art kann sie zu Unrecht den Eindruck erwecken, daß sie sich nicht dessen bewußt ist, wie sehr Liebe auf Gegenseitigkeit beruht. Nichts ist jedoch unzutreffender! Wenn Herz Sechs zum Beispiel eine Zeitlang auf Reisen geht (oder besser, gehen muß), schafft sie sich mit Hilfe vieler Kleinigkeiten und Gegenstände, die sie an zu Hause erinnern, sofort ein neues zeitweiliges Zuhause. Sie trägt immer Familienfotos bei sich und Familienbindungen in ihrem Herzen. Heim und Familie sind für Herz Sechs von größter Wichtigkeit. Sie liebt nun einmal nicht die Veränderung, vor allem dann nicht, wenn diese ihren familiären Kreis betreffen. Sie ist eine gesellige, umgängliche und tolerante Person mit kleinen, verzeihlichen Fehler, die das Leben so nimmt, wie es kommt, und zufrieden damit ist, auch wenn sie in gesellschaftlicher Hinsicht nichts Besonderes erreicht. Herz Sechs wird mit wohlhabenden Menschen assoziiert, die von ihrem Vater Geld geerbt haben oder erben werden.

Die Karte

Herz Sechs könnte am treffendsten mit einer Leiter oder einer Treppe verglichen werden, die der Fragesteller auf seinem Weg zum Glück besteigen kann. Diese Treppe führt jedoch zu zahllosen Wegen, die ein regelrechtes Labyrinth bilden und alle zu Erfolg, Erfüllung eines langgehegten Wunschtraumes oder zu einer dauerhaften Liebesbeziehung zu führen scheinen.

Meistens kann diese Treppe nur durch harte Arbeit bestiegen werden, durch Selbstaufopferung und durch das Zurückstellen kurzfristiger Pläne.

Der Fragesteller hat möglicherweise den Eindruck, daß die Mühe vergeblich ist und daß das versprochene Resultat in keinem Verhältnis zu der erforderlichen Anstrengung steht.

Herz Sechs ist ein Zeichen für Gewinn, einen Schritt näher zum gesteckten Ziel hin. Die Karte zeigt jedoch nicht an, daß das Ziel schon erreicht wird. Deshalb fühlt sich der Ratsuchende vielleicht enttäuscht wegen des unvollständigen Resultats seiner Bemühungen. Er muß auf der Hut sein vor Ungeduld, Reizbarkeit und dem Gefühl, daß ihm ständig Hindernisse in den Weg gelegt werden. Wenn er versucht, auf einem bequemen Weg die Verwirklichung seiner Ziele zu erreichen, geht er das Risiko völligen Mißerfolgs ein.

Besondere Bedeutungen

Kombinationen: Wenn Herz Sechs in der Mitte des zu deutenden Schemas liegt, muß der Fragesteller in nächster Zukunft eine Entscheidung treffen.
Liegt die Karte im oberen linken Flügel, so kann er sich frei entscheiden. In diesem Fall muß der rechte Flügel untersucht werden, um festzustellen, ob ein anderer Weg nicht doch besser wäre.
Wenn Herz Sechs in einem der unteren Flügel erscheint, besteht die Möglichkeit, daß sie auf eine günstige Situation hinweist, die dem Fragesteller Glück bringt, auch wenn dieses vielleicht nicht von Dauer ist.

HERZ: Liebe, Selbstaufopferung, Dienen.

SIEBEN: Einsicht, Weitblick, Wendepunkt.

HERZ SIEBEN: Meinungsverschiedenheiten zwischen Liebenden.

HERZ SIEBEN

Positiv: Zuneigung, Hingabe, magnetische Anziehungskraft.

Negativ: Eitelkeit, Täuschung, scheinbarer Erfolg, Desillusionierung; Drogenabhängigkeit, Trunkenheit, Rausch; Schuldgefühle, Verlogenheit, Betrügereien, nicht eingelöste Versprechen, Zügellosigkeit, Unzucht; *Zerfall* von Liebes- und Freundschaftsbeziehungen.

Charaktereigenschaften

Herz Sieben ist eine Karte der Widersprüche. Sie besitzt die tiefe innere Überzeugung, daß alle Schwierigkeiten durch Hingabe, Zuneigung und Liebe zu lösen sind. Die Geborgenheit, die diese Überzeugung bietet, verbunden mit einem nicht geringen persönlichen Charme, zieht die unterschiedlichsten Menschen an: unsichere, unbeständige, mißtrauische und eifersüchtige Menschen, an die Herz Sieben ihre Zuneigung und Zeit verschwendet. Sie gibt allerdings auch selbst genug Anlaß zu Eifersucht und Mißtrauen, denn Treue ist nicht eine ihrer stärksten Seiten, und daher gerät sie immer wieder in böse emotionale Krisen.

Die Haltung von Herz Sieben ist die des Dienens; sie ist von Natur aus bereit, Verantwortung für das geistige Wohl anderer auf sich zu nehmen, und ist daher auch oft in Internaten, Klosterschulen und anderen Lehranstalten anzutreffen, die ihre Arbeit in der Abgeschiedenheit verrichten. Um ihre turbulenten Schicksalsschläge einordnen zu können, strebt sie sehr stark nach geistigen Normen.

Herz Sieben ist eine Karte der Kraft, und sie muß lernen, mit ihren persönlichen Kräften umzugehen und sie positiv zu nutzen. Dabei zeigt sich ihre Neigung, die Dinge zu forcieren, Hindernisse ohne Rücksicht auf andere aus dem Weg zu räumen, ihren Willen durchzusetzen, den Willen anderer zu beugen und gegebenenfalls zu brechen, wenn ihre persönlichen Interessen dies erfordern. In letzterem Fall vergeht sie sich nicht nur schwer an ihrem besseren Ich, sondern macht außerdem auch noch andere Menschen zu Opfern, was gegen ihr eigenes inneres Wesen verstößt. (Menschlichkeit ist die Grundlage aller Herzkarten und insbesondere der Herz Sieben.)

Herz Sieben kann sich am besten entfalten, wenn sie in einer großen, von humanistischen Idealen geprägten Gruppe mitarbeitet. Dort kann sie ihre beste Seite zum Ausdruck bringen. Sie ist ein gewandter Redner und ein inspirierter Propagandist, der durch seinen persönlichen Charme und seine magnetische Anziehungskraft in der Lage ist, die herrschende Meinung zu verändern und selbst Zweifler für seine Sache zu begeistern. Aber leider vergeudet sie meist einen Großteil ihrer Kraft und ihres Lebens, nimmt eine Gelegenheitsarbeit nach der anderen an, zieht von Ort zu Ort und hat in jeder Stadt einen anderen Liebhaber, ohne irgendwelche Verantwortung – auch keine Eigenverantwortung – auf sich zu nehmen, auf ihrer Suche nach der Befriedigung eine unbestimmten Sehnsucht.

Eigentlich ist die sensible, sehr emotionale Herz Sieben eine Märtyrerkarte, denn solange sie ihre persönlichen Interessen nicht einem guten Zweck oder einer Gruppe unterordnet, nehmen Enttäuschungen, Eifersucht, Liebeskummer und Mißtrauen für sie kein Ende.

Das Zusammensein mit anderen Menschen ist ihr sehr wichtig, aber noch wichtiger ist das Zusammensein in einer Gruppe oder Vereinigung. Solange sie sich in einer Position befindet, in der sie anderen dienen kann und dadurch geschätzt und anerkannt wird, ist sie glücklich.

Die Karte

Nach der traditionellen Bedeutung weist Herz Sieben auf einen Streit zwischen Geliebten hin. Gleichzeitig ist sie eine Karte des Glaubens und Vertrauens, und ihr Symbol sind zwei gefaltete Kinderhände. Der Streit kann wie ein Gewitter sein, das die Atmosphäre reinigt, und zur Folge haben, daß sich die beiden Menschen, die einander brauchen, nachher besser verstehen. Trotzdem stellt Herz Sieben auch eine Warnung für den Ratsuchenden dar: Er sollte in einer Situation, die Anlaß zur Verärgerung gibt, seine Zunge im Zaum halten, damit keine unüberbrückbare Kluft zwischen ihm und seinem Partner entsteht. Der Ausdruck »Streit zwischen Geliebten« darf hier nicht allzu wörtlich genommen werden. Er kann sich auch auf Meinungsverschiedenheiten zwischen anderen eng miteinander verbundenen Personen beziehen, wie beispielsweise auf Ehepaare, Mutter und Tochter und auf intime Freunde.

Wenn Pik Neun, Pik Zehn oder Kreuz Zehn in der Nähe der Herz Sieben liegen, sollte der Ratsuchende sehr vorsichtig mit seinen Worten sein.

Besondere Bedeutungen

Positionen: Wenn Herz Sieben im Zentrum des Schemas liegt, weist dies darauf hin, daß der Fragesteller zu vertrauensselig ist und dazu neigt, den Dingen ihren Lauf zu lassen. Gedankenlosigkeit oder Bequemlichkeit kann dazu führen, daß er seine besten Freunde verliert oder sein familiäres Glück verspielt. Es ist an der Zeit, daß er seine Gefühle für Personen, deren Zuneigung er nicht missen kann, wieder erneuert. Freundschaft, Liebe und Treue können nicht immer nur einseitig bleiben.

Das Erscheinen der Herz Sieben auf einem der linken Flügel gibt zu erkennen, daß jemand anderes sich die Unterstützung und Zuneigung des Fragenden wünscht.

Wenn die Karte im unteren linken Flügel liegt, ist der Betreffende wahrscheinlich zu schüchtern, zu unbeholfen oder zu sehr von Hochachtung vor dem Fragesteller erfüllt, um sein Bedürfnis auszudrücken. Infolgedessen verbirgt er seine Bedürfnisse möglicherweise hinter harten Worten oder Haarspaltereien. Der Fragesteller muß darauf hingewiesen werden, daß in einer solchen Situation Takt und Freundlichkeit geboten sind, da sonst eine bleibende Feindschaft entstehen könnte.

Befindet sich Herz Sieben im rechten Flügel eines zu deutenden Schemas, so ist genau das Gegenteil der Fall. Der Fragesteller selbst ist emotional oder materiell von einem anderen Menschen abhängig, vor dem er seine wahren Gefühle zu verbergen versucht. In diesem Fall muß der oder die Ratsuchende davor gewarnt werden, sich in sarkastische Bemerkungen, aggressives Verhalten oder in andere unschöne Versuche zu flüchten, die Aufmerksamkeit auf sich zu lenken. Statt dessen sollte er versuchen, die bestehenden Beziehungen auf konstruktive Weise zu stärken. Offene Wertschätzung und klare Zielsetzungen werden die gewünschte Annäherung wahrscheinlich eher zustande bringen als Hinterlist und Unehrlichkeit.

HERZ: Liebe, Selbstaufopferung, Dienen.

ACHT: Macht, Wille, Organisation.

HERZ ACHT: Die treibende Kraft hinter den Kulissen.

HERZ ACHT

Positiv: Pflichtbewußtsein, Fleiß, Freundlichkeit, Ruhe, Fürsorge, Toleranz.

Negativ: Verdrießlich, interesselos, nonchalant, unausgeglichen, launisch, argwöhnisch, langweilig, fade, lethargisch, untergrabend, *träge* und *faul*.

Charaktereigenschaften

Das Motto für Herz Acht könnte lauten: »Das Überwinden aller Schwierigkeiten durch intellektuelle Einsicht.« Pflichterfüllung durchzieht ihr ganzes Leben. Sie arbeitet daher beständig, ohne sich eigentlich darüber im klaren zu sein, warum sie dies tut. Eines ist allerdings sicher: Sie würde sich sehr unbefriedigt fühlen, wenn sie es nicht täte.

Da sie relativ langsam ist – sie arbeitet lieber in aller Ruhe und

verspürt dabei eine undefinierbare Art von Wohlbehagen –, gefährdet sie in regelmäßigen Abständen ihre Gesundheit, indem sie sich plötzlich wie manisch in die Arbeit stürzt, um doch noch alles rechtzeitig fertigzustellen. Manchmal überfällt sie eine Begierde nach Ansehen und Reichtum, denn bei ihr ist es eine Form von Eitelkeit, in dem Bereich, mit dem sie sich befaßt, als ein Experte zu gelten, der unentbehrlich ist.
Sobald sie Geld beiseite legen kann (manchmal sogar schon vorher!), kauft sie Grundbesitz oder Häuser, da dies Sicherheit für sie bedeutet. Die Möglichkeit, von ihren Eltern zu erben oder Unterstützung von Familienmitgliedern zu erhalten, ist sehr groß. Ihre Mutter bereitet ihr oft Ärger und Sorgen.
Herz Acht ist im Grunde ein freundlicher und ruhiger Mensch – auch wenn sie launisch ist –, der ziemlich entspannt durch das Leben geht und aufgrund seiner relativ naiven Einstellung anfangs keine Unannehmlichkeiten zu erwarten hat. Sie erscheint deshalb umgänglich, manchmal etwas unordentlich und unaufmerksam. Daher erweckt sie hin und wieder den Eindruck, sie ließe sich für die Interessen anderer einspannen und könne ausgenutzt werden. Diese Unterschätzung ihres Charakters, wofür sie eine Art siebten Sinn zu besitzen scheint, weckt ihr Mißtrauen, und ihre Entrüstung darüber ist so groß, daß sie sich hart und gnadenlos und nicht immer fair dagegen wehrt. Sie ist zwar gutmütig, aber nicht verrückt!

Die Karte

Herz Acht symbolisiert ein Geschenk, das Freude bereitet. Ob der Fragesteller dieses Geschenk erhält oder ob er selbst jemand anderem ein Geschenk macht, hängt von der Position der Karte im zu deutenden Schema ab. Das Geschenk muß nicht unbedingt etwas Materielles sein. Möglicherweise ist es Liebe, Wiederherstellung der Gesundheit, Wissen, Weisheit oder Gemütsruhe.

Aber ganz gleich, um was es sich handelt, es sollte nicht achtlos übergangen werden, da es nur dann Glück bringt, wenn es in angemessener Weise gewürdigt wird.

Besondere Bedeutungen

Positionen: Wenn Herz Acht in der Mitte des Schemas liegt, weist dies auf einen Austausch von Geschenken hin. Dabei ist das Empfangen des Geschenks ebenso wichtig wie das Geben aus ganzem Herzen. Es ist möglich, daß die Geschenke symbolisch sind und daß sie Geber und Empfänger verbinden und eine Intimität entstehen lassen, die bereichert und zu größerer Befriedigung führt.

Wenn sich Herz Acht im oberen linken Flügel befindet, wird der Fragesteller ein Geschenk empfangen, das eine tiefere Bedeutung für ihn erhält, falls er sich die Mühe macht, diese Bedeutung zu verstehen. Wenn er es abweist oder unachtsam damit umgeht, könnte er dies später bereuen, denn das Geschenk könnte der Vorläufer vieler anderer guter Dinge sein, die auf ihn warten.

Erscheint Herz Acht im oberen linken Flügel des Schemas, so ist das Geschenk wahrscheinlich schon an sich wertvoll und stammt von jemandem, mit dem der Fragesteller nur oberflächlichen Kontakt hat.

Wenn Herz Acht im oberen rechten Flügel auftaucht, wird der Fragesteller selbst das Geschenk machen. Geschieht dieses Schenken offen und ungezwungen, ohne daß er sich materiellen Vorteil davon verspricht, so wird ihm dies besonders große innere Genugtuung schenken. Wenn er hingegen von weniger edlen Motiven oder Hintergedanken angetrieben wird, wirkt das Geschenk wie ein Bumerang, der zurückkommt und denjenigen verletzt, der ihn wirft.

Liegt Herz Acht im unteren rechten Flügel, weist dies darauf hin, daß der Fragesteller in der Lage sein wird, einem relativ fremden Menschen zu helfen oder ihm einen Dienst zu erweisen, und daß er dies auch tun wird; eine Tat, für die er früher oder später reichlich belohnt werden wird.

Der Vollständigkeit halber muß hier noch angeführt werden, daß Herz Acht bei ungünstiger Plazierung verrät, daß Bestechung im Spiel ist und der Fragesteller entweder Bestechungsgelder annimmt oder selbst austeilt. Solche Gaben müssen bedingungslos zurückgewiesen werden, da sie zu einem öffentlichen Skandal oder zu einer persönlichen Katastrophe führen können.

HERZ: Selbstaufopferung, Dienen, Liebe.

NEUN: Sehnsucht, die große Leidenschaft, Menschenliebe.

HERZ NEUN: Körperliches Wohlbehagen.

HERZ NEUN

Positiv: Perioden von *Glück*, Freude und körperlichem Wohlbehagen; zeitweilige Erfolge.

Negativ: Eitelkeit, Selbstgefälligkeit, Einbildung, zu große Nachgiebigkeit sich selbst gegenüber.

Charaktereigenschaften

Die traditionelle Bedeutung dieser Karte ist die einer Wunschkarte, und bei Herz Neun äußern sich diese Wünsche zunächst einmal in einem Bedürfnis nach Liebe und Zuneigung und außerdem auch nach Geld und Besitz. Bemühungen, Geld für persönliche Zwecke zu erwerben, werden selten mit Erfolg gekrönt. Es wird zwar immer Geld zur Verfügung stehen – manchmal sogar sehr viel –, aber es wird nie so regelmäßig eintreffen, daß man sich darauf verlassen kann. Das gleiche gilt auch für die persönlichen Beziehungen. Sie bestehen – manchmal sogar im Überfluß –, sie sind wertvoll, lassen aber trotzdem immer zu wünschen übrig. Herz Neun findet die Befriedigung seiner Bestrebungen daher auch nicht im persönliche Besitz und ebensowenig in persönlichen Beziehungen; sie findet ihr Glück dort, wo sie es am wenigsten erwartet hätte und nie gesucht hat: in sich selbst, und zwar im Anschluß an die Entwicklung persönlicher Wertvorstellungen. Das Finden der »eigenen« Werte – Werte, die die eigene Erfahrung gelehrt hat – ist für niemanden einfach, für Herz Neun aber besonders schwierig. Trotzdem werden ihr diese eigenen Wertvorstellungen viele Enttäuschungen ersparen.

Da sie sehr hilfsbereit ist, neigt sie dazu, sich mit einer ehrfurchterweckenden Perfektion für alle möglichen unbefriedigenden Nichtigkeiten einzusetzen. Die zeitweilige Verzückung durch die große Leidenschaft und die darauffolgende emotionale Einsamkeit, Verzettelung und Zerstörung sind bei ihr sehr stark ausgeprägt.

Sie gibt sehr viel Geld für das Bekämpfen von Krankheiten aus, nicht sosehr für sich selbst, sondern für diejenigen, die sie liebt. Herz Neun ist eine auf unpersönliche Weise tolerante, aufopferungsbereite Person, die mit zahllosen Hochs und Tiefs durch das Leben geht, ihre Nächsten liebt wie sich selbst – und das ist eine große Kunst –, wobei diese Nächsten allerdings auf der ganzen Welt verstreut sind. Es ist eine Karte der Menschenliebe also, die ihr Glück vor allem in sich selbst findet.

Die Karte

Herz Neun symbolisiert ein Glück, das alle Erwartungen übertrifft. Wenn der Ratsuchende einen Wunsch ausgesprochen hat, so verspricht diese Karte die Erfüllung, und zwar auf eine völlig andere Weise, als der Fragesteller sich dies vorgestellt haben

mag. Die Erfüllung wird wesentlich größer und viel andauernder sein.
In vieler Hinsicht ist Herz Neun die erfreulichste Karte im gesamten Kartenspiel. Sie repräsentiert geistiges Wohlbefinden, inneres Wachstum, Kontemplation, Selbsterkenntnis und Kontakt zu den lebenspendenden Kräften der Natur. Herz Neun mahnt aber auch davor, daß alle diese Kostbarkeiten unerreichbar bleiben, wenn der Ratsuchende nicht ernsthaft nach einer Weisheit sucht, die über seinen Intellekt hinausgeht. Das Glück wird unmöglich, wenn er sich von Habsucht, Gier, Rache, Neid oder von übertriebenen Sorgen um materielle Angelegenheiten leiten läßt.

Besondere Bedeutungen

Kombinationen: Wenn Karo Neun zusammen mit Herz Neun auftaucht, ist dies ein Anzeichen dafür, daß Pläne, die von unermüdlichem Glauben getragen wurden und an denen ein Leben lang gearbeitet wurde, letztlich zum Erfolg führen werden. Es wird ein vollkommenes Gleichgewicht zwischen innerer Sicherheit, Gemütsruhe und Selbstrespekt auf der einen Seite und Wohlstand, öffentlicher Anerkennung, Ansehen und konstruktiver Spannung auf der anderen Seite entstehen.
Wenn Herz Neun von einer Hofkarte benachbart ist, wird dieses Glück mittels eines anderen Menschen entstehen oder mit diesem Menschen geteilt werden. Wenn Herz Neun und eine Hofkarte durch Karo Neun getrennt sind, spielt Eifersucht eine Rolle. Der Ratsuchende muß dann sehr taktvoll vorgehen, um die Harmonie nicht zu zerstören, indem er andere unnötig bekümmert.
Taucht Herz Neun in einem Schema auf, in dem Pik-Karten dominieren, so wird der Ratsuchende zu geistigem Wachstum, zu Charakterstärke, Reife und Weisheit gelangen, trotz aller

Schwierigkeiten und Prüfungen. In diesem Fall symbolisiert Herz Neun einen Sieg, der dem Fragesteller die moralische Kraft gibt, er selbst zu sein, Rückschläge zu bewältigen und sich den Schwierigkeiten zu stellen.

Symbolisch müssen wir Herz Neun als einen Schlüssel betrachten, der viele Türen öffnet. Dies ist der Schlüssel zum Bewußtsein, daß man selbst eine unteilbare, geschlossene Ganzheit ist, die sich über die Umstände erheben und Glück im Bewußtsein ihrer eigenen Integrität finden kann.

HERZ: Liebe, Selbstaufopferung, Dienen.

ZEHN: Erfolg, Vervollkommnung.

HERZ ZEHN: Selbständigkeit in Beziehungen.

HERZ ZEHN

Positiv: Die Bemühungen werden von Erfolg gekrönt, ein harmonisches Gleichgewicht wird erreicht, Unternehmungen werden erfolgreich abgeschlossen; Frieden stiftend und großzügig, lebenslustig und optimistisch, *unerwartetes Glück*.

Negativ: Verführung, Stillstand und Vernachlässigung, Verwahrlosung, Zerfall, Leiden.

Charaktereigenschaften

Diese Karte hat ein Stadium der Unabhängigkeit erreicht, die über Beziehungen hinausreicht, bei denen Menschen miteinander verschmelzen. Dies gibt ihr die Freiheit, ihren eigenen Zielsetzungen nachzukommen, denn durch ihre Selbständigkeit ist sie gegen die Reaktionen der Umwelt auf ihr Tun gefeit. Sie weiß, daß die Aufgaben, vor die sie im Leben gestellt wird, mit

Hingabe und Sorgfalt zu lösen sind, und sie besitzt genügend Selbstvertrauen, um sich in dieser Hingabe nicht bedroht zu fühlen. Das bedeutet nicht, daß sie kein warmer, gefühlvoller Mensch ist, ganz im Gegenteil. Nur verlangt sie von ihrem (ihren) Partner(n) – und das ist vielleicht etwas naiv – eine ebenso selbständige Haltung, die es ermöglicht, die gegenseitigen Standpunkte zu erkennen und zu respektieren, auch wenn diese einander genau entgegengesetzt sind.
Sie sieht ihre Beziehung(en) als eine Insel an, auf der man sich gut ausruhen kann, als eine Basis, zu der man, müde vom Kampf, zurückkehren kann, als eine Oase der Ruhe, Harmonie und Zärtlichkeit, auf der sich gute Freunde, beladen mit wertvollen Geschenken, neuen Erfindungen und Vorstellungen, treffen können, um sich nach einiger Zeit ausgeruht und wie neugeboren wieder ihren persönlichen Wachstums- und Entwicklungsprozessen zu widmen. Die wichtigsten Triebkräfte, die sie vorwärtsbewegen, sind Kreativität, Tatkraft und Neugier. Daneben setzt sie sich mit aller Kraft für das Erlangen von Ruhe, Frieden und Harmonie ein.
Sie scheint die Probleme des Lebens intellektuell zu bewältigen, aber dies ist nur scheinbar so. Sie ist in erster Linie emotional von den Dingen betroffen, aber ihre allgemein ausgewogene Grundhaltung läßt sie nach einer intellektuellen Lösung suchen.
Sie wird immer wieder auf unerwartete Glücksfälle und Gelegenheiten stoßen, die sie spontan und arglos mit beiden Händen ergreift. Natürlich begeht sie dabei manchmal einen Fehler.
In den seltensten Fällen kommt es bei ihr zu Tragödien wegen der Beendigung von Beziehungen, denn wenn dies eintritt, haben die Beziehungen offensichtlich ihren Zweck erfüllt und sind nicht mehr länger fruchtbar. Ihr fehlt zwar die Intensität der großen Leidenschaft, aber dafür verirrt sie sich auch nicht in emotionale Krisen, die der Leidenschaft so oft auf dem Fuße

folgen. In späteren Jahren wird sie wahrscheinlich wie so viele andere ihre zerronnenen Träume bedauern.

Die Karte

Herz Zehn ist eine Botin, und ihre Nachrichten sind meist positiv. Aber sie kommen so unerwartet und sind so überraschend, daß sie die bestehende Ordnung der Dinge völlig durcheinanderbringen und jeden sorgfältig vorbereiteten Plan durchkreuzen.
Herz Zehn ist eine Karte des Optimismus, die die Lebenslust und dadurch auch die Leistungen des Betroffenen in großem Maße stimuliert. Aber man sollte sich dessen bewußt sein, daß dies möglicherweise nur von begrenzter Dauer ist. Auch wenn die Dinge augenblicklich günstig auszusehen scheinen, darf Herz Zehn nicht allzuviel riskieren, da sie sonst ihre Zukunft in Gefahr bringen könnte.

Besondere Bedeutungen

Kombinationen: Die Karten, die neben der Herz Zehn liegen, geben Auskunft über die Art der Neuigkeiten, die Herz Zehn ankündigt.
Ein König oder eine Dame zur linken oder rechten Seite stellt ein Wiedersehen mit alten Freunden in Aussicht.
Ein Bube oder eine Acht kündigt in gleicher Weise Begegnungen mit jungen Menschen oder neue Kontakte an.
Karo-Karten deuten auf Nachrichten in bezug auf finanzielle Belange, während ein Überwiegen von Herz-Karten auf eine Heirat, eine Geburt oder, wenn es um ältere Menschen geht, auf Enkelkinder hinweist.
Wenn Pik Zwei oder Pik Zehn der Herz Zehn vorangehen, so bedeutet dies, daß gute Neuigkeiten einer ursprünglich negativen

Nachricht folgen. Eine anfänglich negativ erscheinende Angelegenheit wendet sich doch noch zum Guten. Wenn dagegen Pik Zehn auf Herz Zehn folgt, kann eine gute Nachricht sich im nachhinein als ein Irrtum erweisen. Bei Pik Zwei in einer solchen Position geht es nur um ein leichtes Mißverständnis oder eine kleinere Enttäuschung im Anschluß an die Freude, die die positive Nachricht anfänglich hervorrief.

HERZ: Liebe, Selbstaufopferung, Dienen.

BUBE: Idealismus, Jugend.

HERZ BUBE: Ein Verführer; jemand, der untergräbt.

HERZ BUBE

Positiv: Freundlich, gesellig, fürsorglich, attraktiv.

Negativ: Ein junger Mann, der ungreifbar, auf subtile und schlaue Weise verführt, verletzt, zerstört und untergräbt; ein intensiv leidenschaftlicher Charakter, der sich unter einer ruhigen, stillen Maske verbirgt; großes Geltungsbedürfnis; getrieben von dem Streben nach Macht, Wissen und der Verwirklichung eigener Interessen; besessen von einer alles überwuchernden Eitelkeit und von Ehrgeiz; bösartig, rücksichtslos, berechnend, gewissenlos und skrupellos.

Charaktereigenschaften

Vom Herz Buben werden vor allem in seiner frühen Kindheit große Opfer gefordert; Aufopferung im Bereich der Liebe und Zuneigung, im Bereich der Erziehung wie auch in bezug auf Besitz. Wenn er älter wird und die Welt nicht einfach nur als eine Ungerechtigkeit erfährt, wagt er es, seinen Gefühlen etwas mehr freien Lauf zu lassen, und er versucht zu verstehen, was Zuneigung wirklich bedeutet. Dies fällt dem Herz Buben, der kurze intensive Kontakte gewöhnt ist, nicht gerade leicht.

Wahrscheinlich lädt er sich – aus Ehrgeiz und Eitelkeit – alle Sorgen seiner Umgebung auf und will für seinen Vater, seine Mutter, seine Brüder und Schwestern, den Hund und die Katze usw. sorgen. Er wird schon alles schnell wieder in Ordnung bringen! Im allgemeinen entsteht durch diesen Geltungsdrang Distanz und Entfremdung gegenüber den anderen Familienmitgliedern, und meist protestiert der Vater oder ein älterer Bruder gegen diese Tyrannei der »Barmherzigkeit«. Dann zieht der Herz Bube desillusioniert in die Welt. Im Grunde ist Herz Bube ein abwartender, eher passiver Charakter, der andere durch seine Gelassenheit wie ein Magnet anzieht. Er tritt jedem erst einmal freundlich, herzlich und arglos entgegen. Jedoch bringt er jede Reaktion auf diese Eigenschaften sofort mit seinem eigenen Wertesystem in Verbindung: Genußsucht und Sexualität. Damit ist er ständig beschäftigt, und zwar jederzeit, wenn er will, soviel, wie er will, mit jedem, mit dem er will, und vor allem solange, wie er will. Auf ihn trifft der Ausdruck zu: »Er will nur die Rosinen aus dem Kuchen picken.« Derjenige, der sein Herz an einen Herz Buben verliert – und das sind viele –, muß damit rechnen, daß es bricht, denn mit schlauer Raffinesse, ungreifbar und unnachweisbar untergräbt, zerstört, verführt und verletzt er die Gemütsruhe jedes Menschen, der seinen Weg kreuzt.

Wenn die Dinge sich nicht so entwickeln, wie er es gerne hätte, greift er voller Selbstmitleid sogleich zur Flasche, um seinen Kummer wegzuspülen und das Mitleid anderer zu wecken, auf daß sich wieder neue Möglichkeiten ergeben, sein Spiel unverändert fortzusetzen und unter der Maske der Unerschütterlichkeit seine heftige Leidenschaft zu verbergen.

Oberflächlich betrachtet scheint er von außen sehr beeinflußbar

zu sein, aber tatsächlich berührt ihn seine Umgebung nur, wenn sie ihm einen Vorteil zu versprechen scheint und seinen Interessen förderlich ist. Es ist beinahe ebenso unmöglich, seine Ansichten zu ändern wie die des Kreuz Buben.
Durch seine Ungreifbarkeit jagt Herz Bube seinen Mitmenschen oft Angst ein, und der rätselhafte Eindruck, den er auf sie macht, erweckt ihr Mißtrauen. Nicht zu Unrecht, denn ihm entgeht nichts, und sein Hauptbestreben ist Macht und die Befriedigung seiner Wünsche, wobei er vor nichts zurückschreckt. Er fühlt sich nicht verantwortlich für andere Menschen, und demzufolge nimmt er auch keine Rücksicht auf sie. Er benutzt sie bestenfalls, solange es ihm gefällt und ihm nützt.

Die Karte

Wenn Herz Bube unter den gezogenen Karten erscheint, kann der Ratsuchende ein sorgenfreies Intermezzo zwischen ernsteren Lebensphasen erwarten. Diese Karte kann auf ein Liebesabenteuer hinweisen, aber auch auf andere Dinge: auf einen schönen Urlaub, auf besondere Freundschaften, auf eine Reihe von fröhlichen Festen oder auf anderweitige Unterbrechungen des Alltagstrotts. Herz Bube ist nicht nur eine romantische Karte, sondern auch eine Karte der Torheiten und der rücksichtslosen Jagd nach Vergnügen.

Besondere Bedeutungen

Kombinationen: Wenn Herz Bube zu einer Pik-Karte hinschaut, vor allem zur Pik Sieben oder zur Pik Zehn, weist dies auf Enttäuschung und Liebeskummer hin, falls der Ratsuchende zu lange und ausgiebig in sinnlichen Genüssen schwelgt.

Positionen: Herz Bube in der Mitte des zu deutenden Schemas stellt eine Warnung dar: Der Fragende sollte sich ernsthafter mit seinem Leben befassen, an die Zukunft denken und nicht meinen, daß Genuß das höchste Gut ist. Herz Bube läßt sich leicht zu übermäßigem Essen und Trinken verleiten und ist zu nachgiebig sich selbst gegenüber. Er ist von Natur aus gesellig und fröhlich, aber er muß sich davor in acht nehmen, sich selbst in Schwierigkeiten zu bringen, indem er anderen einen Gefallen tut.
Wenn sich Herz Bube in der Innenecke eines der Flügel befindet (siehe Abb. 5: Positionen 4, 5, 6 oder 7), bedeutet dies, daß der Fragesteller jemandem begegnen wird, dessen Fröhlichkeit ihn anziehen und entwaffnen wird. Der Kontakt kann äußerst vergnüglich, stimulierend und sogar wertvoll sein, aber er darf ihn nicht zu wichtig nehmen. Wenn es sich um ein romantisches Intermezzo handelt, sollte er es auf die leichte Schulter nehmen, denn Herz Bube besitzt eine quecksilbrige Ungreifbarkeit, nach dem Motto: »Heute hier, morgen anderswo.«
Wenn Herz Bube in der äußeren Ecke eines Flügels liegt, kann der Fragende eine frohe Zeit erwarten, als Belohnung oder Krönung einer Unternehmung, an der er lange gearbeitet hat.

HERZ: Liebe, Selbstaufopferung, Dienen.

DAME: Reagieren, Beurteilen.

HERZ DAME: Magnetische Anziehungskraft, ein Spiegelbild.

Herz Dame

Positiv: Eine Frau, die den Charakter desjenigen reflektiert, der sie beobachtet; verträumt, ruhig, poetisch und phantasievoll; freundlich, aber nicht bereit, sich sehr viel Mühe mit jemandem zu geben; sehr beeinflußbar und dadurch abhängiger von einer guten oder schlechten Plazierung als die meisten anderen Karten.

Negativ: Laut, zu nachgiebig sich selbst gegenüber, voller Selbstmitleid; genußsüchtig, theatralisch, frivol, selbstsüchtig, impulsiv.

Charaktereigenschaften

Neben ihrer unwiderstehlichen Anziehungskraft ist das Auffälligste an der Herz Dame ihre Ruhe und träumerische Unbestimmtheit, die den Eindruck erweckt, daß sie ständig in einer

Welt der Verführung und Illusionen lebt, poetisch und sehr phantasievoll ist.

Sie ist eine Frau, die den Charakter desjenigen, der sich ihr nähert, reflektiert, das perfekte und geduldige Medium, das die unterschiedlichsten Dinge empfängt und weiterleitet, ohne selbst auch nur im geringsten davon berührt zu werden. Sie verwirrt und untergräbt alles, was solide, sicher und konkret ist, und ist deshalb äußerst abhängig von anderen, die derartige Qualitäten besitzen.

Obwohl ihre persönlichen Leistungen selten oder nie sonderlich bedeutend sind, ist sie in ihrer Hilfsbereitschaft unübertrefflich.

Man könnte meinen, daß dieser Charaktertyp kein eigenes Profil besitzt, aber dabei übersieht man, daß das Offensein für jeden Eindruck und Einfluß von außen und das Ausgeliefertsein an diese Einflüsse auch ein Charakterzug ist.

Herz Dame zeichnet sich durch ein unschuldiges Wesen und eine unermeßliche Subtilität aus, und sie besitzt ein außergewöhnliches Gefühl für Schönheit. Sie kennen zu wollen ist ein unmögliches Unterfangen, denn sie reflektiert alles und jeden in größter Perfektion.

Wenn Herz Dame negativ beeinflußt wird, entarten ihre Qualitäten. Alles, was dann von ihr aufgenommen und weitergegeben wird, wird verdreht und verzerrt, und es kann sogar sein, daß diese Frau ein Vergnügen daran entwickelt, andere herauszufordern, anzuziehen und zu verführen, nur um ihre Beliebtheit zu vergrößern. Obwohl dies teilweise im Widerspruch zu ihrem Wesen steht, fällt es ihr sehr leicht, denn abgesehen von den bereits aufgezählten Charakterzügen, die ihr dabei zu Hilfe kommen, ist sie auch sehr impulsiv, instinktiv, wollüstig, dramatisch und theatralisch.

Herz Dame symbolisiert die Angebetete, die sanfte mütterliche Frau, die geliebte Schwester oder Tochter, zärtlich und voller Hingabe. Ihr Bedürfnis nach Schönheit ist groß, und sie hat keine Ideale. Sie ist ausgesprochen sanftmütig, gerecht, ehrlich, gastfreundlich und treu. Charmant und sozial eingestellt, wie sie ist, liebt sie schöne Kleider und die guten Dinge des Lebens, aber noch stärker Frieden und Harmonie in ihrer Umgebung. Freundlich und gesellig verkehrt sie ohne viel Aufhebens in Gesellschaft der unterschiedlichsten Menschen aus den verschiedensten Kreisen und Nationen und ist äußerst tolerant anderen Sitten und anderen Denkvorstellungen gegenüber. Da gesellschaftliche Kontakte ihr Nährboden sind, sollte sie eigentlich nie alleine leben.

Die Karte

Herz Dame schenkt Freude, Frohsinn und Liebe, die nicht fordert oder aufrechnet. Ihr Gefühlsleben ist reich und tief, ihre Taten entspringen stärker dem Instinkt als der Vernunft. Nach der traditionellen Anschauung ist sie leichtherzig, leichtsinnig und fröhlich, aber keinesfalls dumm. Auch wenn sie nicht zum Akademiker geboren ist, so ist sie doch eine unerschöpfliche Quelle von Ideen und eine Inspiration für die begabten Menschen ihrer Umgebung.
Sie kann sich völlig auf den Gemütszustand derjenigen einstellen, die das Glück haben, ihre Liebe zu gewinnen. Durch ihren felsenfesten Glauben an die Fähigkeiten dieser Glücklichen bringt sie diese dazu, die ehrgeizigsten Pläne zu verwirklichen. Obwohl sie selbst keine schöpferische Ader besitzt, hat sie eine enge Beziehung zur Kunst und bewundert jede Form von Schönheit. Ihr Urteil mag vielleicht nicht immer zutreffend sein, aber sie ist keinesfalls auf ihren eigenen Vorteil bedacht. Sie ist ebensowenig engstirnig oder kleingeistig, kann aber sehr eigensinnig sein. Freundlichkeit stößt bei ihr sofort auf Erwiderung, aber sie fühlt sich auch schnell verletzt. Obwohl sie nicht aggressiv ist und nicht genügend ihre eigenen materiellen Interessen ver-

folgt, kämpft sie mit großem Mut und erstaunlichem körperlichem Durchhaltevermögen für jeden, dem sie zugetan ist.
Auf den ersten Blick scheint Herz Dame praktisch veranlagt und vor allem auf materielle Genüsse ausgerichtet zu sein. Es gelingt ihr immer, eine heimische Atmosphäre zu schaffen, sie kann hervorragend kochen und ist eine gute Mutter. Aber unter der Oberfläche verbirgt sich eine starke Phantasie und ein glühender Ehrgeiz, der sich auf die Menschen richtet, die ihr am Herzen liegen.
Ihre Fröhlichkeit hat einen Beigeschmack von Melancholie, die sie aber nur selten offen zeigt. Ebenso stark wie die Liebe ist bei ihr das Mitgefühl für das Leid der anderen und die Unvollkommenheiten des Lebens. Sie setzt sich für die Schwächeren ein, nimmt sich der Einsamen an und kämpft für die Gerechtigkeit. Aber sie irrt sich mehr als nur einmal und läßt sich leicht beeinflussen, da sie dazu neigt, die Menschen zu überschätzen, sowohl hinsichtlich ihrer Fähigkeiten wie auch in bezug auf ihren Charakter.
Von denjenigen, die sie liebt, wird sie kein böses Wort hören, aber ihre eigene Offenherzigkeit macht sie oft zum Opfer zweifelhafter Menschen. Ihre Ehrlichkeit hindert sie daran, zu taktieren, so daß sie kein Blatt vor den Mund nimmt und oft sogar sehr unhöflich ist. Gelegentlich kann sie sehr wütend werden, was aber nie lange anhält, da sie nicht nachtragend ist. Im allgemeinen ist sie fröhlich, lacht viel und ist immer zu einem Plausch aufgelegt. Sie liebt Gesellschaft und braucht nicht viel, um das Leben genießen zu können. Kleine Aufmerksamkeiten bedeuten ihr sehr viel, und Herzlichkeit rührt sie tief. Ihre Lieblingsbeschäftigung besteht darin, anderen, vor allem ihrer Familie und ihrem Freundeskreis, eine Freude zu bereiten.

Besondere Bedeutungen

Kombinationen: Wenn eine Karo-Karte rechts neben Herz Dame liegt, muß sie in finanziellen Dingen vorsichtig sein.
Herz Zehn auf der rechten Seite ist ein Hinweis auf die intensive Freude, die ihr ein junger Mensch bereitet. Es kann sich um einen Sohn handeln, der außergewöhnliche Fortschritte macht, aber wahrscheinlicher ist, daß es sich um ein Kind handelt, zu dem sie eine besonders starke persönliche Beziehung hat.
Herz Dame zeichnet sich im allgemeinen durch innere Reife aus. Ein junger Ratsuchender – gleich, welchen Geschlechts – kann ihr Auftauchen unter den von ihm gezogenen Karten als Ankündigung einer wohltuenden und befriedigenden Liebesbeziehung betrachten, auch wenn dies nicht unbedingt in unmittelbarer Zukunft eintreten wird.

Positionen: Wenn bei einer Frau die Herz Dame in der Mitte des Schemas auftaucht, besitzt diese selbst viele Eigenschaften der Karte. Falls die anderen Karten auf eine Prüfung, auf Betrug oder Gefahr hinweisen, so ist dies eine Mahnung, daß sie vorsichtig sein muß und sich nicht von einem freundlichen Gesicht oder von äußerem Schein täuschen lassen sollte.
Wenn es sich um einen Mann handelt und Herz Dame im Zentrum seines Schemas liegt, weist dies darauf hin, daß er starke und warmherzige Liebe erfahren wird. Eventuell symbolisiert die Dame hier eine ganze Familie, die ihn verehrt.
Wenn die Dame sich im oberen rechten oder linken Flügel befindet, besteht die Möglichkeit, daß dem oder der Ratsuchenden in naher Zukunft großes Glück widerfahren wird.
Wenn die Dame im unteren rechten oder linken Flügel des Schemas liegt, wird er einer Frau begegnen, die eine große Stütze für ihn sein wird.

HERZ: Liebe, Selbstaufopferung, Dienen.

KÖNIG: Vitalität, Autorität.

HERZ KÖNIG: Vaterliebe.

HERZ KÖNIG

Positiv: Ein passiver, charmanter, freundlicher Mann; leicht erregbar, sehr begeisterungsfähig, sehr sensibel, oberflächlich.

Negativ: Bequem, zu nachgiebig sich selbst gegenüber, sinnlich, melancholisch, faul, unehrlich; drogen- oder alkoholabhängig.

Charaktereigenschaften

Herz König, der im allgemeinen ein passiver, liebenswerter, geduldiger und ruhiger Mann ist, erweckt durch seine väterliche Haltung oft den Eindruck, ein sicherer Hafen zu sein, und viele in Bedrängnis geratene Menschen kommen mit ihren Problemen zu ihm, um Rat und Schutz zu suchen. Da er meistens ziemlich oberflächlich und bequem lebt, hat Herz König wenig eigene Probleme. Die Probleme, die er hat, werden durch andere oder durch äußere Umstände verursacht.

Durch seine Warmherzigkeit fühlen sich viele Menschen von ihm angezogen, und Herz König reagiert in seiner leichten Erregbarkeit, seiner Eitelkeit und seiner Sinnlichkeit mit einem Übermaß an Begeisterung auf die Aufmerksamkeit, die ihm auf diese Weise geschenkt wird. Sein Interesse verschwindet aber ebenso schnell, wie es entstanden ist. Er neigt dazu, sich hin und wieder etwas zu gönnen, indem er viel und gut ißt und auch alkoholische Getränke und Drogen keineswegs verschmäht.

Seine Stimmungen wechseln schnell, und Herz König kann als launisch und jähzornig angesehen werden. Seine Wutausbrüche hat er allerdings auch schnell wieder vergessen, da er nicht nachtragend ist, aber er muß sie zuerst ausagieren, bevor er wieder auf die Vernunft hören kann. Trotzdem ist seine größte Bestrebung, Ruhe und Frieden zu Hause und in seiner Umgebung zu finden.

Wenn er in einer reizbaren und streitsüchtigen Stimmung ist, so ist das nicht unbedingt ein Beweis seiner Negativität, sondern vielmehr die Folge eines Problems, mit dem er sich nicht konfrontieren will und zu dessen Lösung er möglicherweise (professioneller) Hilfe bedarf. Um Hilfe zu bitten fällt Herz König allerdings besonders schwer, im Gegensatz zum Helfen. Wird er selbst um Hilfe gebeten, so ist er die Bereitwilligkeit in Person, aber wegen seiner Oberflächlichkeit wird er oft nicht viel ausrichten können, wie gut er es auch meinen mag. Wenn ihm für seine Hilfe kein Dank zukommt, bekümmert ihn dies nicht weiter.

Seine warmherzige Freundlichkeit macht ihn zum Zentrum und zum Treffpunkt seiner Familie, seines Freundeskreises und seiner Arbeitswelt. Aber er kann auch kämpfen und brüllen wie ein Löwe, wenn bestimmte Grenzen überschritten werden und er sich ungerecht behandelt fühlt, obgleich er auch dann noch mildernde Umstände für die Übeltäter gelten läßt.

Herz König hat keine besondere Vorliebe für Reisen, liebt aber Unternehmungen mit Freunden und Bekannten. Er ist oft

unterwegs, aber meist nur so weit von zu Hause entfernt, daß er notfalls rasch wieder zurückkehren kann.
Ihm ist eine innere Arglosigkeit zu eigen, eine Unschuld und eine Reinheit, um die man ihn beneiden könnte, aber wegen seiner grenzenlosen, bequemen Oberflächlichkeit kann er selbst ebenso schwer wie andere zu diesem tiefen Kern seines Wesens vordringen, einem Kern, der ihm seine allgemein so geschätzte Sicherheit gibt, die allerdings, bedingt durch seine Lebensweise, oft zu Selbstgefälligkeit ausartet.

Die Karte

Herz König symbolisiert einen Mann mit einer grenzenlosen Integrität und mit einem unerschütterlichen guten Willen. Er ist ehrlich, seinem Wort treu, aber gibt sich manchmal einfältiger, als er tatsächlich ist. Er verbirgt seine Gefühle am liebsten hinter einer gewissen Brummigkeit und ist nicht immer leicht zu verstehen. Außerdem zeigt er seinen Sanftmut lieber in Taten als in Worten. Dadurch erweckt er den Eindruck, unsensibel zu sein und daher unfähig, zarter besaitete Menschen zu verstehen.
Seine äußerliche Schroffheit leitet viele in die Irre. Oft ist er wesentlich komplizierter, als dies nach außen hin erscheint. Trotzdem können seine Arglosigkeit und sein Vertrauen, das er in andere setzt, ihm oft einen bösen Streich spielen, vor allem in geschäftlichen oder finanziellen Dingen. Er eignet sich hervorragend für erzieherische Berufe, für das Amt des Richters oder für Berufe, in denen Ehrlichkeit, Verschwiegenheit oder ein wohlüberlegtes Urteil erforderlich sind. Herz König ist nur selten kreativ, aber er besitzt ein Gefühl für Schönheit und kann natürliche Einfachheit genießen.
Wenn die ratsuchende Person eine Frau oder ein junger Mann ist, steht Herz König für das Vaterbild oder Autoritätssymbol. Er ist der Fels, auf dem ihr Leben gegründet ist. Herz König wird

meist als ein reifer Mann angesehen, aber dies ist nicht sosehr eine Frage des Alters, sondern eine Frage des ausgewogenen Urteils, der Verträglichkeit und Weisheit.

Besondere Bedeutungen

Kombinationen: Wenn Herz König neben einem Buben liegt und die ratsuchende Person eine Frau ist, will diese einem jüngeren Mann Charakterstärke, Mut und Verantwortungsgefühl geben. Dazu muß sie selbst einige der lobenswerten Eigenschaften des Herz Königs besitzen. Die Karte kann aber auch bedeuten, daß die Frau einem älteren Mann begegnet, der sie durch obengenannte Charakterzüge leitet und unterstützt.
Bei allen anderen Farben führt eine Heirat zwischen dem König und der Dame der gleichen Farbe meist zu einem großen Mißerfolg. Herz Dame und Herz König hingegen ergeben ein sehr gut zusammenpassendes Paar. Sie schenken einander aufrichtige Zuneigung und bedingungsloses Vertrauen, und selbst wenn sie sich nicht in allen Punkten verstehen, so wird ihr Leben doch reich und erfüllt von gegenseitiger Liebe sein.

Positionen: Wenn bei einem Mann Herz König in der Mitte des zu deutenden Schemas auftaucht, besitzt dieser möglicherweise die Charaktereigenschaften des Herz Königs oder bemüht sich darum, sich diese Eigenschaften zu eigen zu machen, da er einen älteren und erfahrenen Mann wegen dieser Charakterzüge bewundert.
Wenn bei einer Frau Herz König in einer zentralen Position liegt, ist ihr Leben eng verbunden mit einem Mann, der derartige Eigenschaften besitzt. Es kann sich um ihren Ehemann handeln, um ihren Vater, um einen feurigen Liebhaber oder in manchen Fällen auch um einen anhänglichen Sohn.
Erscheint Herz König im oberen linken Flügel des Schemas, so

ist dies ein Hinweis darauf, daß der Ratsuchende in näherer Zukunft mit einem solchen Mann in Kontakt kommen wird. Es ist dann ihm überlassen, ob er Gebrauch von dessen Hilfe und Zuwendung machen will (die möglicherweise mit bestimmten Bedingungen und Verpflichtungen verknüpft sind).

Liegt Herz König im oberen Teil des Schemas, dann stellt dieser Mann eine potentielle Kraft im Leben des Fragestellers dar. Seine Freundschaft kann aber nur durch Integrität von seiten des Fragestellers gewonnen werden. Herz König ist zwar kein Mann, der schnell eingeschnappt ist, aber er ist unerbittlich gegenüber Unehrlichkeit, Vermeiden von Verantwortung oder anderen Verletzungen seines Wertsystems. Sollte es zu einem offenen Zusammenstoß kommen, wird er furchtlos, entschlossen und manchmal sogar mit vernichtender Kraft zurückschlagen.

Wenn Herz König im unteren Teil eines Kartenschemas liegt, handelt es sich um einen Mann, der den Weg des Ratsuchenden nur für kurze Zeit kreuzt, ihm aber trotzdem den Anstoß dazu gibt, sein Leben völlig zu ändern. Oft nimmt er eine führende Stellung ein und kann den Weg zum gesellschaftlichen Aufstieg ebnen, andererseits aber auch über den Ratsuchenden zu Gericht sitzen, ihn bei familiären oder gesellschaftlichen Problemen beraten und unterstützen oder ihm in schwierigen Zeiten eine finanzielle oder moralische Stütze sein.

Pik

Pik: Wissen, Wissensdurst, Distanziertheit.

As: Streben, Begehren, Wollen, Individualität.

Pik As: Streben nach Wissen, »ich denke«.

Pik As

Positiv: Eine starke, geballte Energie, die zum Guten wie zum Bösen ausschlagen kann; Eroberung, Sieg, *Aktivität*, eine wirbelnde Kraft; der Herbst.

Negativ: Kraft durch Leiden, durch Rache, durch Strafe oder durch Schicksalsschläge.

Charaktereigenschaften

Pik As hat die Tendenz – neben seinem schier unlöschbaren Wissensdurst –, sich mit emotionalen Menschen zu umgeben. Die Anziehungskraft, die diese Menschen auf Pik As haben, hat ihren Ursprung in dem für Pik As Unerklärlichen dieser Gefühlsäußerungen, die nicht nur seine ausgeprägte intellektuelle Neugier reizen, sondern auch eine unerschöpfliche Quelle der Inspiration darstellen, falls Pik As so objektiv sein kann, sich dieser

Wirkung bewußt zu werden. In den meisten Fällen jedoch schätzt Pik As seinen intellektuellen Ansatz höher ein als die emotionalen Ausbrüche seiner Umgebung, denn Toleranz ist nicht seine stärkste Seite. Auf Pik As paßt das Sprichwort: »Wer im Glashaus sitzt, werfe nicht mit Steinen.«

Solange sich Pik As nicht dessen bewußt ist, daß die kühlen Höhen seines Verstandes nur über Kanäle erreicht werden können, die tief in der archaischen Gefühlswelt wurzeln, wird es kalt und hart bleiben.

Wenn Pik As eine beherrschende Stellung unter den zu deutenden Karten einer Frau einnimmt, neigt diese dazu – solange sie die Verbindung zwischen Kopf und Herz nicht hat herstellen können –, sich in alles einzumischen, zu klatschen, zu provozieren und ihren Partner zu betrügen. Sobald sie aber einen Partner gefunden hat, der sie zu dieser Erkenntnis führt, wird sie ihm bis an ihr Lebensende treu bleiben.

Wenn Pik As sich auf einen Mann bezieht, kann dieser sich in gesellschaftlicher Hinsicht profilieren. Aber trotzdem tendiert auch er dazu, sich von einem bestimmten Fach oder Interessengebiet abzuwenden, wenn er es durchschaut hat, und sich aufgrund eines ungreifbaren Ziels oder Ideals, dem er seine volle Aufmerksamkeit und Energie schenken will, etwas Neuem zuzuwenden.

Die beste Zeit im Leben eines solchen Menschen sind die mittleren Jahre, da er seine Neugier beibehält und alles auf seinen Ursprung und seine Ursache hin erforscht, das Wie und Warum der Gesellschaft, der Welt und des gesamten Universums untersucht. Diese Bestrebungen tragen aber meist erst im Alter von etwa fünfzig Jahren Früchte. Er findet die Antworten auf seine Fragen nicht in existierenden philosophischen Systemen oder Religionen und schreckt deshalb auch davor zurück, sein Heil in verschwommenen, ethisch-idealistischen Strömungen zu suchen. Er sucht und findet seinen eigenen Weg und hält diesen dann für den »einzig richtigen Weg«!

Pik As muß ständig darauf achten, seine physische Kondition zu erhalten und mit beiden Beinen auf dem Boden zu bleiben.

Die Karte

Es entspricht einer verbreiteten Ansicht, daß Pik As der Vorbote einer Katastrophe und des Todes ist. Aber dies ist nicht zutreffend!

Pik As repräsentiert zusammengeballte Kraft, Macht und Stärke. Ob diese Kraft dem Betreffenden zum Heil oder zum Unheil gereicht, hängt zum großen Teil von ihm selbst ab.

Hinweise auf die Art dieser Kraft kann man aus der Position der Karte im Schema und aus ihrer Verbindung zu benachbarten Karten entnehmen. Mit Pik As kann Großes vollbracht werden. Wenn der Fragesteller einen starken Charakter hat, kann er seine Kraft bändigen, alle Schwierigkeiten auf seinem Lebensweg überwinden und der Zukunft furchtlos und hoffnungsvoll entgegengehen.

Aber Pik As birgt auch eine Gefahr in sich. Wenn der Ratsuchende die Kontrolle verliert, kann es zu einer Explosion kommen, die ihm und seinen Lebensgefährten ernsthaften Schaden zufügen könnte. Deshalb sollte der Kartendeuter zunächst einmal versuchen, das Wesen von Pik As zu ergründen, wenn diese Karte auftaucht. Dann sollte er den Fragesteller darauf hinweisen, daß Wachsamkeit und Selbstbeherrschung vonnöten sind, um seine Kraft im richtigen Augenblick zielgerichtet einsetzen zu können.

Besondere Bedeutungen

Positionen: Wenn Pik As in der Mitte eines Schemas liegt, besitzt der Ratsuchende große Kräfte. Er hat die Kraft zu heilen und kann vielen Menschen als Arzt, Krankenpfleger oder in ähnlichen Berufen helfen. Seine Führungsqualitäten können ihn auch zu einem erfolgreichen Rechtsanwalt oder Politiker machen, kurzum, er hat überall Erfolg, wo dynamische Energie gefordert wird. Aber er läuft auch Gefahr, einseitig, voreingenommen und dogmatisch zu sein. Er muß lernen, auch andere Meinungen gelten zu lassen, und er muß dazu angehalten werden, seine Talente in den Dienst der Menschheit zu stellen. Er sollte auch dafür sorgen, daß er seine Launen und sein Geltungsbedürfnis unter Kontrolle hält, da er sonst Gefahr läuft, seine Kräfte zu mißbrauchen und dadurch andere Menschen mit einem ähnlich starken Willen gegen sich aufzubringen.

Pik As im oberen rechten Flügel des Schemas weist auf eine Kraft von außen hin, die den Ratsuchenden beeinflussen wird. Er muß darauf vorbereitet sein, dieser Kraft etwas entgegensetzen und sie für sich nutzen zu können. Wenn ihm dies gelingt, wird er mit viel größerer Autorität und mit gestärktem Selbstvertrauen aus dem Kampf hervorgehen.

Liegt Pik As im oberen linken Flügel, so steht der Ratsuchende vor der Wahl, die Kraft in seinem Leben zuzulassen oder ihr auszuweichen. In diesem Fall ist es die Aufgabe des Kartendeuters herauszufinden, inwieweit der Fragesteller in der Lage ist, neue Situationen zu bewältigen. Möglicherweise steht er an einem Scheideweg und muß eine wichtige Entscheidung treffen. Wenn er von Natur aus ängstlich und unsicher ist, sollte man ihm von einer umwälzenden Veränderung seines Lebens abraten. Ist er hingegen mutig, selbstsicher und abenteuerlustig, so eröffnen sich ihm nun vielversprechende Möglichkeiten. Der Fragende selbst hat bei dieser Wahl immer das letzte Wort. Er muß die Risiken erkennen und selbst unterscheiden, ob er bereit und in der Lage ist, die Herausforderung anzunehmen und einen Weg einzuschlagen, der zweifellos interessant ist, aber gleichzeitig auch hart und schwierig.

Wenn Pik As in der untersten Reihe des Schemas liegt, gibt es

wahrscheinlich einen bestimmten Bereich, den der Ratsuchende mit Kraft angehen muß. Die benachbarten Karten geben Auskunft über die Art dieses Bereichs. Der Ratsuchende muß sich auf emotionalen Aufruhr, auf eine plötzlich eintretende Notsituation oder auf einen erbitterten Kampf mit jemandem vorbereiten, der dominieren will. Wenn er diesen erfolgreich übersteht, wird sich seine gesamte Situation merklich verbessern.
Die lebenspendende Kraft von Pik As ist nicht in jedem Fall gefährlich. Derjenige, der damit richtig umzugehen weiß, wird in der Zukunft ungeahnt reiche geistige Früchte ernten können.

Pik: Wissen, Wissensdurst, Distanziertheit.

Zwei: Zusammensein, Zusammenkommen, Zusammenarbeiten.

Pik Zwei: Das Manipulieren anderer Menschen; ein Intrigant.

Pik Zwei

Positiv und negativ: Friede und Ruhe; Intellekt, der durch Zuneigung im Zaum gehalten wird; Keuschheit, Ruhe und Schweigsamkeit, *bewaffneter Friede;* Widersprüche in einer Person; Aufopferung und Schwierigkeiten, durch die Kraft entsteht, Streitigkeiten geschlichtet werden und Friede wieder einkehrt, obwohl die Spannungen bestehenbleiben; Freude nach Kummer; Ehrlichkeit und Unehrlichkeit, Entschlußlosigkeit; Selbstsucht und Selbstlosigkeit.

Charaktereigenschaften

Pik Zwei kann die Karte der Angst genannt werden, der tiefverwurzelten Furcht vor dem Unbekannten. Sie kommt nicht eher zur Ruhe, bis sie die Dinge in einen philosophischen oder psychologischen Rahmen eingeordnet hat, so daß sie übersichtlich und weniger bedrohlich erscheinen. In Wirklichkeit fühlt sie sich von allem und jedem bedroht, sogar von sich selbst. Bei der geringsten Provokation treten ihre Abwehrmechanismen in Kraft, und sie legt sich eine sehr aggressive, scheinbar selbstbewußte Haltung zu. Sie hat einen impulsiven, hitzköpfigen Charakter, Schlußfolgerungen werden von ihr zu schnell gezogen, und jede Form von Selbstdisziplin oder Selbstbeherrschung ist ihr fremd. Da sie sehr redegewandt ist, verstrickt sie sich beim geringsten Anlaß in eine Diskussion, in der sie von vornherein, ohne nachzudenken, den entgegengesetzten Standpunkt einnimmt und diesen unablässig, verbissen und ungeduldig verteidigt. Sie provoziert ihren Gegner (und davon hat sie ihrer Meinung nach viele), sorgt durch schlaue Winkelzüge dafür, daß dieser in eine Sackgasse gerät oder zu Aussagen gebracht wird, die er ohne die Einmischung der Pik Zwei nicht geäußert hätte und die nichts mehr mit der ursprünglichen Diskussion zu tun haben. Es scheint, als ob Pik Zwei mit böser Absicht Unverständnis, Mißverständnisse und Verwirrung verbreitet, um in Diskussionen ihre Gegner in die Irre zu führen. Man muß eine Absicht dahinter vermuten, denn Pik Zwei ist zu klug, um dies nicht selbst zu bemerken.

Sie wirkt im verborgenen und besitzt die Fähigkeit, geheimgehaltene Informationen aufzuspüren. Daher trifft man sie oft in Geheimdiensten, bei der Polizei oder in der Politik an. Im ungünstigsten Fall handelt sie gewissenlos und benutzt ihre auf hinterlistige Weise erworbenen Informationen zur Erpressung.

Pik Zwei mißtraut jeder (guten) Absicht, und das ist eine der Ursachen, warum sie die Tatsachen doch manchmal fehlinterpretiert. Ein anderer Grund, warum dies geschieht, ist ihr mangelndes Vertrauen in sich selbst und ihre Furcht vor den Konsequenzen der Ehrlichkeit und Arglosigkeit, da diese Hingabe und Vertrauen erfordern, Eigenschaften, die sie selbst nicht hat, obwohl sie ihre Integrität immer sehr betont.

Aus diesen Charakterzügen ergibt sich von selbst, daß Pik Zwei andere Menschen als Gebrauchsgegenstände ansieht, die man benutzt, wenn man sie benötigt, und wegwirft, aus dem Wege räumt oder ersetzt, wenn man glaubt, daß sie nicht mehr nützlich sind.

Das Wichtigste, was es für Pik Zwei auf der Welt gibt, ist sie selbst und das, was sie denkt und zu ihrem Vorteil benutzen kann.

Obwohl sie viel stärker auf die Zusammenarbeit mit anderen angewiesen ist als die übrigen Zweier-Karten, ist sie dafür weniger offen und will sich deswegen keinerlei Beschränkungen auferlegen.

All diese wenig positiven Charaktereigenschaften können auf ihre ursprüngliche Lebensangst zurückgeführt werden. In ihrer Kindheit hatte sie wahrscheinlich Angst im Dunkeln, mußte alle möglichen Tricks erfinden, um nicht die Mißbilligung der Eltern auf sich zu ziehen, hielt ihre Gefühle und Taten verborgen, bis dies unerträglich wurde, und wahrscheinlich ließen die Eltern bestimmte Eigenschaften als erstrebenswert und erfreulich gelten, die sie besser als schlau, berechnend, eitel und gefährlich bezeichnet hätten.

Pik Zwei heiratet übrigens meist ziemlich plötzlich, obwohl diese Ehe gewöhnlich nach kurzer Zeit in einer Scheidung endet. Nachdem sie vierzig geworden ist, nimmt die Notwendigkeit, dominieren zu müssen, bei ihr meistens ab, und sie benutzt die so freigesetzte Energie dann für Hobbys, Philosophie und Esoterik.

Die Karte

Pik Zwei ist die Karte des plötzlichen Entschlusses, der schnellen Entscheidung in Angelegenheiten von scheinbar untergeordneter Bedeutung. Ob der Fragende selbst diese Entscheidung fällt oder ob es jemand ist, der Einfluß auf ihn ausübt, hängt von der

Position der Karte im Schema ab. In beiden Fällen ist die Entscheidung (zumindest dem Anschein nach) eher von Rachsucht, Zweifel oder Ärger beeinflußt als von einem ausgewogenen Urteil.

Besondere Bedeutungen

Kombinationen: Wenn Pik Zwei einer Hofkarte gegenüberliegt, kann der Fragesteller das Opfer von Verdächtigungen oder von falschen Beschuldigungen werden. Wie verständlich es auch sein mag, daß er sich dadurch verletzt oder verärgert fühlt, es wäre besser, wenn er sich beherrschen und das ihm zugefügte Unrecht nicht mit wütender Verteidigung, Beschuldigung des anderen, mit Drohungen oder mit Tränen bekämpfen würde. Der beste Rat, den man ihm geben kann, ist der, die Angelegenheit auf sich beruhen zu lassen, bis er sich wieder objektiv mit ihr auseinandersetzen kann. Dann kann er immer noch entscheiden, was zu tun ist: zu versuchen, die Sache wieder ins Lot zu bringen, oder sie auf sich beruhen zu lassen.

Der Ratsuchende sollte gewarnt werden, daß Pik Zwei eine Prüfung darstellt, was die Verarbeitung unangenehmer Erfahrungen anbetrifft. Wenn er diese Prüfung besteht, kann er sozialen Aufstieg, Verbesserung seiner persönlichen Beziehungen und einen zunehmenden Respekt von seiten seiner Kollegen erwarten. Deshalb kann Pik Zwei trotz der schwierigen Zeit, die sie ankündigt, dem Ratsuchenden schließlich doch noch zum Segen gereichen.

Unabhängig von ihrer Position im Schema ist Pik Zwei immer ein Ansporn, die fragliche Situation weiter zu erforschen. Da er nicht ahnt, zu welchem Ausmaß sich kleine Streitigkeiten ausweiten können, kann der Fragende leicht aus dem Gleichgewicht gebracht werden und sich zu katastrophalen Handlungen verleiten lassen.

Der Kartendeuter muß das Problem mit dem Ratsuchenden besprechen, um ihm zu dem geistigen Frieden und der Tapferkeit zu verhelfen, die er benötigen wird, wenn er mit Demütigungen und Widerständen konfrontiert wird.

Positionen: Wenn Pik Zwei in der Mitte liegt, muß dem Fragenden angeraten werden, sein Unterscheidungsvermögen nicht von persönlichen Feindseligkeiten trüben zu lassen. Zu scharfe Reaktionen auf kleine Verletzungen können den Erfolg seiner Projekte auf lange Sicht verhindern.

PIK: Wissen, Wissensdurst, Distanziertheit.

DREI: Unsicherheit, Selbstentfaltung.

PIK DREI: Unentschlossenheit, passiver Widerstand, abwartende Haltung.

PIK DREI

Positiv: Das Einhalten von Versprechen; verläßlich in finanziellen Angelegenheiten.

Negativ: Kummer; melancholisch, unglücklich, ängstlich, zerstörerisch, rebellisch; Disharmonie und Streit säend; Aufschub, Abwesenheit, Scheidung, Betrug.

Charaktereigenschaften

»Erst sehen und dann glauben«, ist das Motto der Pik Drei, ein echter »ungläubiger Thomas« also. Sie hat kein Vertrauen in die Richtigkeit ihrer eigenen Wahl, ebensowenig wie in die Stabilität ihrer Beziehungen oder ihrer finanziellen Lage. Dies erzeugt Unstetigkeit, und daher wechselt Pik Drei ihre Arbeit, ihre Beziehungen und ihre Meinungen wie ein Chamäleon seine Farbe.

Wenn Pik Drei aber meint, etwas sicher zu wissen, zu besitzen oder zu lieben, versucht sie, es mit beiden Händen festzuhalten und steht daher Neuerungen kritisch gegenüber, ist intolerant gegenüber revolutionären Ideen und hat große Angst vor dem Unbekannten. Dagegen fällt es ihr leicht, zuzugeben, wenn sie unrecht hat oder Fehler gemacht hat, und sie ist dann auch zu einem neuen Versuch bereit – allerdings fehlt ihr jegliches Vertrauen in einen solchen Neuanfang.
Eigensinnig, verärgert und geringschätzig pflegt sie in solchen Fällen passiven Widerstand zu leisten und hofft insgeheim, daß es wieder zu einem Fehlschlag kommt. Mit dieser Einstellung untergräbt sie immer wieder ihr Selbstvertrauen. Ausgeglichenheit ist nicht gerade ihre Stärke!
Wenn sie ihre Entschlüsse ruhig und überlegt träfe, würde sie schnell einsehen, daß jedem Fortschritt Veränderungen zugrunde liegen und daß sie ihre eigene Entwicklung behindert, wenn sie krampfhaft am Altbekannten festhält.
Pik Drei erlebt Schwierigkeiten und Rückschläge, wenn es um die Auszahlung von Erbschaften, um die Rückzahlung von Schulden und um die Wahrnehmung von Rechten oder um Zahlungen geht, die ihr rechtmäßig zustehen. Auch schwebt sie in der Gefahr, sich körperliche Verletzungen zuzuziehen.

Die Karte

Pik Drei symbolisiert ein kleineres Hindernis auf dem Lebensweg, wahrscheinlich nicht schwerwiegender als ein Ärgernis über Nichtigkeiten oder kurzzeitige Schwierigkeiten. Aber das Erscheinen dieser Karte im Schema stellt eine Warnung dar, die man nicht unterschätzen sollte. Kleine Störungen lassen sich mit Verträglichkeit und Humor meist schnell beheben. Wenn aber etwas Ungeduld, Jähzorn, Starrsinn oder Rachegefühle hervorruft, kann der ursprünglich unbedeutende Vorfall unverhältnismäßige Folgen nach sich ziehen und selbst sorgfältig ausgearbeitete Pläne hinfällig machen.

Besondere Bedeutungen

Positionen: Wenn Pik Drei nicht nur eine Karte unter vielen im Schema ist, sondern eine zentrale Position darin einnimmt, muß der Betreffende umgehend und nachdrücklich auf die Gefahr hingewiesen werden, damit er das Hindernis ruhig und überlegt aus dem Wege räumen oder es umgehen kann. Mit gutem Willen, einer bedächtigen Vorgehensweise und nüchterner Einschätzung der Schwierigkeiten kann ein lange gehegtes Ideal trotzdem mit Erfolg verwirklicht werden.
Pik Drei in einer zentralen Position bedeutet außerdem, daß das Hindernis schon in naher Zukunft auftauchen wird. Die Drei symbolisiert manchmal einen Vorfall, dem zwar kaum Beachtung geschenkt wird, der aber dennoch großen Einfluß auf die Zukunft hat, ohne daß sich der Betreffende dessen bewußt wäre.

PIK: Wissen, Wissensdurst, Distanziertheit.

VIER: Struktur und Aufbau.

PIK VIER: Geistiges Gleichgewicht.

PIK VIER

Positiv: Waffenstillstand, Gleichberechtigung, Friede nach einem Krieg, Ruhe nach Kummer, Entspannung nach Angst, Flucht aus dem geistigen Chaos, Genesung nach Krankheit, Veränderungen zum Guten hin nach Schwierigkeiten; intellektuelle Einsicht.

Negativ: Unsicherheit, Dickköpfigkeit, Selbstgefälligkeit, Melancholie.

Charaktereigenschaften

Pik Vier macht auf den ersten Blick einen ruhigen, ausgeglichenen Eindruck, aber bei näherem Hinsehen zeigt sich, daß tief unter diesem vertrauensvollen Äußeren eine große Unsicherheit verborgen ist; Unsicherheit wegen eines Mangels an Wissen, Können oder Emotionalität, die vor allem dann zutage tritt, wenn schnelle Entscheidungen gefordert sind. Dann glaubt sie, wegen ihres Unvermögens die Situation nicht richtig beurteilen zu können. Aber nur wenige andere Menschen werden diese Zweifel bemerken, denn sie weiß sie gut zu verbergen.

Pik Vier ist sehr fleißig und kennt sich überall aus. Sie experimentiert gerne mit ihrem Wissen und den ihr eigenen Fähigkeiten, obwohl sie im Grunde anstrebt, etwas Bleibendes zu schaffen. Im Laufe ihrer Entwicklung bemerkt sie, daß trotz der notwendigen Kenntnisse, die sie inzwischen erworben hat, das unbestimmte Gefühl der Unsicherheit andauert, und sie akzeptiert dies als einen Teil ihres Charakters. Sie macht aus der Not eine Tugend und gibt oft Weisheiten wie »Unsicherheit ist der Nährboden für Aktivität und Kreativität« zum besten oder »Sicherheit ist Stillstand« oder noch abwertender »Sicherheit ist etwas für Dumme«. Obgleich sie sich hierbei in eine gewisse Selbstgefälligkeit versteigt, die größtenteils ihrer Begeisterung über ihre selbsterworbene Gemütsruhe entspringt, entwickelt sie sich doch zu einem Stützpfeiler in dem Bereich, in dem sie tätig ist.

Veränderungen und Erneuerungen, die sie nicht selbst ersonnen hat, weist sie erst einmal weit von sich. Später jedoch, nach näherer Betrachtung und mit gewissen von ihr hinzugefügten Einschränkungen, kommt sie doch wieder darauf zurück. Auf keinen Fall setzt sie sich dabei über ihre grundlegenden Werte oder Prinzipien hinweg. Sie hält an ihren Auffassungen über Recht und Unrecht, Gut und Böse, Ordnung und Unordnung stets fest.

Ihr Urteil ist im allgemeinen klar und wohlbegründet, und ihr entgeht fast nichts, vor allem aber nicht die verborgenen Motive und Absichten in menschlichen Beziehungen.

Da sie weiß, daß Zusammenarbeit die produktivste Form der Arbeit ist, weil ein Problem dann von mehreren Standpunkten aus betrachtet wird, läßt sie ihren Mitarbeitern und Kollegen Raum, so zu sein, wie sie sind. Wenn sie aber durch ihre Auffassungen oder ihr Verhalten ihre eigenen Grundwerte gefährden oder an-

greifen, wehrt sie sich dagegen oder nimmt ihrer Umgebung gegenüber eine unnahbare Haltung ein.
Nachlässigkeit, Unlauterkeit, Anmaßung und Irreführungsversuche sind ihr ein Dorn im Auge, und sie erlebt jede Minute, die sie darauf verwenden muß, als verlorene Zeit. Aus dem gleichen Grunde kümmert sie sich auch nicht um das gesellschaftliche Leben. Die Vergnügungen des geselligen Beisammenseins mit oberflächlichem Gerede und inhaltslosen Kontakten befriedigen sie nicht.
In melancholischen Lebensphasen kann Pik Vier übermäßig viel trinken, aber im allgemeinen ist sie ein ernsthafter und ziemlich ausgeglichener Mensch mit großen Kraftreserven.

Die Karte

Pik Vier ist eine Karte der Wiederherstellung und Genesung. Sie stellt das Ende einer langen Periode der Krankheit, Angst oder übermäßigen Anspannung in Aussicht. Oberflächlich gesehen erscheint eine solche Zeit als reine Energieverschwendung, aber in Wirklichkeit ist es eine sinnvolle Pause, in der man Kraft schöpfen kann.
Im körperlichen Bereich weist Pik Vier auf einen »Genesungsurlaub« hin, aus dem der Ratsuchende wie neugeboren hervorgehen kann.
Im geistigen Bereich deutet sie auf das Ende von Zweifeln, Entschlußlosigkeit und unnötigen Sorgen hin. Stille und Ruhe werden Früchte tragen und zwar in Form von neuen Plänen, neuen Sicherheiten, tieferen Einsichten und einem reicheren Leben.

Pik: Wissen, Wissensdurst, Distanziertheit.

Fünf: Unfrieden, Ruhelosigkeit, Veränderung.

Pik Fünf: Scheidung, Verlust

Pik Fünf

Positiv: Reiche Erfahrung, Gründlichkeit, Intelligenz.

Negativ: Niedergeschlagenheit, Bösartigkeit, Eifersucht, Verleumdung, Schwäche, Versagen, Angst, Armut, Verlust (der Ehre oder des guten Rufes); Trauer nach Schmerz oder Verlust, Schwierigkeiten, Lügen; jemand, der Streitigkeiten zwischen Freunden sät, sich in fremde Angelegenheiten einmischt; grausam, aber feige; ein Klatschmaul.

Charaktereigenschaften

Pik Fünf ist emotional sehr unstabil. Diese Unausgeglichenheit tritt insbesondere in Beziehungen in den Vordergrund. Vor allem dann, wenn eine gewisse Beständigkeit eingetreten ist, fühlt sie sich in ihrer Freiheit bedroht und sucht fieberhaft nach

Mitteln, um die Gefahr abzuwenden. Diese Mittel sind nicht immer sehr feinfühlig.
Pik Fünf ist eine Person, die Schwierigkeiten mit sich selbst hat und nicht weiß, warum. Suchend zieht sie umher und findet nie eine befriedigende Antwort auf die Fragen, die ihre angeborene Ruhelosigkeit ihr eingibt. Sie begegnet und erzeugt immer Schwierigkeiten und Scherereien, ohne recht zu wissen, was sie damit anfangen soll, und ergreift daraufhin die Flucht, Scherben und Ruinen hinter sich lassend. Deshalb ist sie ständig unterwegs, unternimmt lange Reisen und zieht lieber weiter, als dort zu bleiben, wo sie ist. Dieses impulsive Weglaufen, sobald ihr der Boden unter den Füßen zu heiß wird, und die Weigerung, vernünftige Pläne zu fassen oder sich eine Übersicht über die Finanzen ihrer Unternehmungen zu verschaffen, sind ihre zentralen Fehler, die sie immer wieder von neuem begeht.
Pik Fünf ist äußerst egoistisch und hat das Gefühl, einzigartig zu sein. Daher ist sie auch der Überzeugung, daß alles, was allgemein als üblich, nützlich und brauchbar gilt, nicht auf sie zutrifft oder für sie nicht geeignet ist. Sie glaubt, daß sie es besonders schwer im Leben hat und daß die Welt ihr nicht gut gesonnen ist.
Wegen ihres Bedürfnisses nach Veränderung – das ihre Unreife illustriert – eignet sie sich nicht für eine Heirat. Tief in ihrem Herzen sehnt sie sich jedoch danach, und meistens wagt sie auch dieses Experiment, aber Eifersucht, Mißtrauen und zu rasche Veränderungen im eigenen Gefühlsleben sind ihre dauernden Begleiter in diesen Bindungen und bedrohen den Bestand ihrer Ehe. Meist endet diese dann auch schnell in einer Scheidung.
Pik Fünf bleibt nie in ihrem Geburtsort, besucht selten lange die gleiche Schule, beendet fast nie eine Lehre, für die sie sich entschieden hat, und bleibt ebensowenig bei einer Arbeit. Und falls sie dies doch einmal tun sollte, dann verändert sie ihren

Arbeitsplatz so radikal, daß dieser bald nicht mehr wiederzuerkennen ist.
Pik Fünf ist eine überwiegend intellektuell orientierte und darüber hinaus sehr intelligente Person; leider kann sie dies jedoch nicht effektiv für sich nutzen.

Die Karte

Pik Fünf ist eine Karte der Scheidung. Wenn sie in der Mitte eines Kartenschemas liegt, bedeutet das meist, daß der Ratsuchende alte Beziehungen abbrechen, sich eine andere Stellung suchen, seinen Wohnort wechseln oder eine weite Reise unternehmen wird. Liebeskummer, Trauer und oft auch Reue sind mit dieser Karte verbunden. Von alters her wird sie mit Tränen in Verbindung gebracht, aber in den meisten Fällen beruht die Veränderung auf einer freien Wahl. Der Kummer, den der Abschied von Freunden mit sich bringt, kann durch neue Bekanntschaften aufgehoben werden, ebenso durch neue Erfahrungen und durch das Aufbauen eines neuen Lebens, das größere Befriedigung schenkt.
Vielleicht liegt die »Scheidung« auch mehr auf der geistigen Ebene und besteht im Aufgeben von Standpunkten, im Ändern von Auffassungen, Vorurteilen, Illusionen usw.
Pik Fünf ist zweifellos eine schwierige, aber sicher keine schicksalhafte Karte. Im schlimmsten Fall kommt es zum Verlust von Freunden durch eine heftige Meinungsverschiedenheit, durch Streit oder Ärger. Unter derartigen Umständen ist das radikale Aufrechterhalten eines Zustandes, der doch nur immer wieder von engstirnigen Streitereien und kleinen Gemeinheiten untergraben wird und nur dazu führt, einander das Leben schwerzumachen, nicht anzuraten.
Da einschneidende Veränderungen und Abschied von Freunden, Familie oder von Kollegen immer mit unvorhersehbaren Ent-

wicklungen, sei es zum Guten oder zum Schlechten hin, verbunden sind, sollte sich der Kartendeuter mit endgültigen Ratschlägen zurückhalten. Sein Rat sollte dem Ratsuchenden lediglich helfen, seinen Weg zur Selbsterkenntnis zu finden, damit er keine unwiderruflichen Schritte unternimmt, ohne seine Motive ausreichend gegeneinander abgewogen zu haben.

Besondere Bedeutungen

Positionen: Die Karten, die Pik Fünf umgeben, deuten auf die Art der Trennung hin und zeigen, ob dem Fragesteller Freude oder Kummer daraus erwachsen wird. Wenn es aufgrund von Streit, Verbitterung oder Gewinnsucht zur Trennung kommt, muß der Kartendeuter den Ratsuchenden dazu anhalten, seine Pläne noch einmal gründlich zu überdenken und nicht übereilt oder im ersten Ärger etwas Schwerwiegendes zu entscheiden. Wenn der Ratsuchende vor unerwünschten Reaktionen auf einen in seinen Augen untragbaren Zustand auf der Hut ist, kann die Scheidung oder Trennung möglicherweise mit einem Minimum an Leid oder Rachegefühlen zustande gebracht werden.

Wenn Pik Fünf im oberen rechten Flügel liegt, kann dies bedeuten, daß jemand aus der nächsten Umgebung des Ratsuchenden aus seinem Leben verschwinden wird oder daß eine Situation, die er schon jahrelang als unabänderlich ansieht, sich plötzlich doch verändert. Wenn Pik Fünf in der unmittelbaren Nachbarschaft von Karo-Karten liegt, muß die Ursache in einer geschäftlichen Reorganisation gesucht werden.

Befindet sich Pik Fünf im oberen linken Flügel, so handelt es sich um eine frei gewählte Scheidung. Die beiden anderen Karten in diesem Teil des Schemas beschreiben die Folgen, die eintreten werden, falls sich der Ratsuchende tatsächlich zur Scheidung oder Trennung entschließen sollte.

Wenn Pik Fünf im unteren Teil des zu deutenden Schemas liegt, ist die Scheidung eine Begleiterscheinung anderer Geschehnisse. Die Person oder die Situation, die aus dem Leben des Fragenden entschwindet, ist nur dann wichtig, wenn sein Beruf, seine finanzielle oder seine gesellschaftliche Position davon in Mitleidenschaft gezogen wird.

PIK: Wissen, Wissensdurst, Distanziertheit.

SECHS: Vermittlung, Anpassung, Lebensweisheit.

PIK SECHS: Besorgnis, Verantwortungsgefühl.

PIK SECHS

Positiv: Wissenschaft, intellektuelle Anlage, die sich in der Gesellschaft behauptet hat; Arbeit, Beruf, Erfolg nach Sorgen, Überwindung von Schwierigkeiten, Anmaßung, Sensibilität, Flugreisen.

Negativ: Selbstsucht, Anmaßung, Selbstgefälligkeit; Stolz auf intellektuelle Fähigkeiten.

Charaktereigenschaften

Diese Karte kündigt Spannungen an. Pik Sechs reagiert sehr schnell auf Winke ihrer feinen Intuition. Ihr Charakter bewirkt, daß sie sich zu einem sorglosen, nachlässigen Tagträumer entwickelt oder aber zu einem hart arbeitenden produktiven Avantgardisten. Einen Mittelweg scheint es für sie nicht zu geben. Sie ist ein Mensch der Extreme. Wie sie von ihrer großen Sensibili-

tät und ihren intellektuellen Fähigkeiten Gebrauch macht, liegt an ihr selbst. Sie kann sie zu einem wertvollen, scharfgeschliffenen Instrument machen oder sie in Lappalien vergeuden.
Für Pik Sechs spielt sich das Leben in Zyklen ab. Sie kann eine Zeitlang sehr viel Glück haben und anschließend eine Zeit erleben, in der sich alles umkehrt. Wenn sie diesen Verlauf der Ereignisse als eine logische Konsequenz ihres Charakters akzeptieren kann, verschafft ihr dies die beste Gelegenheit, ihre potentiellen Gaben vollständig zu entwickeln. Die Gemütsruhe, die sie sich durch diese Einsicht verschafft, weiß sie sehr zu schätzen, und sie wird ihr Äußerstes geben, um diese aufrechtzuerhalten. Aus solchen Überlegungen heraus schenkt sie den Bedürfnissen ihrer Mitmenschen oft mehr Aufmerksamkeit als ihren eigenen, die sie zwar mehr oder weniger im Auge behält, aber nie auf Kosten anderer durchsetzt.
Pik Sechs besitzt ein ausgeglichenes Gemüt und ist in der Lage, fast alle Hindernisse in ihrem Leben zu überwinden, da sie die tieferen Hintergründe, aus denen diese entstanden sind, erfühlen und verstehen kann. Sobald die andere Seite ihres Charakters die Überhand gewinnt und sie nicht aus dieser alles umfassenden Antriebskraft heraus lebt, sondern sich in den kleinen Aufregungen und Intrigen des Alltags verliert, macht sie sich nicht nur äußerst verletzlich, sondern fühlt sich auch todunglücklich, da sie gegen ihre innersten Werte verstößt und sich selbst auf diese Weise schwächt. Dann wird sie furchtsam, unsicher und besorgt, weshalb Pik Sechs auch oft die »Karte der Angst« genannt wird. In einer solchen Situation macht sie sich beispielsweise Sorgen darüber, daß sie weniger leistet, als von ihr erwartet wird, daß sie nicht in der Lage ist, ihre Fähigkeiten in gutes Geld umzusetzen. Vor allem sorgt sie sich aber um das Glück, die Gesundheit, die Fortschritte und die Entwicklung ihr nahestehender Menschen.
Pik Sechs fühlt sich in einem spezialisierten Beruf viel stärker in ihrem Element als im Geschäftsleben. Aber sie muß darauf achten, sich nicht zu überarbeiten, da sie äußerst nervös ist und

dann nicht mehr ihr klares, scharfes und aktives Denkvermögen voll ausschöpfen kann.

Sie erfüllt ihre Aufgabe mit unerschöpflicher Geduld, still, fleißig und geschickt, ohne jegliches Bedürfnis, sich in den Vordergrund zu spielen. Arbeit und Selbstdisziplin sind ihr angeboren und bringen sie wie von selbst in die Position, die sie sich wünscht. Ihr starkes Interesse an ihrem Beruf bewirkt nicht nur, daß sie beständig arbeitet, sondern auch, daß sie viele Entdeckungen macht, und aus dieser Verknüpfung schöpft Pik Sechs neben einer intensiven Befriedigung auch ein stilles Vergnügen.

Die Karte

Pik Sechs ist eine Karte der Angst. Sie deutet oft auf eine Zeit aufreibender Anspannung hin, in der dem Fragesteller nichts anderes übrigbleibt, als abzuwarten. Es ist möglich, daß er oder jemand, der ihm nahesteht, zu diesem Zeitpunkt krank ist, aber noch wahrscheinlicher ist er selbst in dieser Zeit von den Entscheidungen anderer abhängig. Deshalb fühlt er sich bedroht und eingeschlossen und ist zudem noch zu sehr entmutigt, um auf eigene Verantwortung Schritte zu unternehmen.

Der Kartendeuter muß anhand der Karten, die Pik Sechs umgeben, feststellen, ob diese unangenehme Situation für den Fragenden günstig oder ungünstig verlaufen wird. Außerdem muß er daran denken, daß das vom Ratsuchenden erwünschte Ergebnis nicht unbedingt das wünschenswerteste sein muß.

Der Kartendeuter sollte auch nachprüfen, ob der Fragende in dieser Zeit der Spannungen sein Problem wirklich von allen Seiten betrachtet hat und ob er alles getan hat, was ihm möglich war. Wenn dies der Fall ist, muß der Ratsuchende versuchen, allen Ballast von sich abzuwerfen, indem er eine völlig andere Tätigkeit annimmt. Dann ist er besser gegen Enttäuschungen gewappnet, wenn die Entscheidung gefallen ist, und er wird außerdem einen guten Ausgang der Entwicklung besser für sich nutzen können.

KREUZ: Wissen, Wissensdurst, Distanziertheit.

SIEBEN: Einsicht, Weitblick, Wendepunkt.

PIK SIEBEN: Plötzliche Einsicht, Umkehr.

PIK SIEBEN

Positiv: Durchsetzungsvermögen, Selbständigkeit, Selbsterforschung, Gewissenhaftigkeit.

Negativ: Unausgeglichenheit, unsichere Bemühungen, vergebliche Bemühungen gegen übermächtigen Widerstand; Teilerfolge wegen Aufgabe des Kampfes kurz vor dem Sieg, da das Durchhaltevermögen zu gering ist; *Ziellosigkeit,* Nutzlosigkeit, vergebliche Bemühungen, Hypernervosität; Unzuverlässigkeit, Zerrüttung, Unehrlichkeit.

Charaktereigenschaften

Dies ist eine Karte, die von der »großen« Inspiration lebt; und daher ist sie eine sehr schwierige Karte. Wenn diese Inspiration nicht realisiert wird oder eine Zeitlang nicht existiert, läuft Pik Sieben ziellos umher und macht sich Sorgen um Nichtigkeiten,

die nie eintreten werden. Das Motto dieser Karte müßte lauten: »Lebe nach deinen eigenen Einsichten, mißtraue ihnen nicht, sondern folge ihnen, koste es, was es wolle!«
Pik Sieben kann immer ihr Brot verdienen, wenn sie bereit ist, dafür zu arbeiten. Aber ebenso mißtrauisch, wie sie ihren eigenen Eingebungen gegenübersteht, betrachtet sie auch ihre Funktion in der Gesellschaft. Demzufolge sieht ihre finanzielle Situation oft nicht besonders rosig aus, und dann gerät sie in Panik. Oft steckt sie in solchen Situationen ihr restliches Geld in spekulative Unternehmungen und vergrößert dadurch ihre Geldsorgen nur um so mehr. Sie neigt dazu, ihre wahre finanzielle Lage zu verheimlichen. Manchmal hat sie mehr, manchmal weniger, als sie vorgibt.
Die Ursache aller Schwierigkeiten liegt bei ihr in der Tatsache, daß sie die Dinge vorher nicht sorgfältig genug abwägt, so daß sie sich schlecht vorbereitet und unüberlegt in Unternehmungen und Verbindungen stürzt. Zeiten der materiellen Not lassen sich daher auch nicht vermeiden, und um solche Perioden überbrükken zu können, muß sie sich mit Herz und Seele einsetzen. Sie tut dies nur ungern, da sie der bestehenden gesellschaftlichen Ordnung und ihren Gesetzen kritisch gegenübersteht und sich damit nicht wohl fühlt.
Manchmal wird diese Karte mit Verleumdung und Skandalen in Zusammenhang gebracht. Tatsächlich erlebt Pik Sieben, wenn sie nicht zielgerichtet handelt, Schwierigkeiten im beruflichen Bereich und in ihren Beziehungen, aber diese können sowohl durch das Unverständnis und die Unzuverlässigkeit ihrer Mitmenschen wie auch durch ihr eigenes Mißtrauen verursacht worden sein. Sie leidet so intensiv unter dieser Art von Schwierigkeiten, daß sie die ihr angeborene starke Nervosität noch weiter verstärken, ihre Gesundheit gefährden und sie völlig zerrüttet zurücklassen.
Pik Sieben braucht greifbare und spürbare Sicherheit. Sobald sie den Boden unter den Füßen verliert, verläßt sie das, wofür sie

sich eingesetzt hat, und versucht so lange anderswo ihr Glück, bis sie gefunden hat, wonach sie sucht.
Sie muß dabei allerdings äußerst wählerisch vorgehen und unbeständige, achtlose, dekadente und trinksüchtige Liebhaber und Freunde wie die Pest meiden. Sie wäre ihnen nicht gewachsen!
Eigentlich liegt es Pik Sieben am meisten, alleine zu leben, denn die Unruhe des Zusammenlebens tut ihr nicht gut. Sie muß sich von Zeit zu Zeit zurückziehen können, um ihr Selbstvertrauen zurückzugewinnen und zu erkennen, daß sie sich in gesellschaftlicher Hinsicht jederzeit selbst helfen kann.
Eine Pik Sieben, die auf beiden Beinen steht, über eine starke Intuition verfügt, eine gute Ausbildung erhalten hat und dem Leben positiv gegenübersteht, wird große Erfolge ernten können, die sie niemand anderem als sich selbst zu verdanken hat.

Die Karte

Pik Sieben ist eine Karte des Gespaltenseins. Die Pläne des Ratsuchenden werden nur zum Teil erfolgreich sein. Außerdem kündigt die Karte plötzliche Wendungen und Hürden auf dem Lebensweg an. Wenn Pik Sieben erscheint, wird der Ratsuchende feststellen müssen, daß Dinge, die er erfolgreich abgeschlossen hat, ihm doch nicht soviel Erfolg und Anerkennung bringen, wie er erhofft hatte. Ihm ist anzuraten, sein Pläne noch einmal kritisch und vor allem objektiv unter die Lupe zu nehmen. Sein Weg ist aller Wahrscheinlichkeit nach mit größeren Schwierigkeiten gepflastert, als er vermutete. Er muß mit einem Terrainverlust rechnen, aber wenn es ihm gelingt, seiner Enttäuschung Herr zu werden, wird er wieder Fortschritte machen können.
Auf keinen Fall darf er zu schnell aufgeben! Außerdem darf er nie aus Entrüstung heraus handeln, denn auf diese Weise verdirbt er sich seine Chancen für die Zukunft.
Der Kartendeuter sollte ihn so vorsichtig wie möglich darauf

aufmerksam machen, daß zu leichte Erfolge ihren Sinn verlieren und oft ins Gegenteil umschlagen, während Erfolg, der mit Mühe und Entbehrungen errungen worden ist, nicht nur große Befriedigung schenkt, sondern meist auch dauerhaft ist.

Pik: Wissen, Wissensdurst, Distanziertheit.

Acht: Macht, Wille, Organisation.

Pik Acht: Emotionale Beeinflussung.

Pik Acht

Positiv: Willenskraft, Organisationstalent, gutes Regenerationsvermögen.

Negativ: Unterbrechung, Störung, Hindernis; Verschwendung von Energie an Details, wodurch die wichtigeren Dinge vernachlässigt werden; Mangel an Durchsetzungsvermögen, unerwartete Rückschläge, Beschränkung; große Sorgfalt einerseits und Achtlosigkeit andererseits.

Charaktereigenschaften

Diese Karte ist eine Mischung aus Kraft, Intuition, Sensibilität und luftigen Emotionen. Dies alles zusammen läßt sich sehr schwierig im Gleichgewicht halten, und manchmal resultieren daraus chaotische Zustände. Während dieser Periode der Verwirrung ist Pik Acht vor allem auf emotionaler Ebene allen möglichen Beeinflussungen ausgesetzt. Trotzdem muß sie, koste es, was es wolle, versuchen, ihr geistiges Gleichgewicht zu bewahren. Ihre Emotionen dürfen ihre Gemütsruhe nie so ernstlich stören, daß sie ihre festen Werte über Bord wirft und ihre intellektuelle Einstellung aufgibt, zumindest, wenn sie nicht demoralisiert aus dem Kampf hervorgehen will.

Im allgemeinen steuert sie ihr Ziel geradewegs an und erreicht durch die Kraft ihres Wesens, was sie will. Pik Acht läßt sich von nichts und niemandem zurückhalten und läßt allen ihren inneren Regungen Raum.

Obwohl sie immer wieder emotionaler Unruhe ausgesetzt ist und in intensive Beziehungen verwickelt wird, erkennt sie fast auf der Stelle, daß diese Situationen ihr nur zu einem kleinen Teil Befriedigung schenken können, und demzufolge bricht sie die wenig versprechenden Verbindungen sofort ab.

Um das Wissen zu erwerben, das sie für so notwendig hält, ist ihr keine Hürde zu hoch, und sie hat dort Erfolg, wo andere versagen. Sie schöpft ihr Potential am meisten aus, wenn sie in großen Organisationen arbeitet. Sie übt großen Einfluß auf ihre Mitmenschen aus, ohne sich dessen bewußt zu sein, und kann diese zu Dingen verleiten, die sie eigentlich nie tun wollten.

Die Ursachen der Krankheiten von Pik Acht sind oft psychischer Art und daher in zu starken Spannungen zu suchen. Glücklicherweise verfügt sie über ein schnelles Regenerationsvermögen.

Pik Acht durchlebt beträchtliche Höhen und Tiefen, aber sie überwindet alle Hindernisse, sowohl die seelischer und körperlicher wie auch die materieller Art.

Ihr schwacher Punkt ist ihre Verletzlichkeit emotionaler Beeinflussung und Manipulation gegenüber. Derartige Einflüsse sind für sie unergründlich und unbegreifbar, und sie weiß sich nicht dagegen zu wehren. Vor dieser Art von Beeinflussung muß sie ihr ganzes Leben lang auf der Hut bleiben, denn sie bringt nicht nur ihren natürlichen Rhythmus aus dem Gleichgewicht, sondern sie kann dadurch auch völlig verstört werden.

Die Karte

Pik Acht ist eine Karte der Befriedigung. Sie ist ein sicherer Hafen, ein Zufluchtsort, zu dem irdische Sorgen und Spannungen keinen Zugang haben. Sie ist eine Karte der stillen Freude und des Wohlbehagens. Die stille Zufriedenheit kann mit einem anderen Menschen geteilt werden, aber auch mit einer bestimmten Umgebung zusammenhängen oder mit einer geliebten Beschäftigung. Nähere Hinweise über den Charakter dieses wohltuenden Einflusses erhält man durch die Karten, die Pik Acht umgeben. Aber Pik Acht spiegelt nur einen Aspekt aus dem Leben des Ratsuchenden wider; sie ist keine allumfassende Karte. Die kleinen Freuden im Leben dieses Menschen sind nur eine Nebenerscheinung, eine ruhige Bucht neben dem Hauptstrom der alltäglichen Mühen.

Der Ratsuchende sollte davor gewarnt werden, sein Heil nur in diesen friedlichen Freuden zu suchen. Wenn er versucht, in Genuß und Entspannung völlig aufzugehen, wird er seine Pflichten versäumen und in einer zersplitterten Welt erwachen.

Natürlich darf er die Freuden, die ihm geboten werden, genießen, aber wenn er sich diesen Genuß auf Dauer sichern will, muß er ihn vom Rest seines Daseins getrennt halten und aktiv bleiben, um nicht Sklave seiner Lust zu werden und die Welt seiner Befriedigung nicht zu einem Chaos werden zu lassen.

Pik: Wissen, Wissensdurst, Distanziertheit.

Neun: Sehnsucht, die große Leidenschaft, Menschenliebe.

Pik Neun: Verlust der intellektuellen Kontrolle, Störung, ein Abenteuer.

Pik Neun

Positiv: Gehorsam, Zuverlässigkeit, Geduld; Selbstlosigkeit, Pflichtgefühl, Gewissenhaftigkeit.

Negativ: Grausamkeit, Todesangst, Verzweiflung; Hoffnungslosigkeit, Sorgen, Leiden, Verlust, Krankheit; Bösartigkeit, Haarspalterei, Verschlagenheit; Lügen, Skandale, Besessenheit.

Charaktereigenschaften

Von einem unstillbaren Verlangen getrieben, zieht Pik Neun unsicher und zweifelnd, aber sensationsgierig durch die Welt, geht zu viele Risiken ein und spielt zu sehr mit ihrem Glück, nur um ihre Neugier zu befriedigen. Man könnte sie eine Abenteurerin nennen, wenn sie ihren Verpflichtungen nicht so gewissenhaft nachkäme.
Wenn sich ihre Abenteuerlust auf den Bereich der Wissenschaft

richtet, entwickelt Pik Neun oft einen extrem leidenschaftlichen Forschergeist, und da sie dort zielgerichtet nach etwas sucht, wird sie auch mit Sicherheit etwas Besonderes entdecken, denn sie ist außerdem sehr klug. Dabei geht sie langsam, ernsthaft und beständig an die Arbeit.

Pik Neun gerät sofort in Panik, wenn im familiären Kreis emotionale Schwierigkeiten entstehen. Diese Schwierigkeiten können durch finanzielle Probleme verursacht sein, aber es ist noch wahrscheinlicher, daß die Neigung von Pik Neun, ihre Zeit und Energie in Oberflächlichkeiten zu vergeuden, der Ursprung aller Schwierigkeiten ist.

Sie reagiert hauptsächlich instinktiv und leidenschaftlich auf die Menschen und Dinge ihrer Umgebung. Um das Gefühl zu haben, daß sie lebt, benötigt sie Hochspannung, Überhitzung, Besessenheit, kurzum hysterische Situationen. Unzählige ruinierte Beziehungen markieren ihren Lebensweg, da sie viel stärker an der Intensität des Geschehens interessiert ist als an den Menschen, die damit verbunden sind. Sobald irgendeine Form von Gewöhnung entsteht und die Spannung nachläßt, ist eine Beziehung eigentlich nicht mehr interessant für sie, und sie stößt den Betreffenden grausam zurück. Pik Neun kann darum zu Recht ein gefühlsarmer Mensch genannt werden.

Da sie im Grunde ihres Wesens unsicher ist, ist sie in großem Maße von der Anerkennung und Sympathie anderer Menschen abhängig, und man kann nur hoffen, daß ihre Umgebung ihre freundlichen und hilfsbereiten Charaktereigenschaften fördert und sie nicht dahingehend beeinflußt, daß sie Banalitäten, Grobheit und Gleichgültigkeit als höchstes Gut ansieht. Pik Neun sollte sich ihrer pflichtbewußten Seite stärker zuwenden und versuchen – auch wenn ihr dies schwerfällt –, ihre intellektuellen Fähigkeiten intensiver zu nutzen und sich etwas weniger dem Genuß hinzugeben.

Wenn Pik Neun eine einflußreiche Karte unter den Karten eines männlichen Ratsuchenden ist, wird dieser sich von einem mütterlichen Frauentyp angezogen fühlen, der freundlich und menschenliebend ist und diese Eigenschaften auch in ihm zum Erblühen bringen kann. Möglicherweise entscheidet er sich auch für eine reiche, oft eine ältere Frau. Er fällt nun einmal gern von einem Extrem ins andere. In der Nähe einer solchen Frau gibt es für ihn keine beängstigenden Unsicherheiten. Ein von Pik Neun geprägter Charakter fühlt sich dann sicher, denn er kann mehr oder weniger tun und lassen, was er will, und braucht keine Verantwortung zu tragen.

Wenn Pik Neun einer Frau zugeordnet wird, wird diese einen Mann wählen, der für ihren Lebensunterhalt sorgen kann. Anfangs wird sie vielleicht noch ihren eigenen Beitrag leisten wollen, aber das ist eigentlich nicht das, was sie anstrebt, denn sie ist in Wirklichkeit eine sentimentale, genußsüchtige Frau, die ihre Neigung zu Banalitäten und zu außerehelichen Beziehungen gut unter Kontrolle halten muß, denn letztere sind meist nur von kurzer Dauer und können außerdem der Entwicklung tieferer Beziehungen nur im Wege stehen.

Wenn sie älter wird, manövriert sich Pik Neun oft in die Position der »älteren Schwester«, oder sie streckt den jüngeren ihre hilfsbereite Hand hin. Wenn man dieses Verhalten genauer untersucht, so wird man feststellen, daß sie dies tut, um mit den instinktiven Äußerungen und Besessenheiten in Kontakt bleiben zu können, wie sie der Jugend eigen sind und . . . eben auch der leidenschaftlichen Art von Pik Neun, die unverantwortlich, primitiv und unbeholfen ist. Auf derartige Situationen trifft die alte Warnung zu: »Bauer, wenn der Fuchs predigt, dann paß auf deine Gänse auf!«

Die Karte

Nach traditioneller Anschauung bringt Pik Neun Unglück. Diese Karte wird mit dem Einsturz des Turms von Babel in Zu-

sammenhang gebracht, mit dem Blitzschlag, dem plötzlichen Zuschlagen der bösen Mächte, dem Abschütteln tiefverwurzelter Lebensmuster und mit der Notwendigkeit, einen sorgfältig erarbeiteten Kurs aufzugeben.
Aber dies trifft nur teilweise zu.
Pik Neun weist tatsächlich auf Veränderungen hin, die aus unerwarteten und unvorhersehbaren Ursachen heraus entstehen. Aber sie kann auch mit überalterten und verschlissenen Formen aufräumen und den Fragesteller von Gewohnheiten befreien, die ihn so lange gefesselt haben, daß er nicht einmal mehr bemerkt, wie sehr seine Freiheit eingeschränkt ist. Die Gefahr liegt nicht im Festhalten am Althergebrachten, sondern darin, daß man nicht zur rechten Zeit für das Neue bereit ist.
Pik Neun ist eine Karte der Furcht, aber diese Furcht kann überwunden werden. Wenn sie sich auf einen jungen Ratsuchenden bezieht, so kann sie auf dessen erste Loslösungsversuche vom Elternhaus hindeuten. Einen älteren Menschen bereitet diese Karte auf die Auflösung seiner Familie, auf den Verlust von Sicherheiten und auf den Übergang zu einer neuen Lebensphase vor.

Besondere Bedeutungen

Positionen: Wenn diese Karte eine wichtige Position im Schema einnimmt, muß der Ratsuchende mit Dringlichkeit auf die Notwendigkeit einer rechtzeitigen Neuorientierung hingewiesen werden. Vielleicht täte er gut daran, der Vergangenheit den Rücken zuzukehren und seinem Leben eine völlig andere Richtung zu geben. Auch ist ihm anzuraten, mit Vorurteilen und Auffassungen zu brechen, die seine Weiterentwicklung behindern. Wenn er in gewohnter Weise fortfährt, könnte dies katastrophale Folgen für ihn haben.
Wenn Pik Neun im Zentrum des Kartenschemas liegt, ist dies

eine dringende Mahnung an den Fragenden, sein Gesichtsfeld zu erweitern, neue Freunde zu suchen oder sich eine völlig neue Sehweise zu eigen zu machen. Er muß vorausschauen und nicht zurückblicken, denn die Vergangenheit läßt sich nicht mehr zurückholen. Das Zerbrechen alter Bindungen mag schmerzhaft sein, aber die Zukunft liegt weit offen vor ihm, wie ein weißes Blatt, voller Möglichkeiten, die er selbst entdecken kann.
Nur wenn Pik Neun auf der linken Seite des Schemas liegt, hat der Ratsuchende die Wahl, so weiterzumachen wie bisher oder einen neuen Weg einzuschlagen. Der Kartendeuter kann dann den übrigen Karten entnehmen, was für ihn am ratsamsten ist.

Pik: Wissen, Wissensdurst, Distanziertheit.

Zehn: Erfolg, Vervollkommnung.

Pik Zehn: Enttäuschung, Versagen.

Pik Zehn

Positiv: Intelligent, gewandter Unterhalter, scharfer und klarer Verstand, gedämpfte Fröhlichkeit, bescheidene Hoffnung.

Negativ: Untergang, Vernichtung, Unheil, Katastrophe; Versagen, Scheidung, Bruch, das Ende falscher Hoffnungen; Mißverständnis und Wahnvorstellungen; die Neigung zu unsachlichem Gerede.

Charaktereigenschaften

Pik Zehn ist die Karte einer Person, die das Leben hauptsächlich aus einem abstrakten Blickwinkel heraus betrachtet. Sie ist eine intelligente, gewandte Rednerin mit einem ausgeprägten Gefühl für Humor und einem starken Interesse an Erziehung, Leben und Studium. Aber die brillanten Ideen, die ihrem Gehirn entspringen, wagt sie nicht in die Praxis umzusetzen, da es ihr an

Selbstvertrauen mangelt. Diese zweifelnde Haltung vergrößert ihre Neigung, sich an altbekannten Normen festzuhalten, ein Konservatismus, der seinen Ursprung im Mißtrauen gegenüber ihren eigenen intuitiven Einsichten hat, die ihr ständig wieder neue Perspektiven eröffnen, denn Pik Zehn besitzt keine so große Intuition, daß sie dieser blindlings folgen könnte.
Eine warmherzige, liebevolle Umgebung ist sehr wichtig für sie, und für ein warmes Nest bringt sie große, oft sogar zu große Opfer. Dies ist wahrscheinlich auch der Grund dafür, daß sie ihre Arbeit meist zu Hause verrichtet, obwohl dies unvermeidlich Unruhe und Unterbrechungen in ihr häusliches Leben bringt. Sie weiß oft selbst nicht, welche Richtung sie in ihrem Leben einschlagen wird. Die Möglichkeiten der Pik Zehn sind groß, die Resultate allerdings meist bescheiden.
Obwohl die Zehner nach traditioneller Anschauung als Erfolgskarten angesehen werden, gilt dies für Pik Zehn nur in geringem Maße, da ihr Erfolg zum größten Teil von ihrer geistigen Reife bestimmt wird. Meistens irrt sie bis zu ihrem dreißigsten Lebensjahr mit großem Dünkel umher und bewertet alles mögliche in ihrer Umgebung mit abwertender Kritik. Ihr klarer Verstand und ihr gutes Urteilsvermögen verhelfen ihr vor allem im finanziellen Bereich zu guten Resultaten. Doch auch hier verhindert ihre Unentschlossenheit, ob sie sich für das Altbekannte oder für das Neue, Unerprobte entscheiden soll, daß sie das Beste aus ihren Möglichkeiten macht. Sie vergeudet oft viele kostbare Jahre ihres Lebens mit Experimenten und Nichtigkeiten und erkennt dann, daß sie nicht gleichzeitig stillstehen und vorwärtsgehen kann.
Meist führen ihre Verwirrung und ihre Unsicherheit dazu, daß sie sich nicht von der Stelle bewegt und all ihre brillanten Ideen lieber aufgibt, um nach einer Weile zu der Entdeckung zu kommen, daß die aus Angst gefällte Entscheidung eine Sackgasse ist, die nur Versagen, Verluste und Niederlagen zur Folge hat. Ihre Unternehmungen können sich dann beispielsweise schnell ver-

schlechtern, oder die familiäre Situation geht in Auflösung über, was sie dazu zwingt, neue Wege zu beschreiten, um zum wiederholten Male verbittert und enttäuscht feststellen zu müssen, daß sie wieder einen Teil ihres Lebens vertan hat.
Wenn sie diesen Schicksalsschlag überwunden hat und der innere Aufruhr sich gelegt hat, wird sie einsehen, daß viele Wege nach Rom führen und daß noch lange nicht alles verloren ist.

Die Karte

Pik Zehn symbolisiert eine Mauer oder eine Art Bremsklotz. Dies kann auf das Ende eines Traums hindeuten, auf eine Demaskierung falscher Zielsetzungen oder auf das notgedrungene Aufgeben eines langgehegten Planes. Da es nicht einfach ist zu akzeptieren, daß eine bestimmte Lebensphase vorüber ist, entsteht meist ein Gefühl der Niedergeschlagenheit, der Enttäuschung, der Verbitterung und der Demütigung. Wenn man unter solchen Umständen mit dem Kopf gegen die Wand läuft, anderen die Schuld gibt oder sich in lautes Selbstmitleid flüchtet, kann man sein Leben völlig verwüsten. In dieser Situation hilft nur eine gelassene, bejahende Haltung, um einen neuen Weg finden zu können, der zu besseren Ergebnissen führt, da viel Alltagstrott und Ballast abgeworfen werden können.

Besondere Bedeutung

Positionen: Wenn Pik Zehn die äußerste Karte eines Flügels ist, kann man davon ausgehen, daß sich ein vielversprechender Weg als eine Sackgasse erweisen oder abgeschnitten werden wird. Der Ratsuchende sollte in diesem Fall seine Vorgehensweise gründlich überprüfen. Er muß sich einen anderen Weg suchen, um zu vermeiden, daß er sich blindlings auf eine bestimmte Mög-

lichkeit verläßt und alles andere außer acht läßt. Wer weiß, vielleicht hätte der abgeschnittene Weg ja zu einer Katastrophe geführt! In diesem Licht besehen kann sich die Mauer, die Pik Zehn symbolisiert, im nachhinein als ein wahrer Segen erweisen.
Befindet sich Pik Zehn im Mittelteil eines Schemas, so weist sie auf wichtige Neuigkeiten hin, die eine Wende für das Leben des Ratsuchenden ankündigen. Es ist auch möglich, daß jemand, den der Fragende noch nicht kennt, eine wichtige Rolle in seinem Leben spielen wird. Ob diese Rolle gut oder böse sein wird, kann der Kartendeuter aus den umliegenden Karten entnehmen. Der endgültig entscheidende Faktor in dieser Frage ist allerdings der Ratsuchende selbst. Seine Haltung in einer scheinbar hoffnungslosen Situation ist ausschlaggebend für seine Aussicht auf ein dauerhaftes Lebensglück.
Wenn ein Weg blockiert ist, so ist noch lange nicht alles verloren, aber man braucht Weisheit und Mut, um einen neuen Weg zum Glück zu finden.

PIK: Wissen, Wissensdurst, Distanziertheit.

BUBE: Idealismus und Jugend.

PIK BUBE: Ein unausgeglichener Sucher, ein abwertender Besserwisser.

PIK BUBE

Positiv: Auf den ersten Blick ein freundlicher, intelligenter junger Mann voller Ideale und Pläne, wenn auch mit verschwommenen Zielvorstellungen; ein ungreifbarer, flexibler Geist, der widersprüchlich und dominierend ist.

Negativ: Er vernichtet ebenso schnell wie er etwas aufbaut; gehässig, boshaft, (emotional) manipulativ; unzuverlässig, fanatisch, rücksichtslos und zynisch.

Charaktereigenschaften

Pik Bube, der seine Erfahrungen sehr intensiv durchlebt, verarbeitet und nie mehr vergißt, könnte als die Karte des Gedächtnisses angesehen werden. Sein untersuchender Geist führt ihn zu den unwahrscheinlichsten Orten und in die merkwürdigsten Ekken und Nischen. Dadurch macht er immer wieder neue Erfahrungen, die er seinem bereits erworbenen Erfahrungsschatz hinzufügt. Er kann daher auch die Karte der Zukunft genannt werden. Sein ständiger Drang, das Bekannte mit dem noch Unbekannten verbinden zu wollen, trägt ihm den Ruf ein, unkonventionell zu sein, und bewirkt, daß er von vielen als ein Symbol für Ambivalenz angesehen wird; zu Recht, denn Pik Bube verhält sich oft so neutral (stärker als die anderen Buben), distanziert und unbeteiligt, daß er Verwirrung stiftet und dadurch in seinen Beziehungen die größten Schwierigkeiten erzeugt.

Trotz seiner Ruhelosigkeit und seines inkonsequenten Verhaltens besitzt er ein starkes Geltungsbedürfnis, das ihn, wenn er sich in der Praxis nicht verwirklichen kann, oft entmutigt aufgeben und zur Flasche greifen läßt, um seine Enttäuschung und seine Machtlosigkeit zu vergessen. Alle Buben sind durstige Seelen, aber Pik und Karo Bube sind in dieser Hinsicht den beiden anderen Buben haushoch überlegen.

Wenn er keine Möglichkeit sieht, seine Ideale zu verwirklichen, nimmt Pik Bube eine Gelegenheitsarbeit nach der anderen an, ohne sich an etwas oder jemanden zu binden. Das Geld, das er verdient, gibt er genauso schnell wieder aus, wie er es einnimmt. Er verabscheut Kleinigkeiten, durchschaut mit Verachtung Anmaßungen und verursacht viele Streitigkeiten, weil er sich nicht an die herrschenden Wertvorstellungen anpassen will.

Pik Bube hat ein intensives, spannungsreiches Gefühlsleben, das ihn manchmal ungewöhnliche Beziehungen eingehen läßt, die ihm oft viel Kummer und Enttäuschungen bereiten. Sein Bedürfnis nach Liebe ist total und daher nie völlig zu befriedigen – eine Art bodenloses Loch also.

Der verzehrenden Emotionalität dieser Karte kann nur ein möglichst starkes intellektuelles Gegengewicht entgegengesetzt werden, um dadurch wenigstens zeitweise eine Ruhepause zu ermöglichen. Die Arbeit, die Pik Bube am längsten fesselt, ist daher auch geistige Arbeit, denn diese schenkt ihm die größte Befriedigung.

Seine wichtigsten negativen Eigenschaften sind in erster Linie seine richtungslose Neugier, die ihn in Situationen bringt, die er nicht bewältigen kann. Außerdem tendiert er dazu, sich auf alle möglichen Seitenwege zu flüchten, wodurch er in sinnlose Beziehungen verwickelt wird, die nichts Positives bewirken, und schließlich mangelt es ihm an Verantwortungsgefühl, wodurch er Scherben und sogar Katastrophen hinter sich läßt.
Pik Bube ändert ständig seine Meinung. Er ist auf eine kalte, harte Weise sehr unsicher und versucht dies hinter Zynismus und Skepsis zu verbergen. Die einzige Ebene, auf der er sich bewegt, ist die geistige Ebene, und sein Verstand ist daher auch seine einzige Waffe gegen Hindernisse und Enttäuschungen. Sein Bedürfnis nach menschlichem Kontakt ist nicht nur auf das Bedürfnis nach der Linderung seiner ziemlich großen Einsamkeit zurückzuführen; noch wichtiger ist für ihn, daß seine Mitmenschen für ihn eine Art Trainingspartner für intellektuelle Turniere sind. Jedoch bringt Pik Bube seinem kleinen Freundeskreis manchmal auch große Herzlichkeit entgegen, zumindest soweit er dazu in der Lage ist!

Die Karte

Der Bube stellt einen jungen Menschen dar, dessen Geschlecht von den umliegenden Karten bestimmt wird.
Wenn er Herz- oder Kreuz-Karten gegenüberliegt, handelt es sich meist um eine Person des Geschlechts, das dem des Ratsuchenden entgegengesetzt ist. Wenn er Pik- oder Karo-Karten gegenüberliegt, hat er meistens dasselbe Geschlecht wie der Ratsuchende. Ist der Bube die letzte Karte der mittleren Kartengruppe, dann kann man sein Geschlecht aus der Farbe der Karte, die über ihm liegt, ableiten. Ist der Bube die letzte Karte eines Flügels und schaut er vom Schema weg, so bedeutet dies, daß die betreffende Person aus dem Leben des Ratsuchenden treten

wird. Ob dies bedauerlich ist, kann man der benachbarten Karte entnehmen. (Letzteres gilt auch für alle anderen Buben.)
Pik Bube symbolisiert einen jungen, noch nicht ausgereiften Menschen, dessen Charakterzüge noch nicht so stark ausgeprägt sind wie die der älteren Menschen, die durch die anderen Hofkarten symbolisiert werden. Im allgemeinen entwickelt Pik Bube die Charaktereigenschaften des Pik Königs, wenn die Karte männliche Merkmale besitzt. Ist sie aber weiblichen Geschlechts, so treten die Eigenschaften der Pik Dame in den Vordergrund. Meistens entwickeln sich diese Eigenschaften nach einer gewissen Zeit.

Pik Bube besitzt ein freundliches Wesen. Wenn er ein junger Mann ist, ist er dynamisch, reagiert schnell auf Neuigkeiten oder hebt sich auf die eine oder andere Weise von seiner Umgebung ab. Er ist voll von nervöser Energie, die einen Ausweg im Sport oder in intellektueller Forschungsarbeit sucht. Sein Interesse ist jedoch meist nur von kurzer Dauer, so daß viel Energie verschwendet wird. Seine Fähigkeiten befinden sich noch in einem Vakuum. Er benötigt größeren Tiefgang, um sich die Position aufbauen zu können, die er im Leben einzunehmen wünscht.

Die Frau, die sich für einen solchen jungen Mann interessiert, sollte sich fragen, ob sie in der Lage ist, ihm das notwendige stabilisierende Gegengewicht zu bieten. Wenn sie selbst leichtherzig, unsicher und aufbrausend ist, wird die Beziehung von vielen Streitigkeiten und Schwierigkeiten zerrüttet werden, was voraussichtlich mit einem endgültigen Bruch enden wird. Nur wenn sie eine Möglichkeit sieht, seine Energie in die richtigen Bahnen zu lenken, so daß eine wirkliche Einheit zwischen ihnen entstehen kann, kann diese Verbindung zu Befriedigung und Erfolg führen.

Solange sich die Ratsuchende ihrer Sache nicht sicher ist, darf sie keine Entscheidung treffen, sondern muß versuchen, mit dem jungen Mann langfristige Pläne zu machen. Wie romantisch er in ihren Augen auch erscheinen mag, im Grunde ist er ein äu-

ßerst nüchterner Mensch und sucht nach einem Partner, der ihm tatkräftig beim Erreichen seiner Ziele behilflich sein kann.
Wenn der Ratsuchende ein junger Mann ist und Pik Bube unter den zu deutenden Karten so plaziert ist, daß er eine junge Frau oder einen jungen Mann darstellt, so sollte er mit einer ganzen Reihe von Überraschungen rechnen. Die Frau mag vielleicht äußerlich ruhig erscheinen, aber nach und nach wird ihr Charakter unvermutete Abgründe zeigen. Sie ist feurig, hat viele Facetten, wovon manche in völligem Widerspruch zueinander stehen. Sie kann sich wie ein verwöhntes Kind aufführen, launisch und unberechenbar sein. Aber hinter dieser Launenhaftigkeit verbirgt sich ein starker Wille, der sehr konkreten Zielen nachstrebt. Sie hat hochgesteckte Ziele und ein Händchen dafür, andere für sich einzuspannen, aber sie läßt auch niemanden im Stich, den sie zu ihren Freunden zählt. Obwohl sie keine List und keine Tücke scheut, um ihren Willen durchzusetzen, besitzt sie trotzdem ein großes, warmes Herz und geht mit den ihr Nahestehenden durch dick und dünn.
Eine Frau wie sie kann nicht schnell erobert werden. Wer sie für sich gewinnen will, muß mit Entschlossenheit vorgehen und darf ihr kein Ultimatum stellen. Wenn er schließlich akzeptiert wird, kann er sich mit einer solchen Lebensgenossin an seiner Seite glücklich schätzen. Er darf nur nicht den Fehler begehen, zu glauben, daß alle kommenden Überraschungen immer nur angenehm sein werden.

PIK: Wissen, Wissensdurst, Distanziertheit.

DAME: Reagieren, Beurteilen.

PIK DAME: Objektives, intellektuelles Urteilsvermögen, intuitive Beobachtungsgabe.

PIK DAME

Positiv: Eine elegante Frau; klare und intuitive Beobachtungsgabe; stark, klug, ruhig und würdevoll; streng, distanziert, gerecht und wohlwollend, subtil, praktisch.

Negativ: Rachsüchtig, destruktiv, aggressiv, grausam, hinterhältig, betrügerisch, berechnend; unzuverlässig, aber oberflächlich gesehen doch attraktiv, was sie zu einer gefährlichen Gegnerin macht.

Charaktereigenschaften

Alle vier Damen des Kartenspiels repräsentieren das empfangende Prinzip auf ihre jeweils eigene Weise, und Pik Dame tut dies auf einer intellektuellen Ebene.

Ihr Urteil ist praktisch, ausgewogen und logisch, und wenn

sie sich eine Meinung über etwas bildet, ist diese stärker intellektuell als emotional gefärbt.
Ihre Intuition läßt sie jedoch nie im Stich, nicht einmal in den emotionalsten Situationen, in denen sie sich übrigens meistens keinen Rat weiß.
Ihr Wissensdurst ist unlöschbar, und sie kann nicht viel Geduld oder Verständnis für Unwissenheit oder geistige Trägheit aufbringen.
Da sie das Bedürfnis nach völliger Handlungsfreiheit hat und nicht duldet, daß sich andere in ihre Angelegenheiten einmischen, geht sie oft einer Heirat aus dem Wege. Ihre relativierende Haltung verursacht Unsicherheit in Gefühlsangelegenheiten und verstärkt diese Neigung noch mehr. Pik Dame kann man beim besten Willen nicht häuslich nennen, aber trotzdem besitzt sie eine starke Mütterlichkeit, die allerdings ziemlich distanziert wirkt.
Wenn sie leidet, tut sie dies tief und ausgiebig. Auffällig ist, daß ihr die Begriffe Untertänigkeit und Ergebenheit völlig fremd sind und daß sie in Beziehungen ganz sie selbst bleibt.
Sie ist großzügig in ihrem Verhalten und gibt Geld genauso schnell aus, wie sie es verdient. Dies kann sie sich aber auch erlauben, denn durch ihre hervorragenden Leistungen verfügt sie meist über mehr Geld, als sie benötigt. Sie besitzt Führungsqualitäten für jeden Beruf, den sie wählt, wobei hinzugefügt werden muß, daß ein Beruf ihr mehr liegt als eine Tätigkeit im Wirtschaftsleben.
Obwohl es ihr nie an Mitgefühl mangelt, würde etwas mehr Toleranz ihr guttun, und auch größere Kontrolle über ihre Stimmungen könnte ihr nicht schaden.
Alles in allem kann Pik Dame als eine kreative, einfallsreiche und erfinderische Frau angesehen werden, die eine klare Intuition besitzt und aufgrund dessen Entwicklungen schon im voraus erkennen kann.

Die Karte

Oberflächlich betrachtet stellt diese Karte eine dunkle Frau dar. Dieses »Dunkle« hat allerdings nichts mit der Hautfarbe zu tun und ist auch kein Merkmal für Schlechtigkeit, wie oft angenommen wird.

Pik Dame ist wie das »stille Wasser mit tiefem Grund«, das wir oft so falsch einschätzen, eine Frau, die vor allem in vorgerückteren Jahren dazu neigt, ihr Gefühlsleben unter einem Mantel ruhiger Würde zu verbergen, was sie unempfindlich und überheblich, ja sogar kühl und unnahbar erscheinen läßt. Diese Frau läßt sich nicht leicht einschätzen, aber ihre Freundschaft lohnt die Mühe. Wenn diese erst einmal entstanden ist, schrickt sie vor keiner Konsequenz und vor keinem Opfer zurück. Sie kann aber auch eine unversöhnliche Feindin sein, rücksichtslos und grausam. Einer Frau wie ihr muß man mit offenen Karten entgegentreten, denn sie hat eine Art siebten Sinn für Betrug und Verrat, und wenn der Ratsuchende ihr nicht mit ehrlichen Absichten und dem aufrichtigen Bedürfnis nach Freundschaft begegnet, sollte er ihr besser aus dem Weg gehen.

Obwohl Pik Dame ein ungewöhnlich starkes und reiches Gemütsleben besitzt, kündigt ihre Anwesenheit unter den zu deutenden Karten nur in den seltensten Fällen eine Romanze an. Ihre Rolle ist eher die der Beschützerin, Ratgeberin oder Vertrauten.

Sollte aber doch eine romantische Verbindung zwischen ihr und dem Ratsuchenden entstehen, so wird sie sich als eine unerschöpfliche Quelle der Überraschungen erweisen, denn dann ist sie leidenschaftlich, überrumpelnd und eifersüchtig.

Ihre psychische Veranlagung macht sie empfänglich für telepathisches Wissen, daher sollten ihre Ratschläge sorgfältig überdacht werden. Ihr Unterscheidungsvermögen ist sehr scharf und ihr Urteil über Menschen meist zutreffend, falls es nicht durch Rachegefühle verzerrt wird. Im Leben vieler erfolgreicher Menschen, vor allem im Bereich der Kunst, spielt eine Pik Dame eine große Rolle. Durch ihre hohen Anforderungen verleiht sie der Arbeit eines Künstlers Struktur und Stabilität. Oft ist sie die Quelle seiner Inspiration, die treibende Kraft auf seinem Weg zur Spitze, die anspruchsvolle Unterstützerin, die sich nicht mit halber Arbeit oder Mißerfolgen zufriedengibt. Sie kann auch autoritär sein und aggressiv und herzlos wirken, ist aber durch ungekünstelte Freundlichkeit und Achtung vor ihrem Standpunkt leicht zu gewinnen. Sie kann die Schwäche ihrer Gegner durch ihre unergründliche Intuition genau erspüren und denkt sich die raffiniertesten Dinge aus, um den Unverschämten, der sie beleidigt hat, zu demütigen und zu quälen.

Die Kompliziertheit ihres Wesens verleiht ihr oft eine mysteriöse und rätselhafte Erscheinung, und sie erweckt den Anschein von unberechenbarer Besessenheit und Widersprüchlichkeit. Sie ist auf jeden Fall immer eine Frau, die volle Aufmerksamkeit verdient. Aber niemand kann je vorhersagen, ob seine Aufmerksamkeit ihr gegenüber mit Dank angenommen oder abgewiesen wird.

PIK: Wissen, Wissensdurst, Distanziertheit.

KÖNIG: Vitalität, Autorität.

PIK KÖNIG: Intelligentes und kompetentes Urteil.

PIK KÖNIG

Positiv: Ein aktiver, nüchterner und kluger Mann; heftig, ehrgeizig und autoritär, unbestechlich.

Negativ: Unentschlossen, betrügerisch, gerissen, tyrannisch; ein eigensinniger Despot, hart und kalt.

Charaktereigenschaften

Pik König ist nicht sehr umgänglich. Er neigt dazu, die Dinge schwarz-weiß zu sehen und kann andere ohne böse Absichten sehr verletzen. Als Organisator und Verwalter irrt er sich selten, und sein Einblick in geschäftliche Dinge macht ihn bei seinen männlichen Kollegen beliebt und geschätzt. Er selbst hält sich für edelmütig, vernünftig und freundlich. In den Augen seiner Gegner ist er jedoch sehr oft ein eigensinniger Despot, der nicht das geringste Verständnis für fremde Standpunkte aufbringen

kann oder will. Er mißtraut allem, was mit Intuition im Zusammenhang steht, und fällt meist ein vernichtendes Urteil über die künstlerischen Talente, die himmelstürmenden Ideale und die feurigen Schwärmereien derjenigen, die ihm nahestehen. Diese Haltung ist oft der Anlaß für familiäre und berufliche Schwierigkeiten und für den Verlust von Freunden.
Geschäftliche Sorgen und gesellschaftliche Probleme machen ihn meist blind für die feineren Nuancen im Leben anderer, aber gleichzeitig ist er auch zuverlässig, aufmerksam und unbestechlich. Offener Widerstand und heftige Kritik vergrößern seinen Starrsinn nur, gutgemeintes Lob für seine Leistungen dagegen bringt ihn dazu, zuzuhören. Er ist nämlich sehr empfindsam, manchmal sogar sentimental, und wenn sich jemand an sein besseres Ich wendet, bleibt er ihm keine Antwort schuldig. Pik König, der mit einem klaren Verstand begabt ist, denkt in klaren, scharfumrissenen Linien und hat vor allem als Kaufmann, Jurist oder Ingenieur Erfolg.
Trotz seiner äußeren Selbstsicherheit und seiner spürbaren Autorität hat er ein starkes Bedürfnis nach Freundschaften und nach einem Menschen, der seinem Leben Inhalt zu geben vermag. Er kann Einsamkeit nicht vertragen und pflegt jede Zuneigung, die ihm geschenkt wird, unter dem Mantel der Gleichgültigkeit zu verbergen.

Die Karte

Das Erscheinen von Pik König weist auf die Existenz eines mächtigen Mannes mit großer Autorität hin, der wahrscheinlich sehr intelligent, prinzipienfest, ehrgeizig und direkt ist und sich von seiner nüchternen Vernunft leiten läßt.
Wenn Pik König im Zentrum des Schemas eines männlichen Fragestellers liegt, kann er diesen selbst darstellen. Nach der traditionellen Anschauungsweise wird Pik König als ein älterer

Mann angesehen, der ein dunkles Äußeres hat. Diese Beschreibung bleibt allerdings zu sehr an der Oberfläche, denn das »Dunkle« bezieht sich hier nicht auf die Haar- oder Gesichtsfarbe, sondern auf den Charakter, die harte Männlichkeit und die Fähigkeit, Situationen zu beherrschen. Daher ist er auch nicht notwendigerweise alt. Es geht eher darum, daß seine Lebensanschauung reif und nicht mehr leicht zu verändern ist.

Wegen seiner Verschlossenheit besteht die Gefahr, daß er neue geistige und moralische Werte nicht an sich heranläßt. Wenn er ehrlicher und aufrichtiger seinen guten Willen zeigen würde, würde sich erweisen, daß er in der Lage ist, fair und gerecht zu urteilen.

Besondere Bedeutungen

Positionen: Bei einer Frau repräsentiert Pik König einen Mann, der eine wichtige Rolle in ihrem Leben spielt, beispielsweise ihren Vater, ihren Bruder, ihren Ehegatten, einen Freund oder den Mann, den sie begehrt.

Wenn sie eine Heirat oder eine Geschäftsbeziehung mit einem solchen Manne ins Auge faßt, sollte sie erst ihre eigene Persönlichkeit und ihre Erwartungen gründlich überprüfen, denn dies ist kein Mann, den sie um den Finger wickeln kann oder den sie nach ihren Wünschen beeinflussen könnte. Wenn sie meint, dies doch zu können, wird sie schwer enttäuscht werden. Wenn sie aber in der Lage ist, diesem Mann eine Stütze zu sein und ihm die Wärme und die emotionale Sicherheit zu geben, die er benötigt, dann wird er sie lebenslang auf seinen Händen tragen.

Liegt Pik König im Zentrum der Karten einer Frau, so kennt sie den betreffenden Mann schon seit geraumer Zeit gut.

Liegt die Karte in der rechten Hälfte des Schemas, so ist der Mann bereits in das Leben der Frau getreten, ohne daß er ihr viel bedeuten würde.

Wenn Pik König in der linken Hälfte liegt, so kann die Ratsuchende damit rechnen, in absehbarer Zeit mit einem solchen Mann in Kontakt zu treten.

Karo

KARO: Besitz, finanzielle Angelegenheiten, Unternehmungsgeist.

AS: Streben, Begehren, Wollen, Individualität.

KARO AS: Streben nach Besitz, »ich tue«.

KARO AS

Positiv: Macht, Arbeit, Reichtum, Materialismus in allen nur denkbaren Formen; bodenständig, körperlich; der Winter.

Negativ: Unsicher, habgierig, jähzornig, unerbittlich, gerissen.

Charaktereigenschaften

Karo As weist auf Zusammenstöße zwischen idealistischer Liebe und praktischen Werten hin. Liebe zu einem anderen Menschen und Liebe zum Besitz kämpfen um die Vorherrschaft. Eine der beiden Einstellungen wird siegen, da eine Verbindung der beiden für Karo As nicht möglich ist. Das heißt, daß dann, wenn Verliebtheit zu Liebe wird, die finanziellen Angelegenheiten zu einem Problem werden und umgekehrt. Meistens gewinnt jedoch die materielle Seite, und das emotionale Leben wird an die zweite Stelle gesetzt.

In beiden Fällen sind jedenfalls die Kontakte zu anderen Menschen von größter Wichtigkeit, obwohl das Anknüpfen von Beziehungen unter größter Geheimhaltung geschehen sollte, sowohl im privaten wie auch im beruflichen Bereich.
Dies ist auch eine Karte der Tapferkeit, des verborgenen Kummers, und sie kann auf ein Leben hinweisen, das voller Fallen und von Entbehrungen im emotionalen Bereich gekennzeichnet ist. Karo As besitzt allerdings auch eine konstruktive technische Begabung, mit deren Hilfe im praktischen Leben viel Gutes zustande zu bringen ist.

Die Karte

Nach traditioneller Anschauung symbolisiert Karo As Geld, aber diese Interpretation wird der Bedeutung dieser Karte nicht wirklich gerecht. Karo As ist die Karte der Magie und der Zauberkunst, und da Magie und Wissenschaft zu der Zeit, als die Karten entstanden, weitgehend identisch waren, symbolisiert Karo As auch Kenntnisse in den Bereichen Mathematik, Astronomie, Archäologie und Architektur. Die Weisheit der Alten lehrte auch, daß Grundlagen der Magie im Hause zu finden seien. Der wahre Magier wurde daher als »Häuserbauer« bezeichnet, und Karo As ist eine Karte, die diese konstruktive Kraft darstellt. Im Lauf der Jahrhunderte sank die spirituelle Weisheit des Magiers auf die Ebene des fingerfertigen Jongleurs ab, der viele Bälle gleichzeitig in der Luft jonglieren konnte und der sein Publikum durch seine Geschicklichkeit verblüffte und begeisterte.
Der wahre Magier ist auch ein »Charakterbauer«, denn seine Kraft liegt nicht in seinem praktischen Können, sondern in seinem Vermögen, die Einflüsse seiner Umgebung zu verstehen und verständlich zu machen, und deshalb gilt er als ein Übermittler von Einsicht und Verständnis. Karo As ist keine Karte der Bequemlichkeit, der Zufriedenheit und des Luxus, wie

manchmal behauptet wird, sondern vielmehr die Darstellung des ständig ruhelosen Geistes, das Merkmal für intellektuell Wißbegierige. Karo As symbolisiert Energie und Unzufriedenheit über das Leben in seiner derzeitigen Form, verbunden mit einem brennenden Verlangen, umfassende Projekte in Angriff zu nehmen.

Im besten Fall repräsentiert Karo As eine selbstlose Einstellung, die sich dem Fortschritt verpflichtet. Die Kehrseite der Medaille ist der berechnende Egoist, der schlau und rücksichtslos aus allem Geld zu machen vermag. Der Kartendeuter muß daher auch sehr vorsichtig vorgehen, wenn Karo As unter den Karten eines Ratsuchenden auftaucht.

Sicher ist, daß hier schöpferische Kraft vorhanden ist, und es ist Aufgabe des Kartendeuters, den Weg aufzuzeigen, wie die vorhandenen Talente am besten genutzt werden können. Ist der Ratsuchende ein Jugendlicher, so sollte er dazu angehalten werden, ein technisches Studium zu absolvieren, denn dort eröffnen sich ihm Bereiche, die seinem ganzen Leben eine Perspektive geben könnten.

Die »magische Kraft« einer Frau liegt eher im Bereich der Familie. Organisationstalent ist ihr angeboren, und auch wenn sie es vielleicht nicht einmal selbst weiß, so hat sie doch großen Einfluß auf andere und kann sehr gut an der Charakterbildung, der Persönlichkeitsentwicklung und der allgemeinen Erziehung von Kindern mitwirken. Sie ist eine ausgezeichnete Lehrerin, muß aber darauf achten, daß sie didaktischen Methoden nicht größeren Wert beimißt als ihren eigenen intuitiven Eingebungen.

Besondere Bedeutungen

Positionen: Wenn Karo As eine zentrale Rolle im Schema eines männlichen Ratsuchenden spielt, wird dieser wahrscheinlich bald die Gelegenheit erhalten, sein Organisationstalent unter Beweis zu stellen und zu nutzen. Das »Haus«, das er baut, kann ein geschäftliches Unternehmen sein, die Reorganisation eines Betriebsteils, die Vereinigung mehrerer Unternehmen, oder es kann die bessere Auswertung gewisser technischer Erkenntnisse betreffen.

Wenn sich Karo As im oberen linken Flügel eines Schemas befindet, muß der Ratsuchende zu Wachsamkeit angehalten werden. Möglicherweise erhält er die Gelegenheit, seine Position zu verbessern, aber wenn er seine Augen nicht gut offenhält, könnte er diese Gelegenheit verpassen. Nur wenn Pik Neun, Pik Zehn oder Pik Sieben links von Karo As liegen, ist es besser, nicht übereilt zu handeln, denn es besteht sonst die Gefahr, daß er Unheil anrichtet.

Wenn Karo As im oberen rechten Flügel des Schemas liegt, so bedeutet dies, daß der Fragende schon jetzt einen abenteuerlichen Plan in die Tat umsetzt oder dies bald tun wird. In diesem Fall müssen die beiden anderen Karten in diesem Teil des Schemas sorgfältig untersucht werden. Pik Zwei links von Karo As warnt vor Verzögerungen. Pik Zehn auf der rechten Seite gibt dem Fragenden den Rat, sich eine andere Arbeitsweise zuzulegen. Liegen hingegen Herz- oder Kreuz-Karten neben Karo As, so besteht die Aussicht auf erfolgreiche und fruchtbare Verwirklichung eines Plans.

Karo As besitzt eine kaum zu bremsende Kraft. Wenn der Fragende die Gelegenheit ergreift, die diese Karte ihm bietet, so wird eine umwälzende Veränderung in seinem Leben eintreten. Meist sind die dadurch entstehenden neuen Möglichkeiten auch mit finanziellen Vorteilen verbunden. Wenn dem jedoch zuviel Bedeutung beigemessen wird, kann das auf Kosten der Werte gehen, die dem Fragesteller auf Dauer doch mehr am Herzen liegen. Vielleicht gibt die Gesamtschau der gezogenen Karten auch Anlaß zu der Annahme, daß ein zu starkes Engagement in einem bestimmten Projekt zu große

Verluste bei anderen Dingen mit sich bringt. Sollte dies der Fall sein, so muß der Ratsuchende nachdrücklich hiervor gewarnt werden.

KARO: Besitz, finanzielle Angelegenheiten, Unternehmungsgeist.

ZWEI: Zusammensein, Zusammenkommen, Zusammenarbeiten.

KARO ZWEI: Zusammenarbeit, die zur Mehrung des Besitzes beiträgt.

KARO ZWEI

Positiv: Veränderungen, Wechsel von Gewinn und Verlust, Stärke und Schwäche, Verzückung und Melancholie, Gesundheit und Krankheit.

Negativ: Berufswechsel, Umhervagabundieren; überaktiv und unberechenbar; Veränderung als einzig gleichbleibendes Prinzip.

Charaktereigenschaften

Diese Karte steht sowohl für das Geschäftsleben als auch für den Bereich der Dienstleistungen, und sie verspricht daher die Möglichkeit zu einer ausgezeichneten Zusammenarbeit mit anderen Menschen. Karo Zwei unterscheidet sich von den übrigen Zweien insofern, daß sie weniger Angst hat und weniger Hochs und Tiefs erlebt. Karo Zwei ist beharrlich und verfügt über eine äußerst zuverlässige Intuition, mit deren Hilfe sie treffende Diagnosen über Menschen und Situationen zu stellen weiß und sich demzufolge nicht leicht täuschen läßt. Karo Zwei geht ihren eigenen Weg, läßt sich nicht leicht beeinflussen und gibt in Diskussionen auch nicht einen Millimeter nach. Sie steht fest – manchmal etwas zu fest – auf beiden Beinen und tritt der Welt positiv und selbstsicher entgegen. Sie tendiert zu Selbstgefälligkeit, die sich hinderlich auf ihre Entwicklung auswirkt, da diese Eigenschaft zu einem mangelhaften Austausch mit anderen führt. Alle Zweien leben hinter einer Maske, aber Karo Zwei weiß zumindest, daß sie dies tut, warum sie es tut und was sich unter ihrer Maske verbirgt. Sie fühlt sich am stärksten zu intellektuellen Menschen hingezogen, denn sie ist selbst sehr intelligent und braucht kluge Leute in ihrer Umgebung.

Sie hat unentwegt mit Bergen von Briefen, Berichten und Telefonanrufen zu tun und beteiligt sich lebhaft an vielen Diskussionen. Den größten Teil ihrer Aktivitäten erledigt sie per Post, Telefon, Telegramm oder Telex.

Karo Zwei ist ein kraftvoller, aktiver und bewußt lebender Mensch. Trotzdem gibt es immer auch ein Konfliktelement in ihrem Leben, manchmal sogar eine chronische Krankheit oder andere Handicaps, die ihre Aktivitäten oder Pläne durchkreuzen oder behindern.

Ihr Interesse an Geld ist ziemlich ausgeprägt, ebenso wie ihr Talent, zu unterhalten und Geschäfte zu machen.

Die Karte

Karo Zwei ist die Ankündigung einer Nachricht, die Geld oder Geschäfte betrifft. Meistens stellt sie eine angenehme, wenn auch nur kleine Überraschung in Aussicht. Die Nachricht betrifft ein Geschenk, die Überschreibung von Eigentum, ein Vermächtnis oder die Gelegenheit zu einer kleineren Positionsverbesserung. Wenn sie von Pik-Karten eingeschlossen ist, kann die Nachricht eine Erleichterung in einer Zeit der Rückschläge und Enttäuschungen ankündigen.

Besondere Bedeutungen

Positionen: Wenn Kreuz Zwei auf einem der oberen oder unteren Flügel des Schemas erscheint, beschreibt sie ein Ereignis, das in keinem direkten Zusammenhang mit dem Leben des Fragestellers steht.
Wenn die Karte im Zentrum des Schemas liegt, wird die Nachricht, die sie symbolisiert, weitreichende Folgen haben, auch wenn dies nicht auf den ersten Blick ersichtlich ist. Der Inhalt der Nachricht wird bewirken, daß sich die Lebensumstände des Fragestellers verändern, daß er mit anderen Menschen in Kontakt tritt oder daß er sein Geld zur Erschließung neuer Möglichkeiten benutzt.
Die Karten in der Umgebung der Karo Zwei können dem Kartendeuter dabei helfen, dem Fragenden einen guten Rat zu geben.
Wenn Karo Zwei eine wichtige Position einnimmt, bedeutet dies, daß eine relativ geringe Ausgabe eine dauerhafte Freude verschaffen kann. Der Kartendeuter sollte dem Fragesteller daher dazu raten, sich noch einmal die verschiedenen Möglichkeiten vor Augen zu führen, die sich ihm anbieten. Wenn er sein Geld für Reisen, für seine Entwicklung, für Hobbys, Vereine usw. ausgibt, um sein Gesichtsfeld zu erweitern, so kann dies sein Leben auf eine Weise bereichern, wie er es nie erträumt hätte.

KARO: Besitz, finanzielle Angelegenheiten, Unternehmungsgeist.

DREI: Unsicherheit, Selbstentfaltung.

KARO DREI: Unsicherheiten in finanziellen Fragen.

KARO DREI

Positiv: Arbeit, Geschäftemachen, bezahlte Anstellung, Handelstransaktionen, konstruktiver Aufbau; der Beginn von Geschäften, die sich später stabilisieren werden; trägt nicht zu schwer an Mißerfolgen.

Negativ: Egoistisch, beschränkt, voreingenommen, sorgenvoll, habgierig; die Suche nach dem Unmöglichen.

Charaktereigenschaften

Karo Drei ist eine Karte, die sich auf zwei Grundgedanken stützt: auf der einen Seite kennzeichnet sie ein sehr materialistisches Wesen, auf der anderen Seite haben wir hier einen Menschen vor uns, der der Welt eine Botschaft zu verkünden hat. Wenn Karo Drei im rein materialistischen Bereich tätig ist, arbeitet sie am liebsten im Verborgenen, Verschlossenen und Unzugängli-

chen; dort fällt sie ihre Entscheidungen, von denen vorher niemand etwas ahnt.
Karo Drei bekommt nichts geschenkt, vielmehr muß sie hart arbeiten, um etwas zu erreichen. Am meisten lernt sie aus praktischer Erfahrung, und in ihren Überzeugungen ist sie ziemlich unbeweglich. Sie weiß, was sie weiß! Dies kann vor allem im Geschäftsleben eine große Behinderung sein, denn dadurch wird sie leicht zum Opfer veränderter Umstände, oder, wenn sie Verantwortung trägt, kann es leicht passieren, daß sie wichtigen Dingen ihren Lauf läßt und es nicht für notwendig hält, korrigierend einzugreifen.
Karo Drei braucht Menschen, mit denen sie ihre Gedanken austauschen kann, aber es kostet sie große Mühe, ihr Haus zu verlassen, um andere aufzusuchen, da sie sich von Natur aus lieber in sich selbst zurückzieht.
Es dauert manchmal sehr lange, bevor Karo Drei bestimmte Bereiche ihres eigenen Wesens versteht, aber obwohl ihr Leben nicht glatt verläuft, gelingt es ihr meistens, ihre besten Eigenschaften zu entwickeln und ihnen Ausdruck zu geben.
Bei ihr entstehen immer Probleme in der Familie, höchstwahrscheinlich mit einem Sohn, und ihre Ehe ist auch nicht gerade einfach. Sie heiratet oft mehrmals in ihrem Leben, da die Ehe ihr keine dauerhafte Befriedigung zu geben vermag, und sie trifft in dieser Hinsicht nach einiger Zeit oft ganz plötzlich eine weitreichende Entscheidung.

Die Karte

Karo Drei symbolisiert oft ein rechtsgültiges Dokument wie beispielsweise einen Vertrag, ein Testament, einen Mietvertrag oder Papiere, die mit Kauf und Verkauf von Gütern zusammenhängen. Ganz selten symbolisiert diese Karte auch einen Streit über finanzielle Angelegenheiten, die nicht vertraglich abgesi-

chert sind. Sie kann sich auf Verträge beziehen, die in keinem direkten Zusammenhang mit Geld stehen und etwa mit einer Ehe, Scheidung, Adoption usw. zu tun haben.
Karo Drei zeigt finanzielle oder rechtliche Komplikationen an, enthält aber keinen Hinweis darauf, wie die betreffende Sache ausgehen wird.

Besondere Bedeutungen

Kombinationen: Die Karte, die genau über Karo Drei liegt, kann etwas mehr über den Ausgang der Sache aussagen.
Karo Fünf in dieser Position warnt vor Bitterkeit.
Karo Sieben weist auf die Lösung der Schwierigkeiten hin, die für den Ratsuchenden erfreulicher sein wird, als er denkt.
Karo Neun neben der Drei deutet darauf hin, daß der Fragesteller auch dann, wenn er seinen Willen bekommt, einen zu hohen Preis zahlen muß.
Herz Neun stellt ein günstiges Ergebnis des Vertrages in Aussicht.
Niedrige Herz-Karten deuten darauf hin, daß der Vertrag auf eine freundschaftliche Weise und ohne Zwistigkeiten zustande kam.
Niedrige Kreuz-Karten weisen darauf hin, daß der Ratsuchende infolge des Dokuments ein aktiveres Leben führen wird. Wenn solche Herz-Karten auftauchen, beinhaltet dies auch oft, daß der Vertrag eine geschäftliche Verbindung entstehen läßt, die dem Betreffenden größere und bessere Möglichkeiten bietet.
Wenn keine weiteren Karo-Karten in der näheren Umgebung der Karo Drei liegen, muß der Fragesteller darauf achten, daß er bei Geldangelegenheiten nicht zuviel Nachdruck auf Nebensächlichkeiten legt. Wenn er sich von einem Rechtsprozeß oder einer Streitigkeit zu sehr in Beschlag nehmen läßt, besteht die Möglichkeit, daß er sich eine wichtige Gelegenheit entgehen läßt. In

diesem Fall müssen die Flügel des Schemas näher untersucht werden, um Möglichkeiten zu finden, wie dieses kleinliche Gezänk zu vermeiden ist.

KARO: Besitz, finanzielle Angelegenheiten, Unternehmungsgeist.

VIER: Struktur und Aufbau.

KARO VIER: Materielle Geborgenheit, Konzentration auf Sicherheiten.

KARO VIER

Positiv: Macht, Ordnung und Gesetz, zunehmender Einfluß, allmählich wachsender Wohlstand; Fähigkeit, den eigenen Energieverbrauch zu kontrollieren; Erfolg, Sieg.

Negativ: Voreingenommen, habsüchtig, hinterhältig; Mangel an Originalität, Mißerfolge und Enttäuschungen, Unruhe, Unzufriedenheit.

Charaktereigenschaften

Arbeit ist für alle Vierer wichtig, besonders aber für Karo Vier, da ein Bedürfnis nach Macht, Wohlstand und Geborgenheit, das auch die übrigen Vierer beseelt, bei ihr noch stärker ausgeprägt ist als bei diesen. Sie ist allerdings auch am besten dafür ausgerüstet. Karo Vier ist zu der konzentrierten Zielgerichtetheit, welche eine Voraussetzung für gesellschaftlichen Erfolg ist, ohne

weiteres in der Lage. Wenn sie diese Haltung jedoch auch nur für kurze Zeit aus dem Auge verliert, schlagen Armut und Mißerfolg mit voller Härte zu. Die Möglichkeit, daß dies geschehen könnte, ist nicht gerade gering, denn in allen Vierern lebt ein gewisser Freiheitsdrang. Ruhelosigkeit und Unzufriedenheit kämpfen in ihnen um den Vorrang. Außer an dieser angeborenen Ruhelosigkeit leidet Karo Vier immer unter einem oder mehreren Problemen, aber trotz allem ist sie im Grunde ziemlich selbstsicher, manchmal bis hin zur Selbstgefälligkeit.
Karo Vier braucht kein Opfer von Mißerfolg und Armut zu werden, es sei denn, sie legt es selbst darauf an. Karo Vier ist keine leichtzunehmende Karte. Sie impliziert nicht nur verwirrende und unverständliche Verwicklungen in Beziehungen, sondern auch zahllose Enttäuschungen und Fehlkalkulationen im Liebes- und Berufsleben. Dennoch ist Karo Vier eine Karte, die viele schwierige Situationen durch intellektuelle Einsicht meistert und unter Kontrolle bekommt, denn dies ist ihre Art, Schwierigkeiten zu verarbeiten und zu lösen.

Die Karte

Karo Vier deutet auf konkrete, spürbare Erfolge im finanziellen, geschäftlichen und beruflichen Bereich hin. Sie ist keine Karte des Glücks, das plötzlich vom Himmel fällt oder Überraschungen bringt. Statt dessen weist sie auf Fortschritte hin, die auf persönlichen Verdienst oder auf harte Arbeit zurückzuführen sind.
Solcher Fortschritt scheint vielleicht auf den ersten Blick von geringer Bedeutung zu sein, ist aber mit Sicherheit der Anfang einer ganzen Kette von Verbesserungen. Der Ratsuchende neigt dazu, das, was er erreicht hat, zu unterschätzen, aber tatsächlich wird ihm dies schließlich mehr Befriedigung verschaffen als irgendwelche spektakulären Schritte in Richtung auf sein Ziel.

Besondere Bedeutungen

Positionen: Wenn Karo Vier in einer wichtigen Position im Deutungsschema einer Frau liegt, tendiert diese dazu, aus ihrem Bedürfnis nach Geborgenheit heraus einen Mann zu heiraten, der viel Geld besitzt. Wenn sie dies tatsächlich tut, wird sie Federn lassen müssen. Der Ehemann kann schwierig, fordernd oder unfreundlich sein, die Haushaltsführung kann sich unerfreulich oder sogar langweilig gestalten, und das, was von ihr in der Beziehung erwartet wird, könnte ihren eigenen Vorstellungen absolut zuwiderlaufen. In jedem Fall wird sich ihre Erwartung, etwas genießen zu können, was sie nicht selbst verdient hat, zerschlagen, denn meist trifft sie ihre Entscheidung für finanzielle Geborgenheit auf Kosten ihrer persönlichen Freiheit und ihres Glücks.

Wenn Karo Vier im Zentrum des Schemas einer Frau liegt, darf diese vor allem nicht darauf vertrauen, daß sie mit ihrem weiblichen Charme etwas erreichen wird. Sie muß hart arbeiten, um an ihr Ziel zu gelangen. Sie erhält nichts geschenkt, darf aber ihrer eigenen Arbeitskraft so weit vertrauen, daß sie nicht Kompromisse finanzieller Sicherheit wegen zu schließen braucht.

KARO: Besitz, finanzielle Angelegenheiten, Unternehmungsgeist.

FÜNF: Unfrieden, Ruhelosigkeit, Veränderung.

KARO FÜNF: Eine fluktuierende finanzielle Situation.

KARO FÜNF

Positiv: Die Fähigkeit, sich bei großen Tiefs durch harte Arbeit aus dem Unglück zu befreien; aufbauen und erneuern; Verstand und Intelligenz, die bei harter Arbeit angewendet werden.

Negativ: Sorgen, starke Spannungen, die nicht ausagiert werden; untätig zusehen, wie man Geld und Beruf verliert; Armut.

Charaktereigenschaften

Karo Fünf ist eine Karte, die spirituelle, idealistische Bestrebungen durch ihre starke materialistische Orientierung und ihr großes Interesse am Geld scheinbar in den Hintergrund treten läßt. Karo Fünf benutzt ihre idealistischen Zielsetzungen übrigens manchmal auch als eine Ausflucht, um keinen endgültigen Standpunkt einnehmen zu müssen. Daher könnte diese Karte als untergrabender Einfluß angesehen werden, würde die durch sie bezeichnete Person in ihrem innersten Kern nicht danach streben, sich aus vagen Idealen zu befreien und für die Verwirklichung ihrer Prinzipien zu kämpfen. Sollte ihr dies gelingen, so wird sie durch bewußte Selbstentfaltung die Beschränkungen und Frustrationen des materiellen Drucks überwinden, der sie andernfalls ihr ganzes Leben lang verfolgen wird.

Bei Karo Fünf spielt vor allem ein Konflikt zwischen materieller Unsicherheit und einer prinzipiellen Haltung eine Rolle. Alle Fünfer kämpfen mit Problemen, und bei der Karo Fünf liegt das Problem hauptsächlich in ihrem Unvermögen, sich zwischen einer opportunistischen und einer prinzipientreuen Haltung zu entscheiden.

Natürlich leidet nicht jede Karo Fünf Armut, obwohl es immer wieder zu Perioden kommen kann, in denen das Geld bei ihr knapp wird. Es können auch Einschränkungen aufgrund von schlechter gesundheitlicher Verfassung entstehen oder durch schwierige Kinder, durch einen Geliebten, der tiefes Leid durchleben muß und dem nicht geholfen werden kann, oder durch Mitmenschen, die den Mühen und den Anstrengungen feindlich gegenüberstehen, durch die Karo Fünf ihr Leben zu verbessern sucht. Sie muß lernen, ihren eigenen Kurs zu bestimmen und den Werten entsprechend zu leben, die sie intuitiv als die richtigen erkennt. Sie muß Angst, Sorge und Unsicherheit aus ihrem Leben verbannen. Obwohl ihr Weg nicht gerade über Rosen führt, kann sie es gut bewältigen, wenn sie ihr Ziel nicht aus den Augen verliert, da sie von ihrer Anlage her toleranter und weniger egoistisch ist als die anderen Fünfer und ein größeres Verantwortungsgefühl ihrer Familie und den Mitmenschen gegenüber hat, die von ihr abhängig sind.

Es wird viele Veränderungen in ihrem Leben geben, und sie wohnt und arbeitet daher selten oder nie in der Nähe ihres Geburtsortes, wodurch sie sich manchmal wie eine Vertriebene vorkommt.

Die Karte

Karo Fünf kündigt einen Konflikt zwischen zwei Menschen an. Dies darf nicht mit einem Streit verwechselt werden, mit einem Zank zwischen Geliebten oder mit einer dauerhaften Feindschaft. Es handelt sich vielmehr um einen Zusammenstoß, zu dem es ohne bösen Willen von einer bestimmten Seite kam. Es ist sogar möglich, daß der Konflikt so tief im Unbewußten der Betreffenden wurzelt, daß sie selbst keine Vorstellung von den Spannungen haben, die unter der Oberfläche schlummern. Es handelt sich eher um einen geistigen Konflikt zwischen zwei Menschen, die trotz ihrer engen Verbundenheit unterschiedliche moralische Maßstäbe haben und unterschiedliche Zukunftsvorstellungen verwirklichen wollen. Emotional fühlen sie sich vielleicht einander verwandt, aber ihre Wünsche, ihre Träume und ihre Werte trennen sie voneinander. Dies kann sich in einer Mann-Frau-Beziehung abspielen, zwischen Geschäftspartnern oder in einer Eltern-Kind-Beziehung. Geld kann hierbei eine Rolle spielen, ist aber nicht der Kern der Angelegenheit und sollte daher nicht dazu benutzt werden, um wichtigere Faktoren zu überdecken.
Karo Fünf ist ein großes Anpassungsvermögen eigen und die Fähigkeit, zu einem Vergleich zu kommen, so daß die zwei Leben weiter harmonisch zusammenfließen können. Dies darf nicht als das Eingehen fauler Kompromisse mißverstanden werden, denn oft liegen zwei auf den ersten Blick sehr verschiedene Standpunkte in Wahrheit gar nicht so weit auseinander.
Manchmal und vor allem dann, wenn Karo Fünf im Zentrum eines Schemas liegt, ist dies ein Hinweis darauf, daß die Widersprüchlichkeit im Ratsuchenden selbst liegt. Er kann zwei einander entgegengesetzte sittliche Maßstäbe haben oder durch seine Unentschiedenheit bezüglich der Wahl zwischen zwei Lebensweisen zerrissen sein. Da er innerlich gespalten ist und seine bereits erreichten Erfolge selbst anzweifelt, kann dies ein Hindernis auf dem Weg zu seinem Glück darstellen.

Dem Ratsuchenden, der den verborgenen Widerstreit, der seinem Glück im Wege steht, in sich spürt, ist anzuraten, sich größere Klarheit hinsichtlich seiner Motivationen und Wünsche zu verschaffen, sich über kindisches Gekränktsein hinwegzusetzen und sich auf die geistigen Werte zu konzentrieren, die ihm wichtig sind. Wenn diese ihm klar vor Augen stehen, kann er versuchen, sie dem Kontrahenten verständlich zu machen. Nicht verstanden zu werden hat oft seine Ursache darin, daß es uns nicht gelingt, unsere tiefsten Überzeugungen unserer Umwelt zu vermitteln. Obgleich Karo Fünf eine erneuerte Wärme und Kraft in persönlichen Beziehungen in Aussicht stellt, kann sie auch mit Einsamkeit und Trennung in Verbindung stehen, wenn die Warnung, die die Karte enthält, in den Wind geschlagen wird.

KARO: Besitz, finanzielle Angelegenheiten, Unternehmungsgeist.

SECHS: Vermittlung, Anpassung, Lebensweisheit.

KARO SECHS: Festlegen, Konfrontieren; das Gesetz von Ursache und Wirkung in der Praxis.

KARO SECHS

Positiv: Erfolg und Gewinn im materiellen Bereich, das Anwachsen von Macht, Einfluß und Gerechtigkeit; Edelmut und Menschenliebe, aber auch Verträumtheit; Reisen über Land, mit der Zielsetzung, materielle Sicherheit zu erlangen.

Negativ: Angeberisch, protzig, verschwenderisch, unverschämt, unwillig.

Charaktereigenschaften

Da Sechs die Zahl der praktischen Lebensweisheit ist, ist es einleuchtend, daß Karo Sechs die rechte Geisteshaltung, die Tragweite der Gerechtigkeit und die Notwendigkeit, diese in die Praxis umzusetzen, repräsentiert.
Das Erwerben von Wissen ist für Karo Sechs in ihren Jugendjahren kein leichtes Unterfangen. Im geistigen Bereich kommt es zu

Störungen, Hindernissen und zu passivem Widerstand, denn ihr Bedürfnis nach Geld ist so primär, daß sie es schon verdienen will, bevor sie weiß, wo ihre Begabungen liegen und welche Grundkenntnisse erforderlich sind, um eine erfolgreiche Karriere aufbauen zu können.

Eigentlich ist Karo Sechs eine sehr kraftvolle Karte, die durch strenge Selbstdisziplin lernt, was der Begriff Gerechtigkeit praktisch beinhaltet, und infolgedessen jede Schuld rechtzeitig zurückbezahlt und jeder Verpflichtung oder Verabredung nachkommt. Sie muß nach dem Prinzip der Aufrichtigkeit und Lauterkeit leben. Ihr ganzes Leben ist daher auch ein einziges langes Examen, ein einziger großer Test, den sie mit der rechten Einstellung erfolgreich bestehen kann. Sie weiß, daß die Position, in der sie sich befindet, genau ihren eigenen Wert widerspiegelt. Was immer es auch sein mag, es ist verdient – nach dem Gesetz von Ursache und Wirkung –, und immer wird sie sich zu dieser Logik bekennen.

Ihre Stimmungen können manchmal von einem Extrem ins andere umschlagen – vom Hoch direkt ins Tief. Während langer Perioden der Niedergeschlagenheit versucht sie im Alkohol oder in Betäubungsmitteln ihre Situation zu vergessen.

Karo Sechs heiratet meist mehrere Male in ihrem Leben und hat daneben auch noch andere Affären. Ihr Liebesleben gestaltet sich nicht immer so, wie sie es sich wünscht, denn es bringt immer Sorgen und Geheimnistuerei mit sich, wogegen sich ihr Bedürfnis nach Aufrichtigkeit und Lauterkeit wehrt. Um emotionale Unsicherheit und Verwirrung zu vermeiden, wäre ihr mit einer verständnisvollen Persönlichkeit in ihrer Nähe sehr gedient.

Sie kann ein sehr befriedigendes, gesundes und erfolgreiches Leben führen, wenn sie Geld und Besitz nicht zum Angelpunkt ihres Lebens macht.

Wenn bei einer weiblichen Ratsuchenden Karo Sechs im Zentrum ihres Deutungsschemas liegt, darf diese bezüglich ihres Erfolgs nicht zu sehr auf ihren persönlichen Charme vertrauen.

Ein männlicher Ratsuchender darf nicht zu stark auf eine Geldheirat fixiert sein, um dadurch sein Ziel zu erreichen. Dies steht im Widerspruch zu ihren Charakteren, denn beide Menschen beider Geschlechter mit dem Charakter der Karo Sechs haben ein äußerst empfindliches und korrektes Wertgefühl.

Die Karte

Nach der traditionellen Anschauung ist Karo Sechs eine Karte der Gesundheit, des körperlichen Wohlbefindens und der ökonomischen Sicherheit. Wenn sie in der Mitte des Schemas erscheint, unterstreicht diese Stellung in gewisser Hinsicht diese Bedeutung noch. Karo Sechs kann auf die möglicherweise schon komfortablen Lebensumstände des Fragenden hinweisen oder ihm den Weg zum Erreichen eines begehrten Ziels verheißen. Die Karte besagt, daß alle Vorteile aus unvorhergesehenen Umständen entstehen, wie zum Beispiel aus einer zufälligen Begegnung mit einem alten Freund, durch einen Empfang oder einen freundschaftlichen Besuch.

Da eine gute Gelegenheit manchmal nicht auf den ersten Blick zu erkennen ist, sollte der Ratsuchende sich vor übereilten Abweisungen von neuen Verantwortungen in acht nehmen, ebenso wie vor Reizbarkeit alten Freunden gegenüber oder vor der Abneigung vor sich täglich wiederholenden Tätigkeiten, was zur Folge haben könnte, daß Möglichkeiten zur Verwirklichung grundlegender Sicherheiten von ihm übersehen werden.

Besondere Bedeutungen

Positionen: Wenn Karo Sechs in der Position liegt, die einen der Flügel mit dem Rest des Schemas verbindet, weist die Karte manchmal auf die Wahl hin zwischen einem durchschnittlichen

Lebensstandard mit sozialen Sicherheiten und der damit verbundenen Gemütsruhe oder einem abenteuerlichen Weg, der durch Rückschläge und Unsicherheiten gekennzeichnet ist.
Wenn im oberen Teil des Schemas Hinweise auf Mißerfolge enthalten sind, sollte der Ratsuchende darüber informiert werden. Es könnte sein, daß er zwar die Möglichkeit hat, seinen Erfolg zu sichern, daß aber seine Bemühungen gleichzeitig seine Sicherheit auch in Gefahr bringen.
Wenn Karo Sechs sich in der äußersten Ecke des oberen rechten Flügels befindet, deutet dies darauf hin, daß der Fragesteller zu befriedigenden Resultaten kommen kann, wenn er den eingeschlagenen Weg weiterverfolgt.
Karo Sechs in der äußersten Ecke des oberen linken Flügels zeigt an, daß sich eine Gelegenheit zur Veränderung ergeben wird, die dem Fragesteller, falls er dies wünscht, ein ruhiges, geschütztes und komfortables Leben sichern wird.
Wenn Karo Sechs im unteren Teil des Deutungsschemas liegt, so ändert sich ihre Bedeutung. Der Ratsuchende muß dann sehr darauf bedacht sein, die Situation für sich zu nutzen, sobald sie für ihn vorteilhaft ist. Dabei kann es sich um eine geschäftliche Transaktion handeln, die ihm einen ansehnlichen Gewinn einbringen wird, um den Verkauf von Grundbesitz oder um eine Glückssträhne, in der ihm alles wie von selbst gelingt.
Wenn eine Hofkarte Karo Sechs flankiert, kann die gute Gelegenheit die Folge einer Verbindung zwischen dem Ratsuchenden und jemandem sein, dessen Charakterzüge denen der betreffenden Hofkarte ähneln.

KARO: Besitz, finanzielle Angelegenheiten, Unternehmungsgeist.

SIEBEN: Einsicht, Weitblick, Wendepunkt.

KARO SIEBEN: Enttäuschung durch Unzulänglichkeiten.

KARO SIEBEN

Positiv: Allmähliche Entwicklung; Ehrenämter, die angenommen werden, weil die Arbeit Freude macht, aber keine Positionsverbesserung oder materielle Verbesserung mit sich bringt.

Negativ: Versagen, Arbeit aufgeben und unvollendet liegenlassen, Verwässerung; Spekulationen und Erwägungen, die keinen Gewinn oder keine Früchte tragen; vielversprechende Unternehmungen erweisen sich als fruchtlos, Hoffnung zerschlägt sich; Enttäuschung, geringer Gewinn aus harter Arbeit.

Charaktereigenschaften

Karo Sieben steht für Unzufriedenheit, Enttäuschungen und Frustrationen über erreichte Resultate oder aber für Befriedigung und Gemütsruhe nach dem Vollbringen einer fast perfekten Leistung. Gleich, welcher Aspekt in den Vordergrund tritt, es wird immer ein Kampf zwischen diesen beiden Polen herrschen. Konkret drückt sich diese Tendenz in einer zu einseitig auf bestimmte Aspekte des Lebens ausgerichteten Aufmerksamkeit aus: Wohlstand und Besitz oder persönliche Beziehungen. Wenn die emotionalen persönlichen Beziehungen im Mittelpunkt stehen, wird der materiellen Seite des Lebens zu wenig Aufmerksamkeit geschenkt, und umgekehrt, wenn alle Bemühungen auf das Erwerben von Wohlstand ausgerichtet sind, entstehen im Gefühlsleben Probleme, Unannehmlichkeiten oder Kummer. Emotionale Probleme tauchen oft auf und werden dann so schwer genommen, daß es zu Perioden völliger Apathie kommt. Liebe ist ein wichtiger Faktor im Leben der Karo Sieben, die aufgrund von Unsicherheit aber auch dazu neigt, alle Gefühle von Freude und Glück einzudämmen und eine Atmosphäre stumpfen Elends um sich her zu errichten.

In Karo Sieben lebt das tiefe innere Bedürfnis nach einem eigenen Platz, einem eigenen Haus oder einem Zuhause, aber sie wird viel Geduld aufbringen müssen, bevor sie dieses Ideal verwirklichen kann. In ihrer Kindheit war die Atmosphäre in ihrer Familie von Unbeständigkeit gezeichnet und vielen Veränderungen unterworfen. Dieses Bedürfnis nach einem eigenen sicheren Hafen trägt sie stets in sich, und sie bringt die größten Opfer, um dann, wenn sich die Gelegenheit dazu ergibt, auf ihr Erspartes zurückgreifen zu können.

Geld, das für Karo Sieben immer ein wichtiges Ziel bleibt, wird von ihr trotzdem manchmal unbedacht für Lappalien verschwendet, ein typisches Verhalten für Menschen, deren Wertvorstellungen noch nicht gefestigt sind. Aber glücklicherweise wird dies dadurch kompensiert, daß ihr oft Erbschaften in den Schoß fallen oder daß sie reich heiratet. Da Karo Sieben ohne Geld zutiefst unglücklich ist und außerdem alles andere als faul, ist sie bereit, hart dafür zu arbeiten. Bevor sie nicht erreicht hat, ein angenehmes Leben führen zu können, rackert sie sich unbefriedigt und unsicher weiter ab.

Das Leben der Karo Sieben scheint sich in Zyklen von fünf bis sieben Jahren zu bewegen, die Veränderungen treten oft heftig und plötzlich ein.

Die Karte

Karo Sieben ist oft eine Karte der Traurigkeit und Bedrängnis. Sie stellt ein ungelöstes Problem dar, das dem Fragesteller Sorgen bereitet. Gewöhnlich geht es um Finanzielles, obwohl es sich auch um familiäre oder berufliche Schwierigkeiten handeln kann und dann das Materielle erst an zweiter Stelle steht. Oft ist sie nicht in der Lage, einen Entschluß zu fassen. Umstände, die den Kern der Sache verschleiern, erschweren es ihr, den Knoten zu lösen. Die Art der Probleme läßt sich den übrigen gezogenen Karten entnehmen.

Oft ist der Ratsuchende auch so angespannt und sehnt sich so stark nach einer konkreten Antwort des Kartendeuters, daß sein Redestrom nicht einzudämmen ist. In diesem Fall tut dieser gut daran, seinen Klienten auf die starken Karten aufmerksam zu machen: die Karten, die auf Eigenschaften wie Sanftmut, Charakterstärke bei Rückschlägen, Kontaktfähigkeit usw. hindeuten. Der Fragesteller muß dazu angespornt werden, diese Eigenschaften zu seinem Vorteil zu nutzen. Wenn starke Karten über der Karo Sieben liegen, besteht die berechtigte Hoffnung, daß eine nervenaufreibende Periode etwas Positives bewirkt, das auf keinem anderen Weg entstanden wäre.

Besondere Bedeutungen

Positionen: Wenn Karo Sieben im oberen Teil des Schemas liegt, ist dies ein Hinweis darauf, daß sich zwar eine problematische Situation entwickelt, daß ihr der Fragesteller aber ausweichen

kann oder sie zumindest größtenteils kontrollieren kann, wenn er die Gefahr rechtzeitig erkennt.
Befindet sich Karo Sieben im unteren Teil des Schemas, so besteht die Möglichkeit, daß das Unglück einen Freund betrifft oder daß sich Umstände ergeben, die einen störenden Einfluß auf den Fragenden, seine Arbeit, seine sozialen Bestrebungen oder seine Geschäftsinteressen haben.
Karo Sieben vermag eine günstige Lösung für Probleme zu finden. Die Karte bedeutet keineswegs eine *Katastrophe,* sondern vielmehr ein *Problem* und die Notwendigkeit, einen Weg aus den Schwierigkeiten zu finden.

KARO: Besitz, finanzielle Angelegenheiten, Unternehmungsgeist.

ACHT: Macht, Wille, Organisation.

KARO ACHT: Bemerkenswerte Erfolge, Verwaltung und Organisation im materiellen Bereich.

KARO ACHT

Positiv: Mäßigung und *Gleichgewicht;* Intelligenz, die für materielle Ziele eingesetzt wird; Landwirtschaft und Bau; Fachwissen und Professionalität, Fleiß; Ansehen und Wohlstand.

Negativ: Berechnend, habsüchtig und gierig, rücksichtslos, kleinlich, keine Übersicht haben; groß im kleinen und klein im großen; Diebstahl, Tyrannei.

Charaktereigenschaften

Alle Achter besitzen Führungsqualitäten und streben nach Macht, aber Karo Acht unterscheidet sich von den anderen insofern, als ihr Streben nach Macht auf das Materielle gerichtet ist, wodurch sie über eine größere Wahlfreiheit verfügt als die Achter der übrigen Farben. Diese Freiheit macht Karo Acht sehr unabhängig und manchmal dominant und anspruchsvoll.

Die Achter sind im Prinzip stabile Menschen, aber auch in diesem Punkt ist Karo Acht den anderen Achtern überlegen. Ihre Ausgewogenheit gründet in einem intuitiven Wertgefühl, und daher weiß sie gewöhnlich auch immer genau, wann es irgendwo etwas günstig zu kaufen gibt und was der angemessene Preis dafür ist. Diese Eigenschaft, die mit einem Verantwortungsgefühl für die Dinge in jedem Bereich, in dem sie tätig ist, gekoppelt ist, bringt Karo Acht schnell in führende Positionen. Im Bereich des Materiellen tritt ihr Machtstreben deutlich zutage, und sie läßt keine Möglichkeit ungenutzt, ihre diesbezügliche Position zu verbessern. Sie zeigt in ihrem Privatleben ein großes Interesse an Gruppen und deren Zusammenkünften; im geschäftlichen Bereich äußert sich diese Tendenz in einer lebhaften Anteilnahme an Arbeitsgemeinschaften und Aufsichtsrats- oder Aktionärsversammlungen. Dort kann man sie daher auch oft antreffen. Karo Acht steht wie ein Felsen in der Brandung.
Wie immer können diese Eigenschaften auch hier auf verschiedene Weise zum Tragen kommen, und Karo Acht kann sowohl ein Wohltäter als auch ein äußerst gieriger, auf Geld und Besitz fixierter Mensch sein. Aber ganz gleich, welche Seite sich am stärksten entwickelt, Karo Acht ist allen Hindernissen gewachsen, die sich ihr in den Weg stellen, und alle ihr feindlich gesinnten Menschen, die ihr auch nur einen Strohhalm in den Weg legen, schiebt sie mit einer königlichen Geste zur Seite. Im allgemeinen kann man ihr völlig vertrauen, denn sie ist ein vernünftiger und zuverlässiger Verwalter. Außerdem vertritt sie selbst die Interessen Verstorbener und ihr Nahestehender aufs beste. Sie wird diese Angelegenheiten nach bestem Wissen und Gewissen überwachen und verwalten und dabei weder Kosten noch Mühen scheuen.
Karo Acht strebt nach einer guten gesellschaftlichen Position, und beim Erreichen ihres Zieles kann sie manchmal ziemlich rücksichtslos vorgehen, denn sie genießt es, wenn andere zu ihr aufschauen müssen.

Sollten ihre Bestrebungen rein materieller Natur sein, so wird ihre Karriere mit harter Arbeit und großen Anstrengungen und Schmerzen verbunden sein. Wenn sie aber ihren natürlichen Anlagen entsprechend ruhig und ausgewogen an die Arbeit geht, fallen ihr die reifen Früchte wie von selbst in den Schoß.
Ihr Machthunger und ihr rücksichtsloses Auftreten sind die größten Gefahren für Karo Acht, und durch die ihr angeborene Liebe zu Geld und Besitz werden diese beiden Tendenzen, die ohnehin schon deutlich ausgeprägt sind, stark stimuliert. Karo Acht ist oft besessen von Gier nach Geld.
Wenn die Umstände ungünstig sind und sie von ihrem hohen Thron fällt, vergißt sie in ihrer Panik alle Verpflichtungen, verliert ihr Verantwortungsgefühl, verbraucht oder verkauft die ihr anvertrauten Erbschaften und andere Güter in dem Versuch, zu retten, was noch zu retten ist. Aber oft mißlingt ihr dies, so daß sie ihren eigenen Untergang herbeiführt.

Die Karte

Karo Acht ist eine Karte des Gleichgewichts, die auf ein Zusammenwirken von Geschicklichkeit in finanziellen Angelegenheiten und kluger Einsicht hindeutet, was oft dazu führt, daß nicht allzuviel Nachdruck auf materiellen Erfolg gelegt wird. Diese Karte repräsentiert einen praktischen Standpunkt, bei dem alle Theorien objektiv gegeneinander abgewogen und verarbeitet worden sind. Sie ist eine Karte der Mäßigung, der Verträglichkeit und der Harmonie.

Besondere Bedeutungen

Kombinationen: Wenn Karo Acht in einem Schema liegt, in dem Karo-Karten überwiegen, muß sich der Ratsuchende davor in

acht nehmen, ein Urteil nur aufgrund der ökonomischen Tatsachen zu fällen. Er könnte dann andere Dinge verlieren, die viel wertvoller und dauerhafter sind.
Wenn Pik Neun oder Pik Zehn der Karo Acht folgen, besteht die Möglichkeit, daß sich der Fragesteller zu zweifelhaften Investitionen verleiten läßt, die ihm einen schnellen Gewinn versprechen. Der Kartendeuter sollte ihm anraten, die Sache noch einmal gründlich zu überdenken, bevor er sich auf ein unübersehbares finanzielles Risiko einläßt.
Die Anwesenheit von Kreuz-Karten in der näheren Umgebung der Karo Acht weist auf regelmäßige Einnahmen, auf Sicherheit und auf das Verschwinden drückender Geldsorgen hin.

Positionen: Wenn Karo Acht im Zentrum eines Schemas liegt, spiegelt sie wahrscheinlich den Charakter des Ratsuchenden wider und weist darauf hin, daß dieser in der Lage ist, geschäftlichen Interessen nachzugehen, ohne seine Ideale aus den Augen zu verlieren. Möglicherweise fühlt er sich stark von der Chemie oder von anderer Arbeit angezogen, die mit Untersuchungen in Laboratorien zu tun hat. Er kann sich auch in Regierungsämtern, in einer administrativen Position, in der er Entschlüsse sorgfältig abwägen muß, gut profilieren.
Bei der Wahl eines Ehepartners entscheidet er sich wahrscheinlich für eine Frau mit Geld, der ein gewandtes, aber etwas autoritäres Verhalten eigen ist.
Liegt Karo Acht im Zentrum des Schemas einer weiblichen Ratsuchenden, so wird diese höchstwahrscheinlich ein selbständiges Unternehmen betreiben oder beginnen, aber nach einer Weile wird sie mit einem Betriebsleiter konfrontiert werden, der klüger ist als sie und an den sie ihr Herz verliert. Nach einer solchen Erfahrung wird sie sich zu einer vortrefflichen Familienbuchhalterin entwickeln, einer verständnisvollen Mutter und einer einfühlsamen Ehepartnerin.
Wenn Karo Acht im oberen Teil eines Schemas auftaucht, wird

eine Situation entstehen, in der ein wohldurchdachtes Urteil von größter Wichtigkeit ist. Der Ratsuchende darf nicht voreilig handeln und sich nicht von einem anziehenden Äußeren täuschen lassen.

KARO: Besitz, finanzielle Angelegenheiten, Unternehmungsgeist.

NEUN: Sehnsucht, die große Leidenschaft, Menschenliebe.

KARO NEUN: Unzufriedenheit, starke Wünsche.

KARO NEUN

Positiv: Vermehrung, Gewinn, Freigebigkeit; Menschenliebe, Unabhängigkeit; Glückspilz, wohlhabend.

Negativ: Selbstsüchtig, begierig, irreführend; Zweifel, Widersprüchlichkeiten, vage Wünsche.

Charaktereigenschaften

Für diese Karte scheint es keinen Mittelweg zu geben. Die Person, für die sie steht, ist entweder wohlhabend, großzügig und menschenliebend oder lebt nur für sich selbst, ist nicht in der Lage, soviel Geld zu verdienen, wie sie es sich wünscht, und ist unzufrieden mit ihrem Dasein.
Es gibt zwei Typen von Karo Neun: ein Mensch, der ständig kämpfen muß, um seinen Kopf über Wasser zu halten, oder der sehr Wohlhabende, der ständig mit einem inneren Unfrieden

kämpft, der zum Teil durch seinen übermäßigen Reichtum hervorgerufen wird.

Obwohl Karo Neun selbst einen starken Charakter hat, neigt sie doch dazu, sich beherrschen zu lassen, vor allem in ihren jungen Jahren oder in einer engen Verbindung. Wenn diese Beziehung aber auseinanderbricht, wird sie selbst zu einem dominanten Menschen, um ihr Gleichgewicht wiederzuerlangen.

Auch die Ehe ist etwas, vor dem sie erst einmal zurückschreckt, und wenn sie sich schließlich doch dafür entscheidet, verschwindet sie nach einiger Zeit bei Nacht und Nebel, um nie mehr zurückzukehren. Daß eine Ehe mit all ihren positiven und negativen Seiten – Freude und Wärme wie auch Kompromisse, Verpflichtungen und Einschränkungen – eine Erfahrung sein kann, die ihrem Dasein eine weitere Perspektive, Zielgerichtetheit und Tiefgang verleiht, will Karo Neun nicht gelten lassen. Daraus läßt sich ableiten, daß sie ernstliche Schwierigkeiten mit ehelichen oder eheähnlichen Bindungen hat. Sollte sie trotzdem in eine solche für sie unbefriedigende Beziehung hineingeraten, dann erhält sie diese Beziehung aus Bequemlichkeit eine Zeitlang aufrecht, auch wenn es viele Nachteile für sie hat. Wegen dieses selbstsüchtigen Charakterzugs gerät sie oft in Schwierigkeiten.

Karo Neun ist nicht besonders nachgiebig. Sie hat die starke Neigung, keinen Zentimeter nachgeben zu wollen und auf ihrem Standpunkt zu beharren, während sie sich gleichzeitig ziemlich aggressiv verhalten kann.

Sie ist sehr unabhängig und will lieber alles selbst tun, selbst entscheiden und selbst bestimmen – ohne Einmischung von anderen, auch nicht von ihren besten Freunden, falls sie solche hat –, aber sie lebt immer im Zweifel, ob ihre Ideen und Entschlüsse auch so durchführbar sind, wie sie es sich vorgestellt hat.

Abgesehen von den problematischeren Seiten ihres Charakters kann Karo Neun als Glückspilz angesehen werden, dessen unbestimmte Wünsche und Sehnsüchte oft in Erfüllung gehen, auch wenn ihr deren (tieferer) Sinn nicht klar ist.

Die Karte

Karo Neun ist eine Karte mit widersprüchlichen Bedeutungen. Von alters her ist dies eine Karte der *Wunscherfüllung*. Bei den Zigeunern symbolisiert sie jedoch Betrug, Verrat, Täuschung und Gefahr. Diese Karte wird auch mit dem bleichen Mondgesicht verglichen, das die Wirklichkeit verschleiert. Dementsprechend gibt Karo Neun oft Antworten, die ein falsches Bild erzeugen, selbst wenn diese Antworten auf den ersten Blick als richtig erscheinen. Genau wie die Orakel des Altertums können alle Karten voreingenommene Fragesteller in die Irre führen. Wenn ein Fragesteller den Karten gegenüber offen ist, wird er von ihnen nicht getäuscht werden. Die Antwort liegt immer in der Verbindung der einzelnen Karten, da keine Karte für sich allein eine gestellte Frage mit ja oder nein beantworten kann.
Selbst wenn der Fragesteller vermeidet, einen bestimmten Wunsch zu formulieren, wird er doch meistens die Karten in der Hoffnung befragen, daß eines seiner Probleme sich dadurch lösen wird und daß ihm im allgemeinen Glück und Erfolg verheißen wird.
Karo Neun spiegelt diesen Wunsch wider und gibt zu erkennen, daß er in einem gewissen Maße auch in Erfüllung gehen wird. Die Frage, ob dieses Maß mit den Erwartungen des Fragestellers übereinstimmt, beantwortet sie nicht, und ebensowenig ist sie eine Garantie dafür, daß das Resultat dem Fragesteller Befriedigung oder Glück schenken wird.

Besondere Bedeutungen

Kombinationen: Wenn Karo Neun sich nicht unter den gezogenen Karten befindet, so bedeutet dies noch lange nicht, daß der Wunsch des Fragestellers nicht in Erfüllung gehen wird. Es besagt nur, daß es nicht möglich ist, ihm eine befriedigende Antwort in bezug auf seinen Wunsch zu geben.
Wenn Karo Neun abwesend ist, Pik Neun und Pik As hingegen im Schema auftauchen, kann man dies in den meisten Fällen als eine regelrechte Abweisung des Wunsches interpretieren.
Wenn Herz Neun noch dazukommt, bleibt der Wunsch zwar auch unerfüllt, aber der Fragesteller wird dies im nachhinein nicht bedauern.
Wenn Karo Neun und Herz Neun gleichzeitig in einem Schema vorkommen, kann man mit Glück und unerwarteten Erfolgen rechnen, die weit über den eigentlichen Wunsch hinausgehen. Dieses Zusammentreffen schenkt dem Fragesteller neue Lebensfreude, wodurch er die Dinge in einem neuen Licht sieht und Unannehmlichkeiten sich in Luft auflösen.

Positionen: Wenn diese Karte in einer wichtigen Position im Schema einer weiblichen Ratsuchenden liegt, kann dies besagen, daß ihr Ehemann alkohol- oder drogensüchtig ist oder daß sie die Entdeckung machen wird, daß ihr Auserkorener sexuell nicht sehr reif ist und ziemlich unakzeptable sexuelle Vorlieben hat.
Wenn Karo Neun in einer wichtigen Position im Schema eines männlichen Ratsuchenden auftaucht, so weist dies darauf hin, daß ihm Bindungen, falls er sie überhaupt eingeht, keine Befriedigung verschaffen können und nur Sorgen bereiten und Geld kosten. In beiden Fällen liegt Karo Neun meistens in unmittelbarer Nachbarschaft einer Hofkarte. Die umliegenden Karten geben dann an, ob das Bedürfnis nach einer Beziehung in Erfüllung gehen wird oder nicht.

Wenn Karo Neun im Zentrum des Schemas liegt, so bedeutet dies, daß der Wunsch dem Ratsuchenden sehr am Herzen liegt oder daß die betreffende Person es damit sehr eilig hat.
Wenn Karo Neun im oberen linken Flügel erscheint, kann der Wunsch in Erfüllung gehen, vorausgesetzt, daß der Ratsuchende seine Lebensweise verändert.
Liegt Karo Neun im oberen rechten Flügel, so geht der Wunsch durch den natürlichen Lauf der Dinge in Erfüllung.
Liegt Karo Neun im unteren linken Flügel, so ist der Wunsch eine Begleiterscheinung von anderen Dingen im Leben des Ratsuchenden, die wesentlich wichtiger sind.
Wenn die Karte im unteren rechten Flügel liegt, hängt die Erfüllung des Wunsches von äußeren Einflüssen ab, die der Fragesteller selbst nicht in der Hand hat.
Liegt Karo Neun in einer der äußersten Ecken des Schemas, so bedeutet dies, daß die Erfüllung des Wunsches nicht möglich ist oder erst nach langer Verzögerung und vielen Mißerfolgen eintreten wird.

KARO: Besitz, finanzielle Angelegenheiten, Unternehmungsgeist.

ZEHN: Erfolg, Vervollkommnung.

KARO ZEHN: Besinnung auf den Wert von Besitz.

KARO ZEHN

Positiv: Reichtum, Luxus, Vollendung im materiellen Bereich, Solidität, Reife.

Negativ: Verflachung durch Mangel an Stimulanz, die notwendig wäre, um neue kreative Ziele anzustreben; Verlust von Vitalität, Stillstand; Abstumpfung des in geschäftlichen und praktischen Dingen sehr gut funktionierenden, klaren und vielseitigen Verstandes.

Charaktereigenschaften

Karo Zehn wird die wichtigste *Geld*-Karte genannt, obwohl diese Karte gleichzeitig auch die Besinnung auf die eigenen Werte repräsentiert. Im allgemeinen lebt die durch sie gekennzeichnete Person nach den bekannten, konventionellen oder sogar orthodoxen Prinzipien, und ihr einziges Bestreben ist die Mehrung

ihres Besitzes; sie läuft sogar Gefahr, als Geldgier angesehen zu werden.
In bezug auf finanzielle Angelegenheiten macht sie nie einen Fehler. Außer der Tatsache, daß sie für Geld ein besonderes Gespür zu haben scheint, fallen ihr von verschiedenen Seiten Erbschaften in den Schoß. Es kann sein, daß sie zu manchen Zeiten keinen Pfennig mehr besitzt oder am Rande des Konkurses steht, im letzten Moment aber kehrt sich der drohende Zusammenbruch durch geschickte Manipulation ihrerseits oder durch Hilfe von außen zu einem großen Erfolg um.
Karo Zehn verkehrt am liebsten mit Menschen aus den »besseren Kreisen«, die aufgrund ihres Wohlstandes, ihrer gesellschaftlichen Stellung oder ihrer Herkunft einen hohen sozialen Status einnehmen, denn bedingt durch ihren snobistischen Zug, das Ansehen der Welt genießen zu wollen, fühlt sie sich in einer wohlhabenden Umgebung am wohlsten.
Es bereitet ihr nicht die geringste Mühe, ihre Fähigkeiten kommerziell zu nutzen. Wenn sie in der Wirtschaft tätig ist, schreckt sie nicht vor großen Projekten zurück. Sie ist davon überzeugt, daß sie diese bewältigen kann und Gewinn machen wird. Karo Zehn hat einen sehr scharfen, gut funktionierenden praktischen Verstand und einen klaren Blick für materielle Werte.
Sie besitzt ein ausgeprägtes soziales Verantwortungsgefühl und macht es sich zur Aufgabe, Gestrandeten wieder auf die Beine zu helfen. Viele Institute, Bibliotheken, Krankenhäuser und Auffangzentren auf der ganzen Welt sind von der Karo Zehn gegründet worden oder in ihrem Andenken entstanden.
Wie unerschrocken sie auch erscheinen mag, selbst sie kennt Augenblicke, in denen sie an der Erfülltheit ihres sehr geregelten und ziemlich monotonen Daseins mit all seinen Verpflichtungen zweifelt. Ab und zu überfällt sie ein Gefühl der Lustlosigkeit oder Langeweile, und sie fragt sich dann, ob die Tretmühle, in der sie lebt, ihr eigentlich wirklich Befriedigung schenkt und ob ihr Besitz sie auch glücklich macht. Wenn sich ihr diese Frage in

zunehmendem Maße aufdrängt, ist es an der Zeit, daß sie ihr Wertsystem einmal gründlich untersucht und erneuert.

Die Karte

Karo Zehn kündigt die Einschränkung der Bewegungsfreiheit oder materielle Beschränkungen an. Nach der Überlieferung der Zigeuner ist sie eine Karte, die zwar Luxus, aber kein Glück bringt. Ihre Bedeutung ist aber noch weitreichender. Die Karte warnt vor zu großer Konzentration auf das Erwerben von Geld oder auf das Ansammeln von irdischen Gütern, wobei die geistigen Interessen vernachlässigt werden. Sie mahnt nicht zur Veränderung der Umgebung, sondern zur Veränderung der inneren Einstellung.

Wenn eine Karo Zehn im Schema liegt, steckt der Fragesteller wahrscheinlich schon in einem Sumpf von Langeweile, Trott, Gleichgültigkeit und Abstumpfung. Er hat das Gefühl, daß die Umstände ihn beherrschen und daß spirituelle Abenteuer für ihn unerfüllbare Wunschträume sind.

Karo Zehn beinhaltet aber auch die Möglichkeit, der alltäglichen Routine zu entrinnen. Die Karte gibt Aussicht auf eine Zukunft, die größere Befriedigung schenken wird, vorausgesetzt, der Fragende richtet seinen Blick auf einen weiteren Horizont. Karo Zehn warnt vor der Tyrannei der Engstirnigkeit, die den freien Geist in ein System einschließt. Gewohnheit, Bequemlichkeit, Angst vor Veränderung oder einfach Lustlosigkeit nehmen dem Geist die Spannkraft und berauben den Ratsuchenden vieler angenehmer Erfahrungen.

Bei den Zigeunern galt Karo Zehn als eine Karte, die Gelegenheit zu einer Reise über Land oder über See gab. Dies darf nicht zu wörtlich verstanden werden, obwohl sich oft tatsächlich eine solche Gelegenheit bietet. Aber mehr geht es hierbei um die Entscheidung zwischen einer eher symbolisch zu verstehenden mühseligen »Reise zu Lande«, die materiellen Gewinn, Sicherheit und das Akzeptieren eines beschränkten Daseins repräsentiert, und einer »Reise zu Wasser«, welche die Reinheit des Geistes symbolisiert.

Besondere Bedeutungen

Positionen: Karo Zehn im Zentrum ist das Zeichen für einen schwindenden Geltungsdrang und für die Anpassung an eine Lebensweise, die zwar materiellen Genuß bieten kann, der aber eine tiefere Befriedigung fehlt.
Ein Fragesteller, unter dessen Karten Karo Zehn eine wichtige Position einnimmt, wird sein gesellschaftliches Ansehen durch eine Verbindung mit einer gutsituierten Frau zu vergrößern versuchen. Handelt es sich bei dem Ratsuchenden um eine Frau, so ist diese in der Lage, selbständig ein eigenes Unternehmen oder das eines anderen zu leiten. Hier wird darauf hingewiesen, daß ein erfüllteres Leben in Reichweite des Fragestellers liegt, aber daß er erst einmal mit seinem jetzigen oberflächlichen Leben brechen muß und sich auf den Weg machen muß, damit er die Gelegenheiten, die sich ihm anschließend bieten werden, überhaupt wahrnehmen kann.
Die Karten, die Karo Zehn umgeben, können Näheres darüber aussagen, wie die Monotonie im Leben dieses Menschen zu durchbrechen ist. An dieser Stelle muß betont werden, daß der Fragende seinem bisherigen Leben nicht völlig den Rücken zuwenden muß. Vielleicht braucht er die Dinge nur in einem neuen Licht zu sehen und sich eine andere Einstellung zu ihnen zuzulegen, damit er wieder Freude am Leben haben kann.
Im unteren Teil des Schemas wird der Charakter der Karo Zehn näher beschrieben. Wenn sie dort auftaucht, kann die Karte eine erfreuliche Unterbrechung der täglichen Verpflichtungen ankündigen. Dabei kann es sich um unerwartet eintreffendes Geld

handeln, das die finanzielle Lage verbessert, um eine Reise oder um ein Erlebnis, das neue Interessen weckt. Auch hier wird wieder die Mahnung hinzugefügt, daß die Gelegenheit ergriffen werden will, wenn sie sich bietet, denn andernfalls werden die Alltäglichkeiten den Betreffenden wieder gefangennehmen.

KARO: Besitz, finanzielle Angelegenheiten, Unternehmungsgeist.

BUBE: Idealismus, Jugend.

KARO BUBE: Ein Unterhändler.

KARO BUBE

Positiv: Ein junger Mann, der viel Energie für praktische Dinge aufwendet; ein guter und kompetenter Betriebsleiter, einfallsreich, etwas neidisch auf spirituell begabtere Leute; er wird nicht schnell böse, aber wenn seine Wut einmal entflammt ist, ist er unversöhnlich.

Negativ: Verschwenderisch, ehebrecherisch, betrügerisch, protzig; steht auf schlechtem Fuß mit seinen essentiellen Werten.

Charaktereigenschaften

Die Charaktereigenschaften, die diese Karte repräsentiert, bilden einen Höhepunkt an Vielfalt, Einfallsreichtum und Unberechenbarkeit. Vor allem jedoch ist der Karo Bube unkonventionell, obwohl er sehr materialistisch eingestellt ist. Er weiß, daß hartes und beständiges Arbeiten notwendig ist, wenn man es zu etwas bringen will, und er ist daher auch bereit, für Geld fast alles zu tun. Er braucht Bewegungsfreiheit, und es gelingt ihm auch immer, sich diese zu verschaffen. Der Karo Bube ist intellektuell begabt, originell, erfinderisch und immer auf der Suche nach einer Gelegenheit, Geld zu verdienen. Wenn er in seiner eigenen Umgebung keine Möglichkeit dazu sieht, zieht er meist in fremde Länder, um dort nach Gelegenheiten Ausschau zu halten, seine Energie für einen guten Preis zu verkaufen oder um wie ein Tagträumer von der Hand in den Mund zu leben, was ihm meistens ebenfalls sehr gut gelingt.

Karo Bube liebt das Wasser und das Meer, und viele Fragesteller, bei denen Karo Bube in einer wichtigen Position auftaucht, üben Berufe aus, die mit der Seefahrt in Zusammenhang stehen. Wenn Karo Bube sich dazu entschließt, Jungmatrose zu werden, wird er oft durch geschicktes Handeln und Verhandeln schließlich zum Eigentümer eines Schiffes.

Karo Bube fühlt sich in einem produktiven Beruf am wohlsten, denn er braucht ein Ventil für seine kreative Originalität. Er hat beispielsweise die Anlage zu einem guten Manager, Vertreter oder Verleger. Es fällt ihm übrigens nicht leicht, einen Beruf zu wählen, da seine Forderung, daß dieser ihm finanziellen Erfolg bescheren muß, oft die Entwicklung seiner wahren Talente blokkiert. Wenn er einmal gelernt hat, sich selbst zu verstehen, dann wird er zu einem unentbehrlichen, angesehenen Mitglied der Gesellschaft werden. Dies wird ihm aber nicht leichtfallen, denn das Charakteristische dieser Karte ist, daß sie den Menschen vor die Entscheidung zwischen einer aus Einsicht geborenen idealistischen Lebenshaltung und Opportunismus, Verwirrung und Chaos stellt.

Die Karte

Karo Bube repräsentiert einen Menschen, der an einem Wendepunkt seines Lebens steht. Wenn diese Karte im Zentrum eines Schemas liegt, kann sie sich auf den Fragesteller selbst beziehen oder auf jemanden, der zu ihm kommt (oder in Kürze kommen wird), um Rat und Hilfe bei ihm zu suchen.

Bei Karo Bube denken wir unwillkürlich an einen jungen Menschen, aber die Unreife dieses Buben muß sich nicht unbedingt auf das tatsächliche Alter beziehen. Es kann sich auch um jemanden handeln, der von einem inneren Konflikt zerrissen wird, der nicht sofort lösbar ist. Diese Person weiblichen oder männlichen Geschlechts wird einen brutalen, eigensinnigen und stolzen Eindruck erwecken, obwohl sie in Wirklichkeit nach einer ausgewogenen, sinnvollen Lebenshaltung sucht. Sie ist hin und her gerissen zwischen Zynismus und Idealismus und versucht, ihre Hoffnung, ihre Ideale und ihre Liebe zum Schönen aus Angst vor Spott und Verurteilung zu verbergen.

Hier haben wir einen Menschen vor uns, der ein unverkennbares Talent besitzt und das Bedürfnis nach warmherziger Freundschaft und geistiger Führung hat, der aber gleichzeitig unbeherrscht auf Kritik reagiert und sich über Menschen ärgert, die ihm verständnislos gegenüberstehen. Das Verhalten dieser Person ist oft undurchdacht, unverantwortlich und manchmal sogar grausam. Eigentlich ist sie ständig damit beschäftigt, auf eine schöpferische, unkonventionelle Weise sich selbst und andere auf die Probe zu stellen, in der Hoffnung, auf diese Weise die erstrebten Sicherheiten zu finden.

Die Zigeuner verbinden mit Karo Bube das Bild eines Menschen, der zwischen Himmel und Erde hängt, was darstellen soll, daß der Betreffende völlig zerrüttet ist und zwischen der Realität des Lebens und verschwommenen Traumbildern und ungreifbaren Sehnsüchten gefangen ist. Er hat eine starke introvertierte Tendenz, und was er sagt oder tut, muß meist von hinten nach vorne

gelesen werden, denn er sucht nach einer Weisheit, die er bislang noch nicht gefunden hat.
Er befindet sich in einer mißlichen Lage, denn da er den Weg der Konventionen wie die Pest meidet, tendiert er dazu, gegen alle Sitten zu verstoßen. Dies erzeugt offenen Widerstand, möglicherweise sogar Verfolgung, wodurch seine Geisteskraft gebrochen wird und die Welt all das Gute entbehren muß, was Karo Bube ihr zu bieten hätte.
Jeder Versuch, ihn in die Grenzen der Konventionen zu pressen, führt unweigerlich zum Gegenteil. Trotzdem ist es möglich, seine Aufmerksamkeit auf positive, konkrete Ziele zu lenken, wodurch ein Gleichgewicht in ihm entsteht, das ihn in die Lage versetzt, seine Ambitionen erfolgreich zu verwirklichen. Wenn ihm bewußt wird, daß auch seine Mitmenschen Ideale haben, entwickelt er vielleicht mit der Zeit das Gefühl, daß er nicht allein in der Welt steht, denn das ist eine seiner unausgesprochenen Grundvoraussetzungen. Ohne es zu wissen, strebt er einen Seinszustand an, in dem er arglos sich selbst genügen kann und nicht auf der Hut zu sein braucht vor Disharmonie und Unvollkommenheit, die das Zusammenleben nun einmal mit sich bringt.

KARO: Besitz, finanzielle Angelegenheiten, Unternehmungsgeist.

DAME: Reagieren, Beurteilen.

KARO DAME: Sachliches Urteil, gesellschaftliches Engagement.

KARO DAME

Positiv: Ehrgeizig, strebsam im Bereich des Praktischen, energievoll, willensstark; begeistert, freundlich und charmant, geschickt und sparsam.

Negativ: Materialistisch, argwöhnisch, kritisch; nörglerisch, launisch, rachsüchtig; stolz, töricht, kapriziös; liederlich, verschwenderisch, unausgeglichen, bösartig.

Charaktereigenschaften

Karo Dame ist eine Frau mit einem heftigen, leidenschaftlichen Temperament. Sie ist sehr energievoll und weiß, wie sie sich durchsetzen kann. Ihr ruheloser Geist ist ständig mit Plänen, Tabellen und Berechnungen beschäftigt, die mit der Beschaffung von Geld im Zusammenhang stehen oder damit, im Ansehen anderer zu steigen oder in das Leben eines anderen einzugreifen.

Sie ist eine Frau, die das durchführt, was sie sich in den Kopf gesetzt hat, und daher kann sie eine Freundin von unschätzbarem Wert sein, denn mit ihrem lebhaften Geist, ihrem unzähmbaren Mut und ihrer Treue ist sie in der Lage, ihre ganze Umgebung zu beschäftigen, zu begeistern und ihr zum Erfolg zu verhelfen. Sie kann hervorragend organisieren und beweist dies oft im Bereich der Wohltätigkeit, der Sozialreform oder der Politik. Sie ist aggressiv und sehr praktisch und setzt sich mit ihrem ganzen Wesen für diejenigen ein, an die sie glaubt.

Die positive Seite der Karo Dame ist ihre schöpferische Kraft. Menschen wie sie ermöglichen den Fortschritt. Wenn sie an Projekten mitarbeitet, die ein uneigennütziges Ziel verfolgen, kann ihr Einfluß sehr groß und ihr Dienst an der Menschheit von unschätzbarem Wert sein. Wenn sie dagegen negativ beeinflußt wird, kann sie unabsehbaren Schaden anrichten. Sie ist klug und geschickt, und wenn ihr Materialismus nicht durch Ideale gemildert wird, kann sie ihre Talente in Spitzfindigkeiten verschwenden, die eigentlich weit über das Ziel hinausschießen. Trotz ihrer Befähigung zu einer umfassenden Sichtweise kann sie in ordinäre Streitereien, in Krittelei oder gar Klatschsucht verfallen. Sie muß sich von jeder Bösartigkeit hüten, wenn ihre reife Persönlichkeit Früchte tragen soll, und sie sollte erkennen, daß sie vom Weg zu einem sinnvollen Ziel abkommt, wenn sie sich ihrem Zorn über Verleumdungen und Mißtrauen oder ihren persönlichen Antipathien und ihrem falschen Stolz überläßt.

Karo Dame muß versuchen, weniger aufbrausend zu sein, ihren Jähzorn zu bezwingen, nicht übereilt zu handeln und sich nicht zu verzetteln. Es ist kein Zufall, daß sie sich von der roten Farbe angezogen fühlt, denn ebenso wie das Feuer kann sie das eine Mal etwas durch ihre Fürsorge zum Leben erwecken, um es im nächsten Augenblick wutschnaubend wieder zu vernichten. Wenn sie sich nicht vorsieht, läuft sie Gefahr, innerlich auszubrennen, so daß ihre späteren Lebensjahre leer sein werden. Aber das muß nicht so sein. Wenn sie für dauerhafte Freundschaften sorgt und sich auf Projekte beschränkt, die die Mühe lohnen, wird ihre Anteilnahme mit den Jahren zunehmen und ihrem Leben noch größere Tiefe verleihen.

Die Karte

Wenn die Karo Dame im Zentrum der Karten einer weiblichen Ratsuchenden liegt, ist die Karte charakteristisch für ihre Persönlichkeit. Sie stellt eine hart arbeitende, aufopferungsvolle, realistische Frau dar, die sich im Leben auskennt, Autorität besitzt und stark ist, aber auch eine scharfe Zunge hat, die viel Schaden anrichten kann. Außerdem versucht sie oft, ihren Willen rücksichtslos durchzusetzen. Sie liebt die Aufregung und kann ein eintöniges Leben nicht ertragen.

Karo Dame hält ihr Schicksal selbst in Händen. Sie kann ihr Leben reich, fruchtbar und glücklich machen. Aber leider fehlt es ihr an Geduld und Einblick in die Motive anderer, wodurch sie sich immer wieder Feinde schafft, da sie in ihrer Eile, ihren Willen durchzusetzen, oft etwas hart mit den Gefühlen ihrer Mitmenschen umgeht.

Taucht Karo Dame unter den Karten eines männlichen Ratsuchenden auf, so wird dieser Kontakt mit einer Frau aufnehmen oder bereits aufgenommen haben, die eine starke Persönlichkeit besitzt. Obwohl sie eine unschätzbare Bundesgenossin ist, muß sie mit Seidenhandschuhen angefaßt werden, denn sie ist empfindlicher und verletzbarer, als es zunächst scheint, und wenn sie sich beleidigt fühlt, wird sie zu einer Gegnerin, die gnadenlos ihr ganzes Wesen und alle ihre Erfahrung dazu benutzt, ihren Feind zu vernichten. Wenn aber eine echte Beziehung besteht, wird sie leidenschaftlich an ihrem Partner hängen. Durch Kontakt und Freundlichkeit ist sie jedoch leicht zu zähmen. Dann ist ihre Gesellschaft fesselnd, herausfordernd und sehr aufregend. Der Mann, der Karo Dame zur Ehegattin nimmt, darf kein ruhiges und friedliches Leben erwarten, aber er wird sich auch mit Sicherheit nicht langweilen.

Besondere Bedeutungen

Positionen: Karo Dame ist Pik Dame feindlich gesinnt. Wenn beide Karten im gleichen Schema vorkommen, muß man mit einem Zusammenstoß rechnen. Da Pik Dame über größere Intuition und Raffinesse verfügt, wird sie wahrscheinlich siegreich aus diesem Kampf hervorgehen. Wenn ein solches Gefecht in der Öffentlichkeit stattfindet, ist es für Karo Dame ratsam, sich zu bezähmen und nachzugeben, um ihr Ziel doch noch erreichen zu können.
Zwischen Karo Dame und Kreuz König besteht eine gewisse Verwandtschaft. Sie kann seine stärksten Seiten zum Vorschein bringen, ihm bei der Verwirklichung seiner Ideale helfen und ihm praktischen Rat und Beistand geben, die ein gesundes Gegengewicht zu seiner eigenen etwas unsachlichen Einstellung bilden.
Wenn Kreuz-Karten überwiegen, wird Karo Dame dazu neigen, ihre Fähigkeiten nutzbringend und zum Wohle ihrer Mitmenschen einzusetzen.
Beim Überwiegen von Karo-Karten besteht die Gefahr, daß die Gedanken dieser Dame zu sehr auf Geld und persönlichen Erfolg ausgerichtet sind.
Eine Mehrheit von Herz-Karten deutet auf eine wohlwollende Grundhaltung hin.
Wenn Pik-Karten überwiegen, so kündigt dies meist heftige Meinungsverschiedenheiten an und läßt vermuten, daß das optimale Glück nicht erreicht wird, da Angelegenheiten von untergeordneter Bedeutung sich immer wieder in den Vordergrund drängen.
Wenn die Karo Dame in einem der Flügel liegt und außerdem in

unmittelbarer Nähe von Pik Neun oder Pik Zehn, so wird der Fragesteller davor gewarnt, sich nicht von einer Frau um den Finger wickeln zu lassen, die Schmach und Kummer über ihn bringen wird.

Liegt die Karo Dame in der Nähe der Karo Neun oder Herz Neun, so weist dies darauf hin, daß das Umwerben einer Frau, zu der sich der Fragesteller ursprünglich nicht hingezogen fühlte, den Erfolg langgehegter Pläne oder unerwartetes Glück zur Folge haben kann.

Karo: Besitz, finanzielle Angelegenheiten, Unternehmungsgeist.

König: Vitalität, Autorität.

Karo König: Praktisch, Einblick in geschäftliche Dinge.

Karo König

Positiv: Intelligent, energisch, Geschick in geschäftlichen Dingen; großes Geltungsbedürfnis, edelmütig.

Negativ: Rücksichtslos, aufbrausend, ungeduldig; launisch, manipulativ, eifersüchtig; habgierig, kleinlich.

Charaktereigenschaften

Karo König symbolisiert einen Mann, der ein sehr vielschichtiges Wesen besitzt. Er ist feinbesaitet, künstlerisch, äußerst intelligent und reserviert, aber sehr aufbrausend, obwohl er dies bestens zu verbergen weiß, wenn er meint, dadurch mehr erreichen zu können. Ist dies nicht der Fall, so zeigt sich, daß er über einen beißenden Spott verfügt, der ihm viele Feinde verschafft. Das ist er allerdings gewöhnt, da Ausbrüche von Jähzorn und sogar Gewalt keine Seltenheit bei ihm sind.

Dieser Mann ist ein Schöpfer, der besessen ist von einer nicht nachlassenden Antriebskraft und der sich fortwährend in neue Unternehmungen stürzt, sofort den Wert von Dingen erkennt und als erfahrener Organisator einen guten Blick für bildende Kunst, Theater, Literatur hat, ebenso wie für die Bereiche des Geschäftslebens, die Einblick und Mut erfordern, wie etwa den Werbesektor und Verkaufskampagnen. Seine schwachen Seiten sind Ungeduld und seine Neigung, andere zu unterschätzen.

Er hat ein quecksilbriges Temperament. Auf der einen Seite kann er freundlich und einnehmend sein und – in den Augen der Frauen – sehr anziehend, andererseits ist ihm eine merkwürdige Grausamkeit eigen, ein Drang, jeden zu vernichten, der sich ihm in den Weg stellt. Wenn ihn die Inspiration überkommt, scheint für ihn niemand mehr zu existieren, keine Kollegen, keine Freunde, nicht einmal nahe Familienmitglieder. Trotzdem hat er einen stark ausgeprägten Familiensinn, vor allem in bezug auf seine Kinder. Seine Gefühle von Treue und Zusammengehörigkeit sind tief in ihm verwurzelt, auch wenn er sich oft hinter scheinbarer Gleichgültigkeit oder sarkastischer Kritik versteckt.

Er ist Meister auf dem Gebiet der Beeinflussung, der Bestechung und der Intrigen, obwohl er gleichzeitig edelmütig und von hohen Idealen erfüllt ist. Trotz seines aggressiven Auftretens ist er schnell verletzt und sehnt sich im Grunde nach der warmen Geborgenheit eines echten Freundeskreises. Aber leider wechseln seine Stimmungen wie der Blitz. Entzücken kann in kürzester Zeit in tiefste Verzweiflung und überwältigende Depression umschlagen, was nicht verwunderlich ist, da sich unter seinem äußerlichen Selbstvertrauen ein Mangel an Sicherheit und ein ständiges Gefühl der Unzulänglichkeit verbirgt.

Deshalb hat er das Bedürfnis nach einem Menschen, dem er sein Herz ausschütten kann, einer Vertrauensperson, der er seine ehrgeizigen Pläne enthüllen kann. Auch wenn er diesen Menschen manchmal ungnädig anfährt, tut ihm dies leid, sobald

seine Wut verraucht ist, und er versucht, sein Entgleisung anschließend durch übertriebenes Lob, teure Geschenke, Schmeicheleien und großzügige Gesten wiedergutzumachen. Er ist der geborene Komödiant, obwohl er sich nicht zur Schauspielerei hingezogen fühlt, da er sich nicht vorschreiben lassen will, was er zu tun und zu lassen hat. Er wählt lieber die Welt als Schaubühne und spielt dort unzählige Rollen.
Er ist ein Mensch der Extreme, der sich vor zu reichhaltigem Essen, vor Alkohol und anderen anregenden Mitteln in acht nehmen muß.

Die Karte

Wenn der Karo König im Zentrum der Karten eines männlichen Ratsuchenden liegt, besitzt dieser viele der obengenannten Charaktereigenschaften. Er sollte dafür sorgen, daß er seine Energie in die richtigen Bahnen leitet, sich nicht zuviel aufregt und ein paar gute Freunde hat. Er sollte sich vor Exzessen hüten und vor zu großer Betriebsamkeit. Vor allem braucht er eine warmherzige, intime Beziehung, aber bei der Wahl seiner Partnerin kann er nicht vorsichtig genug sein. Eine Frau, die die Charakterzüge von Pik Dame trägt, paßt ausgezeichnet zu ihm. Ihre äußere Ruhe, ihre Intuition und ihr Verständnis für die künstlerischen Neigungen in ihren Mitmenschen können ihm in Zeiten der Entmutigung Unterstützung und Halt geben und seine Selbstachtung stärken, wenn er Erfolg hat. Dennoch fühlt er sich meist stärker von einer Herz Dame angezogen, aber ihre Verehrung wird ihn bald langweilen, während er sich auf die leichtherzige Kreuz Dame zuwenig verlassen kann.
Wenn bei einer Frau der Karo König im Zentrum ihres Schemas auftritt, so steht sie schon oder kommt in nächster Zukunft in Kontakt mit einem begabten, aber komplizierten Mann. Es ist möglich, daß diese Karte ihr die Augen für die ehrgeizigen

Träume und Wünsche, für die stimulierenden Talente und die ungenutzten Vermögen ihres Ehemannes, ihres Sohnes, ihres Verehrers oder ihres Gefährten öffnen will. Wenn dies der Fall ist, muß sie versuchen, die Verbindung zu ihm zu vertiefen. Dann wird sie entdecken, daß ihr Leben reicher, aufregender und sinnvoller wird, je mehr sie mit Karo König auf spiritueller Ebene eine Einheit bildet.

Besondere Bedeutungen

Positionen: Wenn Karo König im oberen linken Flügel der Karten einer weiblichen Ratsuchenden liegt, kann diese sich entscheiden, ob sie ihr Schicksal mit dem des Karo Königs verbinden will oder ihm lieber aus dem Wege gehen will. In diesem Fall tut sie gut daran, die Angelegenheit so objektiv wie möglich zu betrachten. Will sie ein geschäftiges, explosives Leben führen, in dem sie ihre Persönlichkeit einer anderen unterordnen muß? Besitzt sie die Standfestigkeit, die Verträglichkeit, das weite Gesichtsfeld, um die Probleme, die eine solche Beziehung mit sich bringt, zu bewältigen? Es könnte sein, daß sie einem solchen Mann dazu verhilft, die Gipfel seines Könnens zu besteigen, aber der Weg dahin ist mit Enttäuschungen und schmerzhaften Erfahrungen gepflastert. Und wenn sie versagt, kann sie sowohl ihrem Ehemann als auch sich selbst großen Kummer bereiten. Dies ist ein Weg, der nur von sehr starken Charakteren gewählt werden sollte.

Im oberen Teil des Kartenschemas eines männlichen Ratsuchenden ist Karo König ein Hinweis darauf, daß eine enge Verbindung zwischen dem Betreffenden und einem Mann mit einem sehr lebhaften Temperament besteht. Das kann eine Freundschaft sein, eine Vater-Sohn-Beziehung oder eine geschäftliche Partnerschaft, die schließlich zu einer sehr persönlichen Beziehung wird. Der Ratsuchende hat die Rolle des Beschützers oder des Schützlings von Karo König. Möglicherweise entwickelt sich hier eine vielversprechende und fruchtbare Zusammenarbeit, aber der Fragesteller muß darauf achten, daß er sich nicht zu sehr vom äußeren Glanz des Karo Königs blenden läßt. Er muß seinen eigenen Charakter und seine Integrität bewahren, da er sonst Gefahr läuft, eine Marionette in den Händen einer stärkeren Persönlichkeit zu werden.

Wenn Karo König im unteren Teil eines Schemas liegt, kommt er nur für kurze Zeit mit dem Fragesteller in Kontakt, um anschließend wieder aus dessen Leben zu verschwinden. Handelt es sich bei dem Ratsuchenden um eine Frau, so wird es ihr auch unter größten Mühen nicht gelingen, diesen Mann an sich zu binden.

Taucht Karo König in den unteren Flügeln des Schemas auf, so kann dies eine gute Gelegenheit, aber auch eine Katastrophe ankündigen. Aus den übrigen Karten ist dann ersichtlich, was Karo König tatsächlich zu bieten hat und ob es ratsam ist, dieses Angebot anzunehmen oder es abzuschlagen. Handelt es sich beim Ratsuchenden um einen Mann, sollte dieser vor impulsivem Handeln auf der Hut sein, denn dadurch könnte er seine Arbeit, sein Familienleben oder seine gesellschaftliche Stellung sehr stark gefährden.

Aeppli, Ernst

Der Traum und seine Deutung

Der Psychoanalytiker Ernst Aeppli schrieb dieses Traumbuch im Geiste des großen Seelenforschers C. G. Jung. Er wendet sich an alle, die wirklich Zugang zu ihren Träumen und somit zu ihrem Unbewußten suchen.
416 S. [4116]

Garfield, Patricia

Kreativ träumen

Die Autorin erläutert ausführlich und leicht verständlich jene Techniken, mit Hilfe derer jedermann innerhalb kurzer Zeit entscheidenden Einfluß auf seine Träume nehmen kann. 288 S. [4151]

Faraday, Ann

Die positive Kraft der Träume

Die Psychologin und Traumforscherin Ann Faraday hat eine Methode entwickelt, die jedem die Möglichkeit gibt, die individuelle Symbolik seiner eigenen Träume zu entschlüsseln. 267 S. [4119]

Schwarz, Hildegard

Aus Träumen lernen

Mit Träumen leben

Dieses Traumseminar geleitet uns über einen Zeitraum von acht Abenden in die Welt der Träume. Wir lernen zu verstehen, warum es wichtig sein kann, sich an Träume zu erinnern und was sie uns sagen wollen. Ein Symbolregister ermöglicht es, diese tiefgehende Einführung auch als Nachschlagewerk zu benützen. 208 S. [4170]

Hagl, Siegfried

Die Apokalypse als Hoffnung

Die Zukunft unseres Planeten im Licht von Ökologie und Prophezeiung.
432 S. [4118]
Dieser Band enthält zwei Originalausgaben: »Bayerische Hellseher« und »Das dritte Weltgeschehen«.

Ferguson, Marilyn

Die sanfte Verschwörung

Persönliche und gesellschaftliche Transformation im Zeitalter des Wassermanns.
Mit einem Vorwort von Fritjof Capra.
»Eine Fülle großartiger Ideen.«
528 S. [4123] (Washington Post)

Nakamura, Takashi

Das große Buch vom richtigen Atmen

Mit Übungsanleitungen zur Entspannung und Selbstheilung für jedermann mit altbewährten Methoden der fernöstlichen Atemtherapie. Anhand des Fotomaterials sind die Übungen sehr gut nachvollziehbar. Die Atemschulung wird ergänzt durch Körper- und Massageübungen.
224 S., 120 s/w-Abb. [4156]

Hayward, Jeremy W.

Der Zauber der Alltagswelt

Ein tieferes Verständnis der Wirklichkeit durch Wissenschaft und intuitive Weisheit. Eine einzigartige Synthese aus buddhistischer Spiritualität und westlicher Wissenschaft. 480 S. [4157]

Timms, Moira

Zeiger der Apokalypse

Harmageddon und neues Zeitalter. Aufgrund analytischer Betrachtungen kommt das Buch zu dem Schluß, daß uns schwere Zeiten bevorstehen. Gleichzeitig wird aber auch auf die großen Chancen hingewiesen, die diese Zeitwende und Phase des Übergangs mit sich bringt. 288 S. mit 24 Zeichnungen und s/w-Fotos. [4108]

Hoffman, Kaye

Tanz, Trance, Transformation

Dieses Buch zeigt die andere, die vergessene Seite des Tanzes – seinen transzendentalen Aspekt. Die Übungen berücksichtigen östliche Philosophien und westliche körperorientierte Therapien. 400 S. [4141]

Boyd, Doug

Swami Rama

Erfahrungen mit den heiligen Männern Indiens

Doug Boyd stellt hier das östliche Pendent vor. Swami Rama, in Indien aufgewachsen, ist eine Persönlichkeit, für den Wunder alltäglich sind. In den USA experimentiert er mit quantitativen Untersuchungsmethoden über höhere Bewußtseinszustände.
320 S. [4140]

Rolling Thunder

Erfahrungen mit einem Schamanen der neuen Indianerbewegung. Rolling Thunder ist einer der wenigen, die noch über das traditionelle schamanistische Wissen verfügen und es auch vermitteln können. Seine Unterweisungen wurden von Doug Boyd aufgezeichnet und berücksichtigen unsere Verständnisebene. 288 S. [4142]

Dowman, Keith

Der heilige Narr

Das liederliche Leben und die lästerlichen Gesänge des tantrischen Meisters Drugpa Künleg. 224 S. mit 1 Karte [4122]

Der Eingeweihte

Eindrücke von einer großen Seele.

Der Autor berichtet von einem »Eingeweihten«, der sein Leben entscheidend beeinflußte, ohne aber jemals seine Entscheidungsfreiheit einzuschränken.
256 S. [4133]

Der Eingeweihte Band 2

Eindrücke von einer großen Seele/ von seinem Schüler

Der zweite und abschließende Band des »Eingeweihten« umfaßt die Bände II und III der englischen Originalausgabe.
352 S. [4163]

Sugrue, Thomas

Edgar Cayce

Die Geschichte eines schicksalhaften Lebens. Diese einzige autorisierte Cayce-Biographie fand bei der Kritik große Beachtung.
448 S. [4107]

Monroe, Robert A.

Der Mann mit den zwei Leben

Reisen außerhalb des Körpers

Dieser sensationelle Bericht beruht auf 12jähriger Beobachtungszeit, in der der Autor über 500mal seinen Körper verließ. Monroe lernte diesen Zustand zu beherrschen, und tritt damit den Beweis an, daß der Mensch nicht nur einen physischen Körper besitzt, sondern sich unter besonderen Umständen und unter Anwendung gezielter Techniken sogar von diesem trennen kann. 288 S. [4150]

Stearn, Jess

Der schlafende Prophet

Prophzeiungen in Trance (1911–1998).
Der sensationelle Tatsachenbericht über das Leben, Denken und Forschen des bedeutendsten Mystikers und Propheten der Gegenwart. 304 S. [4124]

Wilson, Colin

Gurdjieff – Der Kampf gegen den Schlaf

Georg Iwanowitsch Gurdjieff (1865–1949) ist eine der geheimnisumwittertsten Persönlichkeiten des Jahrhunderts. Colin Wilson ist seiner Philosophie und seinem Einfluß auf andere Menschen nachgegangen. Sein Buch ist eine brillante Einführung in Leben und Werk dieses Psychologen-Magiers des 20. Jahrhunderts. 176 S. [4162]

Nach dem Tode

Aussagen, Zeugnisse, Beweise

Colin Wilson gelingt es, den Leser von der ersten bis zur letzten Zeile zu fesseln. In seiner Beweisführung für ein Leben nach dem Tode baut er zahlreiche, bislang kaum bekannte Dokumente ein, die uns vertraut machen mit möglichen jenseitigen Realitäten und uns so die Angst vor dem Tode nehmen.
384 S. [4167]

Szabó, Zoltán

Buch der Runen

Das westliche Orakel

Das Buch ist eine geniale Synthese zwischen Theorie und Praxis. Es enthält eine ausführliche Anleitung für die Orakel-Praxis und erklärt die besondere Bedeutung der Runen und der germanischen Götter als lebendige Symbole. Zusammen mit einem Satz von 18 Runensteinen in Klarsichtkassette. 256 S. [4146]

Sills-Fuchs, Martha

Wiederkehr der Kelten

Martha Sills-Fuchs ist den Spuren der Kelten nachgegangen und hat verschollen geglaubte Bräuche, Riten und Lehren wieder zutage gefördert. 176 S. [4143]

Pollack, Rachel

Tarot – 78 Stufen der Weisheit

Tarot kann Lebenshilfe, Entscheidungshilfe, Wegweiser durch schwierige Situationen und Schlüssel zur Selbstfindung sein – wenn wir verstehen, die Geheimnisse seiner Bilder und Symbole zu dechiffrieren.
400 S. mit 100 Abb. [4132]

Das Tarot-Übungsbuch

Während das überaus erfolgreiche erste Buch der Autorin, »Tarot«, eine Einführung darstellt, setzt dieses Buch gewisse Grundkenntnisse voraus. Die hier geschilderten markanten Beispiele werden dem Leser zahlreiche Anregungen für die eigene Tarot-Praxis vermitteln.
Ca. 240 S. mit s/w-Abb. [4168]

Shah, Idries

Wege des Lernens

Die spirituelle Psychologie der Sufis. Lange bevor sich westliche Psychologie mit Bewußtsein und Lernfähigkeit auseinandersetzte, waren dies wichtige Themen der spirituellen Psychologie der Sufis. Idries Shah ist seit vielen Jahren der bekannteste Vertreter des Sufi-Gedankenguts im Westen.
336 S. [4144]

Andreas, Peter/Davies, Rose Lloyd

Das verheimlichte Wissen

Tempelgeheimnisse, verschollene Evangelien und das unbekannte Leben Jesu.
Auf Fragen, die während der letzten 2000 Jahre vergessen, verheimlicht oder unterdrückt wurden, geben die Autoren mit neuen Indizien Antwort.
240 S., 33 s/w-Abb. [4152]

Arnold, Paul

Das Totenbuch der Maya

Der Kreislauf von Leben und Tod aus der Sicht der Maya. Eines der großen Weisheitsbücher, das auf dem Weg kulturhistorischer Zusammenhänge tiefe Einblicke in uralte Jenseitsvorstellungen eröffnet.
256 S. mit 8 Abb. [4121]

Blumrich, J. F.

Kásskara und die sieben Welten

Die Geschichte der Menschheit in der Überlieferung der Hopi-Indianer. J. F. Blumrich, einer der führenden Wissenschaftler bei der NASA, ist den sehr detaillierten Angaben dieses Mythos auf den Grund gegangen und kommt zu einer wissenschaftlich fundierten Geschichte der Menschheit.
400 S. mit 24 Abb. [4135]

Brugger, Karl

Die Chronik von Akakor

Erzählt von Tatunca Nara, dem Häuptling der Ugha Mongulala. Der Journalist und Südamerika-Experte Karl Brugger hat einen ihm mündlich mübermittelten Bericht aufgezeichnet, der ihm nach anfänglicher Skepsis absolut authentisch erschien: die Chronik von Akakor. 272 S., Abb. [4161]

Kersten, Holger

Jesus lebte in Indien

In fünfjähriger Detektivarbeit verfolgte der Theologe Holger Kersten die Spuren Jesu und kommt zu sensationellen Schlüssen über das wahre Leben und Wirken Jesu.
216 S., 41 Abb. [3712]